Clemens Götze

Die eigentliche Natur und Welt ist in den Zeitungen

Clemens Götze

Die eigentliche Natur und Welt ist in den Zeitungen

Geschichte, Politik und Medien im dramatischen Spätwerk Thomas Bernhards

Tectum Verlag

Clemens Götze

Die eigentliche Natur und Welt ist in den Zeitungen.
Geschichte, Politik und Medien im dramatischen Spätwerk Thomas Bernhards

ISBN: 978-3-8288-9858-5

Umschlagabbildung: Heldenplatz und Hofburg (Wien) © Bild/Fotografie des Autors

Besuchen Sie uns im Internet
www.tectum-verlag.de

Bibliografische Informationen der Deutschen Nationalbibliothek
Die Deutsche Nationalbibliothek verzeichnet diese Publikation in der Deutschen Nationalbibliografie; detaillierte bibliografische Angaben sind im Internet über http://dnb.ddb.de abrufbar.

Inhalt

„Mein Leben ist nicht zu bewältigen.
Und davon lebe ich!"
René Pollesch („Tod eines Praktikanten")

1. Einleitung

Über Thomas Bernhard sprechen, heißt, über Österreich sprechen. Stimmt das? Ist Österreich wirklich der Aspekt, der zu einem grundlegenden Verständnis dieses Autors führt? Wer sich mit Bernhards Leben beschäftigt, weiß, dass er in Holland geboren wurde. Dennoch scheint er zum Inbegriff des Österreichers geworden zu sein. Wie ist das zu begründen?

Charakteristisch für Bernhards Werk sind immer wiederkehrende Pauschalurteile in Form von Scheltreden. Daher ist man geneigt, sein Werk mit der immer gleichen Hass-Liebe zu Österreich erklären zu wollen; seine Kunst darauf zu reduzieren, in ihrem Schöpfer den „ewig nörgelnden" Übertreibungskünstler zu sehen, der nicht müde wird, gegen sein Vaterland zu wettern. Doch wird man damit der Vielschichtigkeit von Bernhards Werk keinesfalls gerecht.

Daher will ich dieser Studie keinen biographisch-argumentierenden Ansatz zugrundelegen, um eine neue Sicht auf Bernhards Werk zu eröffnen. Vielmehr sollen die Texte Bernhards vor dem Hintergrund ihrer Entstehungsgeschichte diskutiert werden. Das hervorstechende Etikett des Österreich-Kritikers soll hier zum Anlass genommen werden, das späte Dramenwerk Bernhards auf dessen politischen Gehalt, die Geschichtsbilder und die Relevanz für die heutige Zeit hin zu untersuchen. Betrachtet man die Spielpläne großer deutscher Theaterbühnen, so stellt man rasch fest, dass Bernhards politische Dramen heute nur noch äußerst selten inszeniert werden.[1] Ist darin ein Beleg dafür zu sehen, dass sich das politische Theater Thomas Bernhards überlebt hat?

Zweifellos verdanken etliche von Bernhards Texten ihre Sprengkraft einer gewissen zeitgenössischen Brisanz, doch weist sein Werk meines Erachtens ebenso viele Momente auf, die dank ihrer Zeitlosigkeit auch heute noch Aktualität besitzen. So finden sich in seinem Werk Aspekte, die über den zeitgenössischen Kontext der späten achtziger Jahre hinausweisen.

So erscheint die Österreich-Problematik auch zwanzig Jahre nach Bernhards Tod von immenser Bedeutung zu sein. Dabei steht die These im Vordergrund, dass gerade Bernhards Überzeugung von der „Unverbesserlichkeit der Natur und der Geschichte [...] die verzweifelte Schärfe und Radikalität seiner Kritik [erklärt]"[2] und begründet. Der scheinbare Widerspruch lässt sich rasch auflösen. Die Vehemenz, mit der Bernhard sich gegen Österreich stellt, ist Ausdruck sei-

---

[1] Eine Aufstellung über Bernhard-Inszenierungen in Deutschland und Österreich 2007 bis 2009 findet sich im Anhang.

[2] DONNENBERG, Josef: Thomas Bernhards Zeitkritik und Österreich. In: PITTERTSCHATSCHER, Alfred u. LACHINGER, Josef (Hrsg.): Thomas Bernhard. Materialien. Literarisches Kolloquium Linz 1984, Weitra ²1994, S.53-72, [hier S.65].

ner Vaterlandsliebe. Wäre ihm seine Heimat gleichgültig, würde er nicht so intensiv darüber geschrieben haben. Es bleibt also trotz aller „Beschimpfung" vor allem ein positives Urteil, das Heiner Müller über Bernhards Schaffen fällte: „Es gibt keine bessere Österreichwerbung als Thomas Bernhard."[3]

In diesem Sinne versteht diese Arbeit Thomas Bernhards Österreich-Kritik als etwas Konstruktives. Thomas Bernhard, ein Zeitgenosse des Zwanzigsten Jahrhunderts, schrieb ausschließlich über die Zeit, die ihn selbst betraf: die Zeit seines eigenen Lebens zwischen 1931 und 1989. Da es sich dabei auch um eines der „schwärzesten Kapitel" der Weltgeschichte handelt, muss es für die Literaturwelt daher von besonderer Bedeutung sein. Die Zeit des Nationalsozialismus von 1933 bis 1945 und die sich daran anschließende, konfliktbeladene Problematik der Vergangenheitsbewältigung hat vor allem in der deutschsprachigen Literatur ihre Spuren hinterlassen. Schreibt der Österreicher Bernhard über den Nationalsozialismus und dessen Folgen, so stellt dies die für ihn als Autor relevante, weil erlebte Geschichte dar. Der Untersuchungsgegenstand dieser Arbeit wird demzufolge die literarische Verarbeitung der Zeit der Zweiten Republik Österreich (1955 bis 1988) bzw. der BRD im Werk von Thomas Bernhard sein.

Ein weiterer Aspekt dieser Arbeit ist das „Phänomen" Thomas Bernhard, das gleichsam eine „Marke" auf dem deutschsprachigen Literaturmarkt geworden ist. Es ist unmöglich von einem Autor zu sprechen, ohne dabei die Aufnahme seines Werkes zu reflektieren. SCHMIDT-DENGLER spricht im Zusammenhang von Bernhards Rezeptionsgeschichte von einer Emanzipation der Texte gegenüber ihrer Aufnahme, gleichzeitig jedoch auch von deren Untrennbarkeit: „Bernhard ist zur Kunstfigur geworden, und sein Werk lässt sich nicht mehr ablösen von der Wirkung, die es gehabt hat."[4] Eine solche Diagnose erschwert der Literaturwissenschaft die Bearbeitung der Bernhardschen Texte; sie muss sich diesem Problem stellen, wenn sie sein Werk verstehen will.

Die von Bernhard in seinen Texten gezielt eingesetzte Provokation fand in den Inszenierungen seiner Werke und bei seinen zum Teil skandalösen Medienauftritten ihre Fortsetzung. Diese Verschmelzung macht ihn zum Gesamtkunstwerk. Auf den ersten Blick setzt sich die Medienpräsenz der Bernhardschen Vita im dramatischen Werk nicht fort. Bei näherer Betrachtung jedoch finden sich in einzelnen Textpassagen bestimmter Stücke sehr wohl Verweise auf die zunehmende Macht der Presse. Wie viel Bernhard seine Dramenfiguren über die gesellschaftliche Relevanz der Medien tatsächlich aussagen lässt, und was davon wiederum bloße Ressentiments gegen die Presse sind, soll in dieser Arbeit genauer untersucht werden.

---

[3] Zitiert nach LE MOAL-PILTZING, Pia: Auch den Abschied kann man wiederholen. Wiener Thomas-Bernhard-Inszenierungen zum 10. Todestag. In: BÉHAR, Pierre u. BENAY, Jeanne (Hrsg.): Österreich und andere Katastrophen, St. Ingbert 2001, S. 307-333 [hier S.307].

[4] SCHMIDT-DENGLER, Wendelin: Der Übertreibungskünstler. Zu Thomas Bernhard, Wien 1986, S.93f.

2. *Vorbetrachtungen*
2.1 *Ziel – Untersuchungsfragen – Vorgehen*

Die vorliegende Arbeit gliedert sich in zwei Themenkomplexe. Der erste befasst sich mit den Geschichtsbildern und dem Politischen in Bernhards spätem Dramenwerk. Der zweite Schwerpunkt thematisiert den Medienaspekt, vornehmlich die Printmedien, in den Dramen. Die Auswahl der Dramentexte ist werkgeschichtlich zu begründen, da Thomas Bernhards dramatisches Spätwerk Geschichte und Gegenwart besonders stark reflektiert. Die zu besprechenden Texte wurden aufgrund ihrer unterschiedlichen Thematisierung des Geschichts- bzw. Medienkomplexes ausgewählt und werden chronologisch nach Erscheinungsdatum der Stücke besprochen. Ausgehend von den Dramoletten *Der deutsche Mittagstisch* (1978) und *A Doda* (1980), die am Anfang der Analyse stehen, sollen besonders die Stücke *Vor dem Ruhestand* (1979) und *Heldenplatz* (1988) Berücksichtigung finden.

Da die von Martin HUBER und Wendelin SCHMIDT-DENGLER besorgte Thomas-Bernhard-Werkausgabe noch nicht fertiggestellt ist und die hier zu besprechenden Texte nicht in dieser Ausgabe vorliegen, wird im Folgenden nach der leicht zugänglichen vierbändigen Ausgabe der Theaterstücke des Suhrkamp-Verlages, sowie der ebenfalls dort erschienenen Einzelausgaben von *Der deutsche Mittagstisch* und *Heldenplatz* zitiert.

Das Ziel dieser Arbeit ist, durch den Vergleich der genannten Theaterstücke das Geschichtsbild und den politischen Gehalt der Texte nachzuzeichnen. Dabei wird zu zeigen sein, ob Bernhards Werk einen Wandel erkennen lässt, oder doch zumindest eine Zuspitzung früherer Positionen aus den Anfangsjahren seines literarischen Schaffens aufweist. Darüber hinaus soll untersucht werden, inwieweit Thomas Bernhard in seinen Dramen die Printmedien und gegebenenfalls andere Medien thematisiert und in welchem Zusammenhang diese mit den politischen Aussagen seiner Stücke stehen.

Dabei ist auch auf Bernhards Medienpräsenz einzugehen, denn es ist interessant, dass seine Vita und damit sein Werk von skandalösen Momenten durchzogen ist, die im wesentlichen durch die Medien transportiert wurden, andererseits sein Werk die Massenmedien jedoch nur selten thematisiert.

Es soll gezeigt werden, dass Bernhards späte Stücke auch als Text wirken und nicht nur in der Inszenierung zum Politikum werden können. Die Arbeit am Text soll im Vordergrund des Interesses stehen. Um die Bedeutung des Geschichtsbewusstseins in Bernhards Werken hervorzuheben, werden auch die historischen Umstände der Nachkriegsgesellschaft betrachtet. Dieser Ansatz ist besonders für die Bedeutung von Politik und Geschichte relevant, da damit eine Einordnung des Bernhardschen Werkes in die Traditionslinien der Entstehungskontexte vorgenommen werden kann. Als ein daran anknüpfendes und weiterführendes Ziel soll weiterhin herausgestellt werden, wie aktuell Thomas Bernhards spätes Dramenwerk für die heutige Zeit noch ist bzw. sein kann.

Bei der Bearbeitung der oben aufgeführten Ziele werden folgende Untersuchungsfragen gestellt und in der Analyse der Texte beantwortet:

Welche Geschichtsbilder werden transportiert? Welches Politikverständnis zeigt sich in den Texten? Kommt das in Bernhards Texten meist negative Weltbild einer generellen Ablehnung von Politik gleich? In welchem Zusammenhang stehen Politik und Geschichte? Diesbezüglich ist auch zu klären, inwieweit sich Bernhards wortgewaltige Provokation als bloße „Hasstirade" entpuppt. Ob es sich bei dem oftmals negativen Grundtenor der Stücke um einen Geschichtspessimismus handelt, soll ebenfalls untersucht werden. Außerdem muss geklärt werden, in welchem Zusammenhang Geschichte als Vergangenheit und die zeitgenössische Aktualität stehen.

Weiterhin soll die Frage geklärt werden, ob es in Bernhards Stücken Antagonisten gibt oder nicht, wobei auch zu klären ist, inwieweit der Topos des Rollenspiels thematisiert wird. Auf die Frage nach dem Komödienhaften und dem Tragischen in Bernhards späten Dramen soll jedoch nur am Rande der Betrachtungen eingegangen werden, weil die Verschmelzung der Genres gerade in Bernhards Texten oftmals geradezu symptomatisch ist, und daher auch etliches an Forschungsliteratur zu Tage gefördert hat. Dennoch scheint diese Problematik für die hier zu betrachtende Fragestellung nur peripher von Belang zu sein.

Der weitere Aufbau der Arbeit gliedert sich wie folgt: Um einen Überblick über die neuere Forschungslage zu Bernhards Dramatik zu geben, schließt sich hieran das Kapitel über den Forschungsstand an, in dem allgemeine Forschungstendenzen und wesentliche Aspekte zu den in dieser Arbeit gestellten Themenkomplexen referiert werden. Im Anschluss daran erfolgt die Einordnung des dramatischen Spätwerks Thomas Bernhards in den Kontext des politischen Nachkriegstheaters, wobei geklärt werden soll, inwieweit die Stücke dokumentarischen Charakter haben. Dabei wird Bernhards Werk in den Kapiteln 3.1 bis 3.3 literatur- und geschichtspolitisch kontextuell eingebettet und eine Einordnung von Bernhards politischen Geschichtsdramen vorgenommen. Dann erfolgt in den Kapiteln 3.4.1 bis 3.4.4 die Analyse der Geschichtsbilder an den Stücken. Schließlich wird in Kapitel 4 der Medienaspekt untersucht, wobei zunächst auf die österreichische Medienlandschaft sowie die Rezeption Bernhards in Verbindung mit dem Theatermacher Claus Peymann in den Medien eingegangen wird, um am speziellen Beispiel der Printmedien die Relevanz der Massenmedien in Bernhards dramatischem Schaffen zu erörtern. Abschließend werden die Untersuchungsergebnisse in einem Fazit zusammenfassend dargelegt und die Schlussfolgerungen der beiden Themenkomplexe präsentiert.

2.2 Forschungsstand

Bereits Anfang der Neunziger Jahre wurde einleitend in nahezu jeder Bestandsaufnahme zur Forschungssituation über Thomas Bernhards Werk festgestellt, dass der Umfang an wissenschaftlicher Literatur so sehr angestiegen sei, dass es einen detaillierten Forschungsbericht dringend benötige.[5] Das Interesse an Thomas Bernhards Texten ist seither nicht geringer geworden, weshalb es immer schwieriger wird, einen möglichst umfassenden Forschungsüberblick zu erstellen. Daher sollen im Folgenden nur die wichtigsten Sekundärtexte zu Bernhards Dramenwerk besprochen, grundlegende Ansichten aufgezeigt und auf den Forschungsstand zu Politik und Medien hingewiesen werden. Die sich daraus ergebenden Fragestellungen werden im Anschluss kurz zu Arbeitsthesen für die weitere Analyse zusammengefasst.

Zunächst ist festzustellen, dass die Bernhard-Forschung ihren Blick vor allem auf die Prosa gerichtet hat.[6] Angesichts der Bühnenpräsenz, die Bernhard zu seinen Lebzeiten vorweisen konnte, erstaunt dies. Dafür scheint die vorherrschende Meinung verantwortlich zu sein, die Theaterstücke seien qualitativ weniger herausragend, wie schon KLUG angemerkt hat.[7] WINKLER sieht in der in den 1980er Jahren fehlenden Distanz zum Werk einen Grund dafür, dass einige Interpreten „allzu rasche kurzsichtige Schlüsse"[8] gezogen hätten. Den Vorwurf, seine Stücke seien fortwährende Wiederkehrungen des Immergleichen muss sich Bernhard indes nicht gefallen lassen. Vielmehr sollen die ähnlichen Figurenkons-

---

[5] Vgl. KLUG, Christian: Thomas Bernhards Theaterstücke, Stuttgart 1991, S.13.

[6] Die untersuchten Themenschwerpunkte sind dabei sehr unterschiedlich. Natürlich kann an dieser Stelle nur ein kurzer Überblick über einzelne Gesichtspunkte der Forschung gegeben werden; die im Folgenden aufgeführten Arbeiten sollen einen Eindruck über die Bandbreite und das weit gefächerte Interessensgebiet der Prosa-Forschung zu Bernhard vermitteln. So gerieten immer wieder das Motiv des Scheiterns und der Negation in den Blick, wie bei BARTMANN, Christoph: Vom Scheitern der Studien. Das Schriftmotiv in Bernhards Romanen. In: Text + Kritik 43, München ^{3}1991, S.22-29; ebenfalls gibt es verschiedene Untersuchungen zum Verständnis des Komischen und Tragischen wie u.a. von ELLRICH, Lutz: Die Tragikomödie des Skandals. Thomas Bernhards Roman *Holzfällen* und der Ausbruch des Spiels in die Zeit. In: SCHÖSSLER, Franziska u. VILLINGER, Ingeborg (Hrsg.): Politik und Medien bei Thomas Bernhard, Würzburg 2002, S.148-190, Arbeiten zu Bernhards Poetik von JUDEX, Bernhard: Schreiben in der „Denkkammer". Thomas Bernhard und das literarische Erbe seines Großvaters Johannes Freumbichler-Überlegungen zur poetischen Genese. In: HUBER, Martin u.a. (Hrsg.): Thomas Bernhard Jahrbuch 2005/06, Wien u.a. 2006, S.11-33, zur Erzählerposition von GRABHER, Michael: Der Protagonist im Erzählwerk Thomas Bernhards, Hamburg 2004, sowie zum Tod von JANNER, Markus: Der Tod im Text. Thomas Bernhards Grabschriften, dargestellt anhand von frühen Erzählversuchen aus dem Nachlaß, der Lyrik und der späten Prosa, Frankfurt am Main u.a. 2003.

[7] KLUG: Thomas Bernhards Theaterstücke [wie Anm. 5], S.13.

[8] WINKLER, Jean-Marie: Rezeption und/oder Interpretation. Zum problematischen Verständnis von Bernhards Bühnenwerk. In: HUBER, Martin u. SCHMIDT-DENGLER, Wendelin (Hrsg.): Wissenschaft als Finsternis? Jahrbuch der Thomas Bernhard Privatstiftung, Wien u.a. 2002, S.163-180, [hier S.164].

tellationen und Themen seiner Stücke als (Wieder)-Erkennungsmerkmal begriffen werden, das im Übrigen auch bei anderen Autoren und Künstlern zu finden ist.[9] Nicht zuletzt erscheinen die immer wieder bei Bernhard auftretenden Merkmale auch als Hinweis auf eine nicht endende Kritik an den gesellschaftlichen Zuständen unserer Zeit. Bereits HÖLLER attestiert bei Bernhard ein „subtile[s] System poetischer Verkleidungen“[10] und sieht selbst in der vielfach thematisierten Finsternis bei Bernhard eine bislang nicht gesehene Vieldeutigkeit.[11]

Für die Verortung der Forschungslage soll zunächst SORG herangezogen werden, da seine Monographie einen guten Einstieg in das dramatische Werk Bernhards bietet.[12] SORG teilt das Dramenwerk in zwei Formtypen: das Familiendrama sowie den Monolog eines alternden Geistesmenschen.[13] Damit ist ein grundlegender Ansatz zur Bernhardschen Dramenkunst umrissen. Auch wird hieran deutlich, dass Bernhards Stücke keineswegs alle gleich sind. SORGs Interpretation des dramatischen Werkes hebt dabei auch das Pendeln zwischen Komik und Tragik hervor, wobei ein negativer Grundtenor in den Stücken aufscheine; er bezeichnet Bernhards Dramen als „Szenen des Scheiterns“.[14] In der Tat lassen die Stücke den Zuschauer am Ende meist mit einem beklemmenden Gefühl zurück. Inwieweit es sich dabei wirklich um Scheitern handelt, wird später noch zu diskutieren sein.

SORG erkennt in Bernhards Stücken thematisch wie strukturell eine gewisse Kontinuität. Wesentliche Merkmale sind die „Personenkonstellation und das Prinzip der hermetisch abgeschlossenen Räume, die Quälerei innerhalb der familiären Beziehungen, die Phänomene von Macht und Herrschaft durch Reden und Schweigen.“[15] SORGs Analyseschwerpunkt liegt auf Bernhards ersten drei Stücken (*Ein Fest für Boris*, *Der Ignorant und der Wahnsinnige* und *Die Jagdgesellschaft*), anhand derer er die wesentlichsten Merkmale der Dramen Bernhards herauszustellen versucht. Die Pauschalität und Radikalität der Figuren-Aussagen bespricht er schließlich vor allem am Beispiel von *Heldenplatz*. Bezüglich Geschichtsbilder-Thematik konstatiert SORG insbesondere Urteile der Figuren, die weder begründet noch differenziert werden.[16] Weiterhin führt er an, dass den Protagonisten

---

[9] Ebenfalls sei vermerkt, dass auch auf dem Theater der Wiedererkennungseffekt kritisiert wird. Den meisten Regisseuren sagt man nach geraumer Zeit nach, sie würden sich in ihrer Formensprache und Aussage wiederholen. Deswegen werden ihre Inszenierungen aber nicht weniger gespielt, meist sogar im Gegenteil. Aus diesem Grund scheint auch die Kritik an Bernhards „Wiederholungskunst“ unangebracht und nicht zuende gedacht.

[10] HÖLLER, Hans: *Der Theatermacher.* Zur Poetik Thomas Bernhards. In: FUES, Wolfram Malte u. MAUSER, Wolfram (Hrsg.): Verbergendes Enthüllen. Zur Theorie und Kunst dichterischen Verkleidens, Würzburg 1995, S.399-408, [hier S.399].

[11] Vgl. ebd.

[12] SORG, Bernhard: Thomas Bernhard, München ²1992.

[13] SORG: Thomas Bernhard [wie Anm. 12], S.154.

[14] Ebd., S.155.

[15] Ebd., S.158f.

[16] Ebd., S.170.

(selbst dem „Alt-Nazi" Höller in *Vor dem Ruhestand*) die Antagonisten fehlen würden, was allerdings eine unzulässige Verknappung des Sachverhaltes ist. SORG schließt daraus auf eine mangelnde Auseinandersetzung der Figuren, sodass sich in den Stücken lediglich „Meinungen und Behauptungen"[17] äußerten. Für die politischen Aspekte in Bernhards Dramen bedeutet dies, dass die „politischen Sätze zu beliebigen Vorurteilen degradiert [werden]"[18].

Diese Schlussfolgerung SORGs geht konform mit dem Vorwurf, Bernhards Texte wären phrasenhafte, inhaltsarme Dauermonologe vereinsamter „Geistesmenschen", deren Weltfremdheit sie nötigt, ununterbrochen zu reden, damit sie dem Tod entfliehen können. Die allgemeine Forschung zu Bernhards Werk stößt sich immer wieder an dessen vermeintlichen Pauschalurteilen und kritisiert die damit einhergehende Ungenauigkeit bzw. Vergröberung der Aussage.[19] Darüber wird im Verlauf dieser Arbeit noch zu sprechen sein. Ebenso über die These, die Figuren hätten keine Antagonisten, was schon vor dem Hintergrund der Handlungsführung als unmöglich gelten darf.

Neben SORG bietet vor allem MITTERMAYER[20] einen guten Überblick über den Forschungsstand bis Mitte der 1990er Jahre. Hier wird für die grundlegende Verortung von Bernhards Dramenwerk darauf hingewiesen, was die ältere Forschung in den 1970er Jahren mitunter annahm: Bernhards dramatisches Werk weise deutliche Strukturparallelen zur Prosa auf und sei insofern nur in Verbindung mit diesem Kontext zu verstehen.[21] GAMPER sieht in Bernards Stücken Nebenprodukte seiner Prosa, die durch „Verundeutlichung durch das Medium" gekennzeichnet seien und zur Groteske tendierten.[22] Vieles an unserer heutigen Welt erscheint aber grotesk und wie eine Farce, sodass Thomas Bernhards Texte durchaus als Spiegel einer subjektiv empfundenen Realität gesehen werden können. GAMPER bestätigt dies letztlich selbst. In Bezug auf *Der Präsident* schreibt er: „Direkt auf die Realität beziehbar sind [...] die auftretenden Figuren [...] und ist vor allem das Klima der Angst [...], der Gewalt, der Sinnlosigkeit und der zwischenmenschlichen Eiseskälte."[23] Alle diese Aspekte können daher durchaus für

---

[17] Ebd., S.170.

[18] Ebd.

[19] Dazu auch JÜRGENS, Dirk: Das Theater Thomas Bernhards, Frankfurt am Main u.a. 1999, S.119.

[20] MITTERMAYER, Manfred: Thomas Bernhard, Stuttgart 1995. MITTERMAYERs Einführung ist nicht zuletzt deshalb empfehlenswert, weil tatsächlich alle 18 Stücke Bernhards hier kurz besprochen und in wesentlichen Zügen umrissen werden.

[21] Vgl. HÖLLER, Hans: „Es darf nichts Ganzes geben", und „In meinen Büchern ist alles künstlich". Eine Rekonstruktion des Gesellschaftsbilds von Thomas Bernhard aus der Form seiner Sprache. In: JURGENSEN, Manfred (Hrsg.): Bernhard. Annäherungen. Bern u. München 1981, S.45-63, [hier S.45f].

[22] GAMPER, Herbert: Thomas Bernhard, München 1977, S.80. Noch deutlicher formuliert es JOOSS, der meint, anhand seiner Analyse des Romans *Verstörung* den sich abzeichnenden Authentizitätsverlust in Bernhards Werk festmachen zu können. JOOSS, Erich: Aspekte der Beziehungslosigkeit. Zum Werk von Thomas Bernhard, Selb 1976, S.11.

[23] GAMPER: Thomas Bernhard [wie Anm. 22], S.176.

einen negativ besetzten Staatsbegriff und die Verneinung von Politik stehen, weshalb darauf später noch zurückzukommen sein wird.

Eine differenzierte Einordnung des Dramenwerks in Bernhards gesamtes Schaffen bietet auch KLUG[24]. Sein Verdienst liegt darin, die den Prosawerken so ähnliche, aber sich dennoch unterscheidende Theatersprache in Bernhards Stücken detailliert zu beschreiben und ihren Stellenwert für die Interpretation des Gesamtwerkes sichtbar zu machen. So zeigt KLUG den Einfluss Kierkegaards für die Poetik der Bernhardschen Stücke auf und diskutiert die These, dass im Sprechen ein Motor des Existierens liegt und der Handlungsaspekt der Figurenrede in allen Situationen besondere Bedeutung erhält.[25] Sprache wird zur Macht des Lebens, ja des Überlebens. Womit im Übrigen auch deutlich wird, wie wichtig die Sprache und das Sprechen in Bezug auf das Politische und die Geschichte bzw. die Medien ist.

Dieser Aspekt der Medien ist bisher in der Forschung wenig beachtet worden. Zwar liefert die Anthologie *Politik und Medien bei Thomas Bernhard*[26] einige wesentliche Erkenntnisse zu Politik und Gesellschaft vor allem für Bernhards Prosawerk; für das Dramenwerk gibt es jedoch bislang keine vergleichbare Publikation. Dennoch finden sich in einzelnen Forschungsbeiträgen durchaus Ansichten zur medialen Komponente im Werk Thomas Bernhards. SORG bemerkt: „Die moderne technische Welt findet, von ganz wenigen insignifikanten Ausnahmen abgesehen, in Bernhards Romanen und Theaterstücken nicht statt."[27] Über die Gründe und die Darstellung von Medien (Presse) in Bernhards Stücken, insbesondere im Hinblick auf die Geschichte nach 1945, wird in Kapitel 4 noch einzugehen sein.

Auch MITTERMAYER konstatiert eine „Übermacht des Vergangenen" in Bernhards Stücken.[28] Dieser Aspekt soll später noch detailliert untersucht werden. Hier soll zunächst die These vertreten werden, dass das Vergangene bzw. das Auflebenlassen des Vergangenen den Versuch darstellt, sich selbst in einem problemgeladenen Leben einzurichten. Einen ähnlichen Gedanken diesbezüglich formuliert MITTERMAYER, wenn er sagt, „die komplexe Thematisierung von ‚Künstlichkeit' in Bernhards Werk [...] [hat] mit der problematischen Etablierung von Identität zu tun"[29]. Es geht bei Bernhard demnach sehr wohl um Figuren, die in den Dramen über ein Stück Leben verhandeln, zumeist nämlich über die eigene Identität. MITTERMAYER stellt dabei die These auf, dass gerade die nach einer bestimmten gesellschaftlichen Ordnung strebende nationalsozialistische Ideologie dem Identitätsschwachen Halt geben könne.[30] Die Flucht ins Rollen-

---

[24] KLUG: Thomas Bernhards Theaterstücke [wie Anm. 5], S.28ff.

[25] Vgl. ebd., S.IX.

[26] SCHÖSSLER, Franziska u. VILLINGER, Ingeborg (Hrsg.): Politik und Medien bei Thomas Bernhard, Würzburg 2002.

[27] SORG: Thomas Bernhard [wie Anm. 12], S.172.

[28] MITTERMAYER: Thomas Bernhard [wie Anm. 20], S.135.

[29] Ebd., S.138.

[30] Vgl. ebd., S.170.

spiel, welches das gesamte Leben bestimmt, die konsequente Verleugnung von Schuld oder Mitschuld an den Verbrechen der Nationalsozialisten wird somit auch zum psychologischen Problem. Keineswegs dient MITTERMAYERs Ansicht der Rechtfertigung der Figuren bzw. ihrer Handlungen, sie versucht vielmehr eine weitere Ebene des Textes zu eröffnen, um die Figuren aus dem vielfach mit Unmut begegneten Künstlichkeits-Topos herauszulösen.

Über das Problem der Künstlichkeit ist in der Bernhard-Forschung immer wieder heftig diskutiert worden. Verschiedene Untersuchungen haben sich diesem Problem mit unterschiedlichen Zielrichtungen verschrieben[31], wie beispielsweise OCHS' Untersuchungen zur Sprache[32], deren Ansatz ähnlich dem BETTENs[33] aus dem Forschungsbereich der Linguistik stammt, oder LINKs Monographie zu Künstlichkeit und Künstlertum bei Bernhard[34]. Diese umfangreiche, neuere Analyse des Theater- und Künstlertums-Schwerpunktes versucht, ausgehend von *Holzfällen. Eine Erregung* (1984), das Gesamtwerk zu besprechen.[35] LINKs Analyse weist nach, dass in Bernhards literarischem Kosmos der Komplex Theater gewissermaßen omnipräsent ist. Neben den Schwerpunkten Künstlertum und Künstlichkeit wird auch der Aspekt ‚Welttheater' beleuchtet, wobei auch auf Bernhards Österreich-Bild eingegangen wird. Selbst in den im weitesten Sinne als politisch zu bezeichnenden Stücken findet sich das Theater als Reflexionsgegenstand. Daher wird das Theater von Seiten der Forschung auch bei der

---

[31] An dieser Stelle sei darauf hingewiesen, dass diese Künstlichkeitsthematik nicht nur im Hinblick auf das dramatische Werk besprochen wurde. So bespricht etwa BAYER Bernhards fiktive Leserbriefe. Vgl. BAYER, Wolfram: Das Gedruckte und das Tatsächliche. Realität und Fiktion in Bernhards Leserbriefen. In: DERS. (Hrsg.): Kontinent Bernhard. Zur Thomas-Bernhard-Rezeption in Europa, Wien u.a. 1995, S.58-80. Auch eine Diplomarbeit der Universität Wien befasst sich mit dieser Problematik. Vgl. AMRY, Ditas: Wahrheit – Realität und Fiktion im Werk von Thomas Bernhard, Diplomarbeit Universität Wien 1993.

[32] OCHS bietet einen fundierten Überblick über den Forschungsstand zu sprachlichen Kunstmitteln und Kommunikationsgestaltung in Bernhards Werk und befasst sich insbesondere mit dessen dramatischem Werk. OCHS, Martina: Eine Arbeit über meinen Stil, sehr interessant. Zum Sprechverhalten in Thomas Bernhards Theaterstücken, Frankfurt am Main 2006.

[33] BETTEN sieht in der Sprechweise von Bernhards Bühnenfiguren vor allem ein Zeugnis für die Entstehung der Gedanken während des Sprechvorgangs. BETTEN, Anne: Sprachrealismus im deutschen Drama der siebziger Jahre, Heidelberg 1985, S.387. In einer späteren Arbeit gibt sie an, weshalb die linguistische Analyse einen Erkenntnisgewinn für die Literaturwissenschaft bieten kann: „Die Sprache bildet mit ihren Mitteln das auf der Inhaltsebene Gesagte nach bzw. setzt Signale, die die Interpretation des Gesagten in eine bestimmte Richtung nahe legen." BETTEN, Anne: Thomas Bernhard unter dem linguistischen Seziermesser. Was kann die Diagnose zum Werkverständnis beitragen? In: HUBER, Martin u. SCHMIDT-DENGLER, Wendelin (Hrsg.): Wissenschaft als Finsternis? Jahrbuch der Thomas-Bernhard-Privatstiftung 2002, Wien u.a. 2002, S.181-194, [hier S.189].

[34] LINK, Kay: Die Welt als Theater. Künstlichkeit und Künstlertum bei Thomas Bernhard, Stuttgart 2000.

[35] LINK: Die Welt als Theater [wie Anm. 34].

Untersuchung der politischen Stücke mitbetrachtet.[36] In *Heldenplatz* gewinnt das Bild des Theaters eine ganz eigene Dynamik, wenn ganz Österreich mit einer Bühne verglichen wird. Über das Verhältnis Bühne und Politik muss ebenfalls noch genauer gesprochen werden.

Ein weiterer grundlegender Forschungsaspekt, der mit dieser Ausrichtung korrespondiert, ist der des Theater- bzw. Spielmotivs bei Bernhard.[37] Dabei ist festzuhalten, dass der Theater-Topos bereits in den frühen Stücken relevant ist. In Werken wie *Der Ignorant und der Wahnsinnige* (1972), *Die Macht der Gewohnheit* (1974) oder *Der Theatermacher* (1984) wird ganz explizit auf die Bühne und das Spiel als Solches rekurriert. So hat unter anderem FETZ in diesem Zusammenhang auf die barocke Tradition des *Theatrum mundi* hingewiesen, das für die österreichische Theatertradition und damit auch für Bernhard von besonderer Bedeutung ist.[38] Das Leben als Rollenspiel begegnet einem bei Bernhard immer wieder, vor allem jedoch in *Vor dem Ruhestand*, worauf später noch einzugehen sein wird. HUNTEMANN spricht in seiner Arbeit über das Rollenspiel bezüglich *Vor dem Ruhestand* von einer Theatralik, die „zugleich auch Verdrängung durch dauerndes Wiederholenmüssen [ist]“[39]. Das Rollenspiel wird damit zum Mechanismus von Vergangenheits- oder vielmehr Gegenwartsbewältigung. „Die Protagonisten repräsentieren eine Ordnung, die auf Herrschaft beruht und sich in einer Krise befindet.“[40] Insofern ist das Motiv des Rollenspiels in Bernhards Bühnenwerk gewissermaßen omnipräsent und muss nicht nur dort besprochen werden, wo es – wie im Falle von *Vor dem Ruhestand* – augenscheinlich von den Figuren in der Handlung artikuliert wird. Vor dem Hintergrund dieses Spiel- und Theatermotivs verweist FETZ auch auf Bernhards Ansichten von Kulturkritik, „den grenzenlosen Konsumwahn in der Gesellschaft und die Kulturpolitik, die ‚Festspielmentalität', die Kunst nur als Ware betrachtet und mißbraucht.“[41] An diesem Punkt schließt sich überdies der Kreis hin zum Thema Medien in Bernhards Werk.

---

[36] DAMERAU sieht beispielsweise in *Vor dem Ruhestand* das Theatermotiv aufscheinen. DAMERAU, Burghard: Selbstbehauptungen und Grenzen. Zu Thomas Bernhard, Würzburg 1996, S.358.

[37] Die neuere Forschung hat auch Vergleiche mit Theaterkonzepten anderer Autoren vorgenommen und dabei festgestellt, dass Bernhards Theater vor allem auf der Allegorie des Welt-Theaters fußt. Der Mensch wird bei Bernhard als allegorischer Rollenspieler aufgefasst, das Subjekt ist „in seiner Existenz als Teil des Narrenhauses Welt“ determiniert. MÜLLER, Karl: Die Theaterkonzepte Thomas Bernhards und Elfriede Jelineks im Vergleich. In: HUBER, Martin u.a. (Hrsg.): Thomas Bernhard Jahrbuch 2004, S.91-116, [hier S.111].

[38] FETZ, Gerald A.: Thomas Bernhard und die österreichische Tradition. In: PAULSEN, Wolfgang (Hrsg.): Österreichische Gegenwart. Die moderne Literatur und ihr Verhältnis zur Tradition, Bern u. München 1980, S.189-205, [hier S.197].

[39] HUNTEMANN, Willi: Artistik und Rollenspiel. Das System Thomas Bernhard, Würzburg 1990, S.154. [Hervorhebung im Original, C.G.]

[40] Ebd., S.152.

[41] FETZ: Thomas Bernhard [wie Anm. 38], S.200.

Gibt es auch bislang zu Bernhards Theaterstücken und den darin enthaltenen Geschichtsbildern keine einschlägige Gesamtbetrachtung, so wurde diesbezüglich zumindest ein Versuch für das Prosawerk unternommen.[42] HELMS-DERFERTs Dissertation bietet zwar keinen Gesamtüberblick über die Geschichtsbilder in Bernhards Prosawerk, widmet sich jedoch chronologisch ausgewählten Werken. Es wird hier der Versuch unternommen, die frühen Erzählungen (*Frost, Verstörung, Ungenach*) in ihrer Relevanz für jenen Entwicklungsprozess in Bernhards Werk darzustellen, der zwangläufig in eine „Poetik der überbietenden Negation" führen musste, wie sie in Bernhards letztem Roman *Auslöschung. Ein Zerfall* beobachtet werden kann.[43] Die besondere Aufmerksamkeit, die jenem Text geschenkt wird, ist vermutlich auch dadurch zu erklären, dass dieser ähnlich wie die autobiographischen Erzählungen sehr stark mit der Lebensgeschichte Bernhards in Verbindung gebracht werden kann. Allerdings besteht auch in diesem letzten Prosawerk Bernhards die Schwierigkeit der Trennung von Autobiographie und Fiktion. Dennoch stellt HELMS-DERFERT bezogen auf diesen letzten Roman fest, dass nicht nur eine zunehmende Autobiographisierung des Stoffes zu verzeichnen sei, sondern auch eine „zeitpolitische Aktualität und Brisanz"[44]. „Wortgewaltig wird die Verschleierung der Mitschuld Österreichs an der Judenvernichtung im Zweiten Weltkrieg und das Fortleben des Nazismus in der Zweiten Republik angeprangert."[45] Besonderes Gewicht erhält diese Diagnose vor allem vor dem Hintergrund, dass *Auslöschung* bereits zu einem großen Teil 1981/82 geschrieben wurde. Die im Roman beschriebenen Wahrnehmungen sind also keinesfalls am Ende der 1980er Jahre auftretende Phänomene, sondern bereits weit davor zu verzeichnen gewesen, wie nicht zuletzt *Der deutsche Mittagstisch* (1978) und *Vor dem Ruhestand* (1979) belegen.

Die grundlegende Frage, ob die Theaterstücke überhaupt politisch sind bzw. inwieweit Thomas Bernhard als politischer Autor zu bezeichnen ist, haben vor allem VON SCHILLING[46] und VOGT[47] diskutiert. Mögliche Zweifel sind insofern nicht unberechtigt, als die Stücke in der Tat keine politischen Thesen präsentieren oder politische Zusammenhänge aufzeigen, wohl aber scheinen sie darauf angelegt zu sein, eine Provokation und damit die Diskussion zu erzwingen. VON

---

[42] Vgl. HELMS-DERFERT, Hermann: Die Last der Geschichte. Interpretationen zur Prosa von Thomas Bernhard, Köln u.a. 1997. Einen weiteren Beitrag für den Komplex Erinnern nach 1945 in Bernhards Prosa hat VOGT geliefert: VOGT, Steffen: Ortsbegehungen. Topographische Erinnerungsverfahren und politisches Gedächtnis in Thomas Bernhards „Der Italiener" und „Auslöschung", Berlin 2002.

[43] Vgl. HELMS-DERFERT: Die Last der Geschichte [wie Anm. 42], S.148.

[44] Ebd., S.153.

[45] Ebd.

[46] VON SCHILLING, Klaus: Die Gegenwart der Vergangenheit. Die Kultur der Bewältigung und ihr Scheitern im politischen Drama von Max Frisch bis Thomas Bernhard, Tübingen 2001, [S.139-171].

[47] VOGT, Steffen: Zur Sprache bringen. Thomas Bernhard als politischer Autor. In: HOELL, Joachim/ HONOLD, Alexander/ LUEHRS-KAISER, Kai (Hrsg.): Thomas Bernhard – eine Einschärfung, Berlin ^{2}1999, S.10-16.

SCHILLING sieht in Bernhards politischem Drama auch die Tradition des österreichischen Volkstheaters aufscheinen, er vergleicht sie mit „Boulevardkomödie[n], welche vom Affront leben und aus der bösen Schmährede ihr Vergnügen ziehen."[48] Dass dabei auch immer das Gemachte, das Gespielte, ja das Spiel im Spiel thematisiert wird, wurde von der Forschung, wie oben bereits angesprochen, rasch erkannt. VON SCHILLING sieht in der Künstlichkeit von Bernhards Theatertexten einen wichtigen Aspekt, wenn es um das Verständnis von politischen Themen geht. „Das Artifizielle wird, auch wenn es um politische Sachverhalte geht, demonstrativ ausgestellt und mit einem scharfen Akzent versehen."[49] Ein solches politisches Theater, das auch die Provokation und das augenscheinlich Gemachte einer Inszenierung mitthematisiert, setzt einen Zuschauer voraus, der auch am Spiel im Spiel einen Reiz entdeckt. „Dies schließt jegliches Gesinnungstheater aus, bzw. bricht es in einer Weise, dass selbst das Bekenntnis noch als raffiniertes Spiel durchsichtig ist."[50] Inwieweit dies bei Bernhards politischen Stücken der Fall ist, soll nachfolgend untersucht werden.

VOGT erkennt indes im Kommunikationsaspekt das eigentlich politisch-gesellschaftliche Moment in Bernhards Stücken. „Es ist eher das Beharren auf der Möglichkeit von Kommunikation, worin sich in Bernhards Texten zumindest ansatzweise die Utopie einer Veränderbarkeit der bestehenden Verhältnisse andeutet."[51] Die Sprache wird somit zu Bernhards Waffe gegen das Vergessen und zur Folie einer verstummten Welt: „Und das schließlich erscheint als das eigentliche Ziel von Bernhards Sprachexperimenten: die Möglichkeit von Kommunikation in einer kommunikationsfeindlichen Welt."[52] Vor diesem Hintergrund wird auch der Reiz der Provokation in Bernhards Werk deutlich. Sie ermöglicht einen Diskurs und zwingt zur Auseinandersetzung, und sei es nur über die Provokation als solche, wie es beim Skandal um *Heldenplatz* den Anschein hatte.

Allerdings wird nicht nur das Spiel mit der Erregung, sondern auch Bernhards Spiel mit den literarischen Gattungen von der Forschung kritisch beleuchtet bzw. durchschaut. So stellt man immer wieder fest, dass nahezu jeder Text Bernhards in irgendeiner Weise auch das Theater und damit die Gattung Drama thematisiert. KORTE weist in seinem Aufsatz über Bernhards letzten Roman auf dieses Phänomen hin.[53] Indem Thomas Bernhard das Gattungsproblem immer wieder meisterhaft durchkreuzt, liefert er für die Fragestellungen der Germanistik neue Impulse für die Auslegung seines Werkes. Nicht zuletzt die Frage nach Komödie oder Tragödie stellt einen wichtigen Diskussionspunkt in der Bern-

---

[48] VON SCHILLING: Die Gegenwart der Vergangenheit [wie Anm. 46], S.139.

[49] Ebd., S.139f.

[50] Ebd., S.140.

[51] VOGT: Thomas Bernhard als politischer Autor [wie Anm. 47], S.16.

[52] Ebd.

[53] KORTE, Hermann: Dramaturgie der „Übertreibungskunst". Thomas Bernhards Roman „Auslöschung. Ein Zerfall". In: Text + Kritik 43, (^{3}1991), S.88-103, [hier S.100].

hard-Forschung dar.[54] Mit seinem frühen Prosatext *Ist es eine Komödie? Ist es eine Tragödie?* (1967) lieferte Bernhard gewissermaßen selbst den Anstoß für die nicht abreißende Genrediskussion seiner Werke. „Mit der werkkonstanten Assimilierung und dem Spiel mit der Ambivalenz der Begriffe scheint Bernhard die Relativität dieser Alternativen der Beschreibung unserer Welt herausstellen zu wollen."[55] Wenngleich in seinem Werk vielfach der Komödie der Vorzug gegeben wird, wie BAUMGÄRTEL bemerkt hat[56], überlässt Bernhard die Entscheidung ob Komödie oder Tragödie letztlich doch dem Rezipienten.[57]

Verständlicherweise gibt es auch bei Thomas Bernhard bestimmte Motive, die in der Literaturgeschichte tradiert sind und immer wiederkehren. So hat die Forschung beispielsweise auch auf die bürgerlichen Motive von Stücken wie *Heldenplatz*[58] hingewiesen. Nicht nur die literarische Nähe der großen Familien- bzw. Gesellschaftsdramen[59] des 19. Jahrhunderts ist auffällig, sondern auch das Forttragen bürgerlichen Gedankengutes. „Indem in *Heldenplatz* ein Figurenensemble die Bühne betritt, das die großbürgerlichen Rituale vergangener Zeiten nachspielt, streicht das Stück heraus, wie sehr die Geschichte in der Gegenwart nachlebt."[60] Es wird also nicht nur intertextuell und damit literaturhistorisch Bezug auf die Vergangenheit genommen, sondern die Stücke lassen Geschichte wieder aufleben und tragen sie damit ins 20. Jahrhundert. Ähnliches beschreibt SORG: „Die Welt der Vergangenheit wird für Bernhards Helden zur qualvollen Last, die abzuschütteln freilich ihr Ende bedeutet. So wird die Vergangenheit zwanghaft

[54] Zu dieser Problematik vor allem: SCHMIDT-DENGLER, Wendelin: „Komödientragödien". Zum dramatischen Spätwerk Bernhards. In: GEBESMAIR, Franz u.a. (Hrsg.): Bernhard-Tage Ohlsdorf 1994, Weitra 1994, S.74-98, HUBER, Martin: Rettich und Klavier. Zur Komik im Werk Thomas Bernhards. In: SCHMIDT-DENGLER, Wendelin /SONNLEITNER, Johann /ZEYRINGER, Klaus (Hrsg.): Komik in der österreichischen Literatur, Berlin 1996, S.275-284, HAIDER-PREGLER, Hilde: „Ist es eine Komödie? Ist es eine Tragödie?" Überlegungen zu Thomas Bernhards philosophisch-komödiantischem Lachtheater. In: CASTEIN, Hanne u.a. (Hrsg.): Erbe und Umbruch in der neueren deutschen Komödie. Londoner Symposium 1987, Stuttgart 1990, S.153-183, SONNLEITNER, Johann: Seiltänzerei und Zwischentöne. Zur Rolle und Funktion des Komischen bei Bernhard. In: BENAY, Jeanne u. BÉHAR, Pierre (Hrsg.): Österreich und andere Katastrophen. Thomas Bernhard in memoriam. Beiträge des Internationalen Kolloquiums der Universität des Saarlandes vom 10. bis 12. Juni 1999, S.381-393, BAUMGÄRTEL, Patrick: Vorliebe für „Seiltänzerei". Zu einigen Funktionen und Verwendungsweisen des Komischen in Thomas Bernhards „Komödientragödien". In: HUBER, Martin u.a. (Hrsg.): Thomas Bernhard Jahrbuch 2003, Wien u.a. 2003, S.217-233, sowie weitere Forschungsbeiträge auch zur Prosa wie u.a. MORNEWEG, Annelie: Elemente des Komischen in der Autobiographie Thomas Bernhards, Frankfurt am Main u.a. 2005.

[55] BAUMGÄRTEL: Verwendungsweisen des Komischen [wie Anm. 54], S.222.

[56] Ebd., S.223f.

[57] Vgl. SCHMIDT-DENGLER: Zum dramatischen Spätwerk Bernhards [wie Anm. 54], S.95.

[58] Weiter angeführt werden können auch *Die Jagdgesellschaft, Elisabeth II., Die Macht der Gewohnheit* oder *Der Präsident*, ja selbst in *Der Theatermacher*. In all diesen Stücken wird in verschiedenen Konstellationen der Problemkreis Familie „vorgeführt".

[59] Insbesondere sei auf Dramen Tschechows, Hauptmanns und Ibsens verwiesen, deren spezifische Familien-thematik hier gewissermaßen ihre Renaissance erlebt.

[60] JÜRGENS: Das Theater Thomas Bernhards [wie Anm. 19], S.144.

immer wieder heraufbeschworen, in einem Ambiente, das sich der Gegenwart verweigert."[61] Vor diesem Hintergrund wird somit auch deutlich, dass Geschichte bei Thomas Bernhard nicht nur ein Aufarbeiten des Nationalsozialismus ist, sondern durchaus gesellschaftliche Tendenzen und Phänomene allgemeiner Art wiederspiegelt und thematisiert.

Gemeinsam mit diesem Traditionsschema werden auch die konventionellen Herr-Diener-Verhältnisse konserviert und in die Gegenwart hinüber gerettet. Wie DAMERAU feststellt, ändert sich das Verhältnis von Mächtigen und Unterwürfigen zugunsten letzterer erst in seinen späten Bühnenwerken, wie man in *Elisabeth II.* sehen kann.[62] Aber könnte dies nicht ein Hinweis darauf sein, dass sich auch die gesellschaftlichen Strukturen, wie Bernhard sie wahrnahm, veränderten? Im weiteren Sinne muss eine solche Komponente auch in die Bewertung von geschichtlichen Prozessen, die Bernhard beschreibt, eingehen. Insbesondere JÜRGENS hat aufgezeigt, wie sehr Bernhards Figuren in einer der Vergangenheit zugewandten Welt leben und dem überkommenden Herrscher-Diener-Verhältnis huldigen. Dieses wird auch in *Elisabeth II.* ein letztes Mal in Szene gesetzt, wobei „die zentrale Machtgestalt unterwürfig [wird]"[63]. DAMERAU, der einen fundierten Einstieg in die Beschäftigung mit Bernhards dramatischem Werk bietet, setzt dieses auch mit der Lyrik des Autors in Verbindung. So verweist er beispielsweise auf Bernhards Kenntnisnahme der Wiener Gruppe, deren Einfluss in den frühen Stücken bzw. der Lyrik der Fünfziger Jahre erkennbar sei.[64]

Auch SÜSELBECK hat eine umfangreiche Arbeit zu Bernhards Geschichtsverständnis vorgelegt.[65] Seiner Ansicht nach spielt die Auseinandersetzung mit dem Nationalsozialismus eine zentrale Rolle in Bernhards Werk, wobei *Vor dem Ruhestand* „wohl am stärksten verdeutlichen kann, wie genau und vielschichtig Bernhards entlarvende Erinnerungskunst gerade in der Dramatik konstruiert wird"[66]. Indem eine fiktive Biographie eines Mannes gezeichnet wird, der sich in der NS-Zeit aktiv an den grausamen Verbrechen beteiligt hat, nun aber nahezu unbeschadet erneut ein hohes Amt bekleidet und gesellschaftliche Anerkennung genießt, erscheinen Vergangenheit und Gegenwart gleichsam fast austauschbar. Die Erinnerung hat keinen Wert mehr. Dieses Exempel steht stellvertretend für viele ähnliche Biographien der „grauen Eminenzen", die es schafften, sich nach dem Krieg von sämtlicher Schuld „reinzuwaschen". Historisch nachweisbar, doch gesellschaftlich verleugnet, trifft Bernhard sozusagen einen sehr wunden Punkt – nicht nur in der deutschen Nachkriegsgeschichte.

---

[61] SORG: Thomas Bernhard [wie Anm. 12], S.172.

[62] DAMERAU: Selbstbehauptungen [wie Anm. 36], S.365.

[63] Ebd. Allerdings ist anzumerken, dass der Analyseschwerpunkt bezüglich der Stücke in dieser Arbeit bei den Dramen der Siebziger und frühen Achtziger Jahre liegt.

[64] DAMERAU: Selbstbehauptungen [wie Anm. 36], S.277.

[65] SÜSELBECK, Jan: Das Gelächter der Atheisten. Zeitkritik bei Arno Schmidt und Thomas Bernhard, Frankfurt am Main u. Basel 2006.

[66] Ebd., S.448.

Doch auch im Hinblick auf das Spätwerk macht SÜSELBECK eine „wachsende politische Brisanz“[67] fest, die er am Beispiel von *Heldenplatz* analysiert. Nach SÜSELBECK verdeutlicht dieses Stück vor allem eines: „Daß es eine Täuschung war, zu glauben, nach Auschwitz sei der Antisemitismus aus den demokratischen Gesellschaften der westlichen Welt verschwunden.“[68] Die Übertreibung der Darstellung in *Heldenplatz* wurde damit gewissermaßen zur Nebensache. Allein dieses Thema für zeitgenössisch brisant zu erklären, reichte aus, um sich den gesellschaftlichen Zorn eines ganzes Landes zuzuziehen. Es scheint festzustehen, „daß Heldenplatz eine bestimmte Tendenz in der österreichischen Öffentlichkeit präzise beschreibt“[69].

So gesehen hat JÜRGENS recht, wenn auch er feststellt, *Heldenplatz* greife den österreichischen Staat an seiner Wurzel an.[70] Doch insbesondere ist es die Figurenperspektive, die immer wieder für ambivalente Reaktionen gesorgt haben dürfte. Auch die Tatsache, dass sich die Opfer der Sprache der Täter bedienen, belegt, dass es hier um mehr geht als eine bloße Kampfansage an den österreichischen Staat. In seiner Untersuchung konstatiert JÜRGENS, dass die „gesellschaftlichen Strukturen immer noch bestehen, die solchen [nationalsozialistischen, C.G.] Begriffen und dem damit verbundenen Bewusstsein zugrunde liegen“[71]. Bernhards Diagnose wird inzwischen von der Forschung nicht mehr als so eindeutig hingestellt, wie sie vielleicht im Umkreis des *Heldenplatz*-Skandals scheinen mochte.

So bemerkt FUEST, dass es Bernhard gelungen sei, mit seinem Geschichtsbild eben das zu tun, was die meisten Menschen bewegt: er emotionalisierte. „Der wichtigste Kunstgriff im Stück [*Heldenplatz*, C.G.], der solche Wirkungen hervorruft, besteht darin, daß nicht nur aus der Perspektive der Opfer gesprochen wird, sondern daß sich die Klage dieser Opfer auch noch als wortgewaltig und aggressiv darstellt.“[72] Eine solche Aggression ist in vielen Texten Bernhards zu spüren. JÜRGENS verweist in diesem Zusammenhang auf eine intertextuelle Ebene und führt Rolf Hochhuths *Der Stellvertreter* und Peter Handkes *Publikumsbeschimpfung* an, deren anklagender bzw. beschimpfender Tenor sich auch in *Heldenplatz* wiederfindet. Auch der Angriff auf das Burgtheater, das als das erste Theater im Staat identitätsstiftende Wirkung besitzt, hat eine besondere Bedeutung. Nicht nur die Kunst wird angegriffen, sondern auch die Institution des Staatstheaters und somit gleichsam der Staat selbst. Auf diesen Gesichtspunkt weist auch MITTERMAYER hin, indem er klarstellt, wie problematisch eine zeitgenössische Auseinandersetzung „mit Schmerzthemen der österreichischen Geschichte“ [73]

---

[67] Ebd., S.482.
[68] Ebd., S.489.
[69] JÜRGENS: Das Theater Thomas Bernhards [wie Anm. 19], S.201.
[70] Vgl. ebd., S.125.
[71] Ebd., S. 155.
[72] FUEST, Leonhard: Kunstwahnsinn, irreparabler. Eine Studie zum Werk Thomas Bernhards, Frankfurt am Main 2000, S.218.
[73] MITTERMAYER: Thomas Bernhard [wie Anm. 20], S.174.

an einem der Klassik des Sprechtheaters verpflichteten Haus wie dem Burgtheater auch 1988 noch war.

Doch auch die scheinbare Tatsache, dass hier ein Autor gegen alles und jeden zu sein scheint, macht den Fall Bernhard in der Diskussion von Medien und Rezipienten umso brisanter. Insofern ist bei der Auseinandersetzung mit Texten Thomas Bernhards immer klar zu unterscheiden zwischen mediengemachter bzw. ‚öffentlicher Meinung' und dem, was die Texte letztlich ‚wörtlich' aussagen bzw. was Bernhard als reale Person beispielsweise in Interviews preisgibt. Wenngleich auch die neuere Forschung die Interviews von Krista FLEISCHMANN mit Thomas Bernhard weniger „als persönliche, konkret-reale Äußerungen, sondern als Teil des künstlerischen Gesamtwerkes des Schriftstellers"[74] ansieht, so werden diese Äußerungen dennoch im Kontext des Gesamtwerkes bzw. von Einzelanalysen immer wieder zur Fixierung des Bernhard-Bildes herangezogen.

Doch Bernhards politisches Werk ist nicht vordergründig vom Skandal geprägt, sondern enthält durchaus Gesellschaftskritik. Einen Annäherungsversuch an die politische Dimension des Werkes nimmt THUSWALDNER[75] vor, und verweist gleich zu Anfang seines Aufsatzes auf jene seit den Achtziger Jahren dominierende Ansicht, Bernhard sei lediglich ein „Übertreibungskünstler" gewesen, dessen Kritik jedoch nicht wirklich ernst zu nehmen sei.[76] Gleichzeitig bemängelt er die kulturpolitische Vereinnahmung von Bernhards Werk, da dies zur Folge habe, dass seine Stücke „ihrer politischen Sprengkraft beraubt zu sein scheinen"[77]. Dennoch ist festzuhalten, „dass Bernhards Österreichkritik kunstvoll gebrochen wird, indem sie von fragwürdigen Protagonisten geübt wird"[78].

Natürlich ist die Forschung bestrebt, den Facettenreichtum von Bernhards politischen Theatertexten so detailliert wie möglich zu beleuchten. So ist vielfach auch die Schicht der Texte besprochen worden, die zwar an der Oberfläche liegt, wohl aber in Anbetracht der zeitgenössischen Interpretation vor dem Hintergrund des Skandalmoments oft kaum Beachtung fand. So geht es in Bernhards *Heldenplatz* eben nicht nur um die Frage, wie „verkommen" Österreich ist. JÜRGENS will in Josef Schuster einen Österreich-Patrioten erkennen, weil der Text angibt, er sei 1955 – also im Jahre der Konsolidierung der Zweiten Republik Österreich – nicht davon abzubringen gewesen sein, nach Wien zurück kehren zu wollen.[79] Das konventionelle Bild, das Thomas Bernhard als einen Nestbeschmutzer hinstellt, muss also im Zuge einer ernsthaften Auseinanderset-

[74] JANKE, Pia: Schriftsteller als Ikonen. Aus Anlaß der Geburtstage von Thomas Bernhard (75) und Elfriede Jelinek (60). In: RITTER, Michael (Hrsg.): Praesent 2007. Das literarische Geschehen in Österreich von Juli 2005 bis Juni 2006, Wien 2006, S.77-85, [hier S.79].

[75] THUSWALDNER, Gregor: Die politische Dimension von Thomas Bernhards Œuvre. In: Informationen zur Deutschdidaktik. Heft 4 (2005), S.20-27.

[76] Vgl. ebd., S.21.

[77] Ebd.

[78] Ebd., S.23.

[79] Vgl. JÜRGENS: Das Theater Thomas Bernhards [wie Anm. 19], S.125.

zung mit diesem Autor ständig hinterfragt und gegebenenfalls neu gezeichnet werden.

Ebendies tut auch DONNENBERG, der annimmt, Bernhards Verstörung komme „aus einer tiefsitzenden, aber angenommenen, akzeptierten und deshalb produktiv gewordenen Angst“[80]. Gleichwohl wohne in seiner Kritik kein Verbesserungswille inne, denn „Weltverbessern ist ja ein Wahnsinn, man kann die Welt nicht verbessern“[81]. Wenn dies auch pessimistisch klingt, sollte und kann man Bernhards Werk nicht dem Vorwurf des Nihilismus aussetzen. So vertritt DONNENBERG folgende These: „Bernhards kritische Erregung über den Zustand unserer Kultur korreliert mit einem verbreiteten, aber unterdrückten Unbehagen an unserer Zeit und Situation; sein dichterisches Werk hat deshalb auch die Funktion eines Unheilszeichens, das zu einer Entscheidung herausfordert.“[82] Dieser Aspekt bietet eine Erweiterung der Sichtweise auf Bernhards Schaffen. Er spricht dem Werk nicht die Wirkung ab, sondern verweist auf den Zeichencharakter, der seinen Wert vor allem aus dem Hinweisen auf die jeweiligen Zustände in der Gesellschaft zieht. Die Bedrohlichkeit dieser dargestellten „Endzustände“[83] fordert eine Stellungnahme vom Rezipienten. Die Maßlosigkeit, mit der uns der Autor konfrontiert, gründet in dem „Bewusstsein von der Vergeblichkeit des Aufstandes“[84]. Dennoch kommt Bernhard mit seinem Schreiben der Verpflichtung eines Schriftstellers nach, indem er versucht die Gesellschaft abzubilden und auf Missstände hinzuweisen.[85] Und gerade die unangenehme Wahrheit ist es, welche Thomas Bernhard in seinem Werk wiederholt ausspricht. Nur fällt es offensichtlich schwer, die Wahrheit als solche zu erkennen. Vor allem dann, wenn sich Figuren-Zitate wie diese gegenüberstehen: Österreich ist „eine geist- und kulturlose Kloake“ (HP: 97) versus „Österreich ist schon n Hammer Bernhard“ (Pey: 51). Die Vermischung von Übertreibung und Ironie, von ehrlicher Meinung und Klischee macht es nicht eben einfacher, festzustellen, welches Bild Bernhard von Österreich gezeichnet wissen will. Deutlich jedoch wird in den meisten Fällen das negative Bild Österreichs, das sich motivisch und wiederholt durch Bernhards Werk zieht.

---

[80] DONNENBERG, Josef: Thomas Bernhard (und Österreich). Studien zu Werk und Wirkung 1970-1989, Stuttgart 1997, S.135.

[81] Zitiert nach DITTMAR, Jens (Hrsg.): Thomas Bernhard Werkgeschichte, Frankfurt am Main 1990, S.207.

[82] DONNENBERG: Thomas Bernhard (und Österreich) [wie Anm. 80], S.139.

[83] Ebd., S.124.

[84] Ebd., S.133.

[85] Dass die Wahrheit dem Menschen zumutbar ist, hatte schon Ingeborg Bachmann benannt. Ihre Rede zur Preisverleihung des Hörspielpreises der Kriegsblinden hatte 1959 auf die Aufgabe des Schriftstellers in seiner Zeit hingewiesen und darauf insistiert, die Menschen auch mit unangenehmen Wahrheiten zu konfrontieren. Vgl. BACHMANN, Ingeborg: Die Wahrheit ist dem Menschen zumutbar. In: KOSCHEL, Christine u.a. (Hrsg.): Ingeborg Bachmann. Werke [4 Bde.], Bd.4, S.275-277.

Die Folge davon ist, dass der Autor „mit dem harmonisch verklärten Österreichbild [aufräumt]".[86] BACHAs Diplomarbeit zeichnet ein ambivalentes Bild von Bernhards Geschichtsverständnis, weswegen sie hier besprochen werden muss. Die Demontage des österreichischen Geschichtsverständnisses, die BACHA konstatiert, funktioniert nicht in allen politischen Stücken gleichermaßen gut.[87] Während *Vor dem Ruhestand* ein Text mit „psychologischer Schärfe" sei, „bleibt seine Auseinandersetzung mit dem Nationalsozialismus im Stück *Heldenplatz* oberflächlich, um nicht zu sagen: inhaltsleer."[88] Insbesondere die Tatsache, dass der Autor allzu oft aus seiner eigenen Autobiographie heraus begründe und überdies dem eigenen Mitteilungsbedürfnis Rechnung trage, wird bemängelt.[89] Offenkundig legt die Arbeit einen lösungsorientierten Politikbegriff zugrunde und kann deshalb beanstanden, dass Bernhards Werk keinerlei Utopie im Sinne von verbesserungswürdigen Vorschlägen liefert. Diese Sichtweise erscheint jedoch einseitig, da das Aufzeigen von Fehlentwicklungen in der Gesellschaft bereits den Vorschlag zur Verbesserung impliziert.

In Opposition zu BACHAs Arbeit steht die Ansicht THUSWALDNERs. „Bernhard macht oft auf die bewusst subjektive Position aufmerksam, von der die Autobiographie geprägt ist."[90] „Bernhards Autobiographie ist – wie jede (post)-moderne Autobiographie – eine raffinierte Mischung aus Fiktion und Realität."[91] Dies dürfte auch für Bernhards übriges Werk gelten, in dem der Autor seine Sicht auf Österreich und die Gesellschaft seiner Zeit nachzeichnet. Wichtig erscheint in diesem Zusammenhang THUSWALDNERs Hinweis auf die Geschichtsforschung, die konstatierte, „dass es in der österreichischen Bevölkerung nach 1945 keinen eindeutigen ideologischen Bruch in der ideologischen Gesinnung gegeben hat"[92]. Nicht zuletzt dürfte auch die Feststellung von Interesse sein, dass sich die Aktualität von Bernhards Werken letztlich gerade durch einen noch immer nicht beseitigten, latenten Antisemitismus in Österreich bestätigt.[93]

Die Präsenz des Komplexes Politik und Geschichte ist nunmehr ausreichend dargelegt worden. Für den Bereich Medien bei Bernhard stellt sich die For-

---

[86] BACHA, Jamil George: Thomas Bernhards Auseinandersetzung mit dem Nationalsozialismus in den Dramen „Vor dem Ruhestand" und „Heldenplatz". Diplomarbeit Universität Wien, Wien 1996, S.128.

[87] Vgl. ebd., S.129.

[88] Ebd.

[89] Vgl. ebd., S.130.

[90] THUSWALDNER: Die politische Dimension [wie Anm. 75], S.24.

[91] Ebd.

[92] Ebd.

[93] THUSWALDNER gibt dafür eine Umfrage der Sozialwissenschaftlichen Studiengesellschaft an, die 2001 erschreckendes zutage brachte: „So waren 24 Prozent der Österreicher überzeugt, ‚dass es besser wäre, keine Juden im Land zu haben. Bei den deklarierten FPÖ-Wählern sind demnach sogar 80 Prozent dieser Ansicht'." THUSWALDNER: Die politische Dimension [wie Anm. 75], S.25. Angesichts des Erfolges der rechtspopulistischen Spitzenpolitikers Jörg Haider, der seit 1999 das Amt des Landeshauptmannes von Kärnten innehat, sind solche erschreckenden Ergebnisse wohl kaum noch verwunderlich.

schungslage wesentlich überschaubarer dar. Der bislang umfangreichste, da thematisch am breitesten gefächerte Beitrag ist der Sammelband von SCHÖSSLER und VILLINGER.[94] Der Medienbegriff wird in diesem Band allerdings sehr weit gefasst und reicht von Photographie über das Konstrukt einer weiblichen Kunstfigur als Medium von Kunstvermittlung bis zu medialen Bedingungen von Wahrnehmung wie Akustik oder der Instanz Autobiographie. Einen expliziten Beitrag zu den sogenannten klassischen Medien wie Presse, TV usw. findet sich darin nicht. Ein möglicher Grund für das Fehlen entsprechender Untersuchungen könnte schlicht darin begründet sein, dass in Bernhards Werk nur sehr selten von Medien die Rede ist. Sie werden meist nur schemenhaft thematisiert und sind nie aktionsstiftend oder handlungsfixierend. Umso mehr muss sich der Blick in den seltenen Fällen ihres Auftretens darauf konzentrieren die Funktion und den Inhalt zu bestimmen.

Es ist allerdings festzuhalten, dass sich die Rezeptionsgeschichte zu Bernhard mit der medialen Komponente befasst hat, wenn es darum ging, die Literaturskandale für die Präsenz seines Werkes zu verorten. Einen entscheidenden Beitrag dazu hat MILLNER[95] geliefert. Die Autorin stellt am Beispiel von *Heldenplatz* die Ventilfunktion des Skandals für die Gesellschaft heraus und zeigt die Struktur eines typischen Skandals auf, wobei sie besonders auf die Rolle der Presse und deren Macht eingeht.[96] Entscheidend ist überdies auch die Rolle, welche die Figuren des Stückes einnehmen. „Bernhard schafft mit seiner Figur des Professor Robert einen künstlichen Skandalierer."[97] Die Figur eines Theaterstückes wird damit selbst zum Medium. Vielfach wurde diesem Aspekt insofern Beachtung geschenkt, als man annahm, Bernhard würde seine Figuren zu Sprachrohren seiner eigenen politischen und gesellschaftlichen Anschauungen machen. Insbesondere die Presse verfolgte diese Ansicht mit Nachdruck, um den Autor als Nestbeschmutzer diffamieren zu können, was sich zur Auflagensteigerung als höchst wirksam erwies.[98] Aus literaturwissenschaftlicher Sicht muss einer solchen Interpretation jedoch mit Vorsicht begegnet werden; die Verwechslung von Bernhards eigenen Äußerungen mit den Reden seiner Figuren ist unzulässig.[99]

Weitere Beiträge zur Rezeptionsgeschichte und dem Gesichtspunkt Medien liefern vor allem FELDERER[100] und HÖRLEZEDER/MÜHLBEK/NOWAK.[101] Da-

---

[94] SCHÖSSLER/VILLINGER: Politik und Medien bei Thomas Bernhard [wie Anm. 26].

[95] MILLNER, Alexandra: Theater um das Burgtheater. Eine kleine Skandalogie. In: SCHMIDT-DENGLER, Wendelin/SONNLEITNER, Johann/ZEYRINGER, Klaus (Hrsg.): Konflikte – Skandale – Dichterfehden in der österreichischen Literatur, Berlin 1995, S.248-266.

[96] Vgl. ebd., S.251.

[97] Ebd., S.257.

[98] Vgl. besonders BURGTHEATER Wien (Hrsg.): Heldenplatz. Eine Dokumentation, Wien 1989.

[99] Vgl. JANG, Eun-Soo: Die Ohn-Machtspiele des Altersnarren. Untersuchungen zum dramatischen Schaffen Thomas Bernhards, Frankfurt am Main u.a. 1993, S.2.

[100] FELDERER, Brigitte: Uns ist nichts zu heiß. Ein Theaterbrand in der „Neuen Kronen Zeitung". In: BAYER, Wolfram (Hrsg.): Kontinent Bernhard. Zur Thomas-Bernhard-Rezeption in Europa, Wien u.a. 1995, S.211-228.

bei liegt auch bei diesen Arbeiten der Interessensschwerpunkt auf dem Skandal-Moment von Bernhards literarischem Schaffen. Eine umfassende Arbeit zu Presse und Medien bei Bernhard steht noch aus.[102]

Die wichtigsten Forschungsansätze zur Dramatik Thomas Bernhards sind damit besprochen. Es hat sich gezeigt, dass das Analysespektrum bzw. Interessengebiet der Forschung überaus breit gefächert ist. Immer wiederkehrende Aspekte wie Künstlichkeit, Genrezuordnung, Sprache und Kommunikation sowie Vergangenheitsbewältigung finden vermehrt Aufmerksamkeit. Dennoch bleiben viele Lücken gerade im Hinblick auf die Erforschung des Dramenwerks zu schließen. Nicht zuletzt die Themenbereiche Politik und Medien sind vielfach unterbelichtet. Für die spätere Analyse wird im folgenden Abschnitt eine theoretische Basis geschaffen, indem Theater und Drama als Transporteur von Geschichte und Politik erörtert werden. Dabei sollen zunächst die literaturhistorischen Grundlagen dargelegt werden, deren sich Bernhard bedient, und die ihn als Autor in den Kontext des politischen Theaters im Zwanzigsten Jahrhundert stellen. Um die Traditionslinien des Bernhardschen Werkes auch gesellschaftlich einordnen zu können, wird der Analyse eine Darstellung der geschichtspolitischen Geschehnisse vorangestellt. Im Anschluss daran erfolgt die Verortung des Politischen in Bernhards späten Dramentexten, die später analysiert werden sollen.

[101] HÖRLEZEDER, Renate/MÜHLBEK, Fritz/NOWAK, Andreas: Die Erregungskurven. Eine empirische Untersuchung zur Resonanz Bernhards in den deutschsprachigen Printmedien 1963-1992. In: BAYER, Wolfram (Hrsg.): Kontinent Bernhard. Zur Thomas-Bernhard-Rezeption in Europa, Wien u.a. 1995, S.229-238.

[102] Abschließend sei auf eine neu erschienene Publikation hingewiesen, die sich das musikalische Paradigma Techno für die Analyse zu eigen macht. WINDRICH bespricht vor diesem Hintergrund die Theatertexte von Rainald Goetz aus den Neunziger Jahren und vergleicht sie mit Thomas Bernhards dramaturgischer Konzeption. Er erkennt in Bernhards Stücken „Annäherungs- und Ablösungsprozesse zwischen Sprache und Wirklichkeit" WINDRICH, Johannes: TechnoTheater. Dramaturgie und Philosophie bei Rainald Goetz und Thomas Bernhard, Paderborn 2007, S.419.

3. Geschichtsbewusstsein und Politik in Thomas Bernhards dramatischem Spätwerk

3.1 Literaturhistorische Voraussetzungen – Konzeptionen des politischen Dramas im 20. Jahrhundert

Die Konzeptionen politischer Dramatik im 20. Jahrhundert sind im Wesentlichen in drei verschiedene Hauptrichtungen einzuteilen: das politische Drama, das epische Drama und das Dokumentar-Drama.

Das politische Drama kann wiederum grundsätzlich in zwei Hauptrichtungen eingeteilt werden. Erstens in die „einfache Form der Revue mit stark agitatorischem Charakter" und in das „konventionelle realistische Theater, das politische Inhalte eindeutig parteilich behandelt"[103]. Das Politische wird meist als Denkspiel entworfen.[104] Dabei geht es vornehmlich darum, die auf der Bühne dargestellte Welt als „eine Chiffre der konkreten und aktuellen Realität erkennbar zu machen"[105], und Kritik an den bestehenden gesellschaftlichen Verhältnissen in neuartiger, das bedeutet, vorher nicht betrachteter Art und Weise zu üben.

Eines der bedeutendsten Konzepte politischer Dramatik hat Bertolt Brecht mit dem „epischen Theater" etabliert. Seine Theaterkunst will nicht mehr als reine Illusionskunst verstanden werden, sondern setzt die Regeln des Spiels außer Kraft, verfremdet und abstrahiert die Szene, bricht die Handlung immer wieder auf, indem sie das Spiel als Spiel konkret thematisiert. Brecht verwendet explizit den Begriff Distanz und nimmt damit eine Trennung von Kunst und Wirklichkeit vor. Mit seinem Theaterkonzept soll verdeutlicht werden, „daß das, was auf der Bühne gezeigt wird, künstlich hergestellt, von Schauspielern agiert ist, daß es nichts Reales suggeriert [...]"[106]. Es erfolgt kein „Entführen" des Zuschauers in eine künstliche Welt, stattdessen soll dieser „in seine reale Welt eingeführt werden, mit wachen Sinnen"[107]. Durch eine Historisierung des Zeitgeschehens auf der Bühne wird es möglich, „daß der Zuschauer sich aus seiner Zeit, in der er doch mitten darin ist, heraushebt, von ihr distanziert"[108] und mit dem Blick einer nachfolgenden Generation eine Kritik möglich werden lässt. Dem Publikum kommt demzufolge eine besondere Rolle zu. Es soll vom passiven Rezipienten zu einem aktiv Handelnden gemacht werden. Brechts Anliegen ist es, die Identifikation des Zuschauers mit dem Dramen-Helden zu durchbrechen. Der Zuschauer „wird an der Handlung beteiligt und soll in der Praxis, so Brechts di-

---

[103] BRAUNECK, Manfred: Theater im 20. Jahrhundert. Programmschriften, Stilperioden, Reformmodelle, Reinbek 1982, S.311f.

[104] Vgl. MELCHINGER, Siegfried: Geschichte des politischen Theaters, Hannover 1971, S.415.

[105] Ebd.

[106] KNOPF, Jan (Hrsg.): Brecht-Handbuch. Theater. Eine Ästhetik der Widersprüche, Stuttgart 1980, S.384.

[107] Zitiert nach KNOPF: Brecht-Handbuch. Theater [wie Anm. 106], S.385.

[108] Ebd., S.386.

daktisch belehrende Haltung, seine Konsequenzen ziehen."[109] Das Konzept der Parabel stellt modellhaft abstrahiert eine Begebenheit dar, die auch in der Welt außerhalb des Theaters an anderer Stelle denkbar wäre; sie verfremdet die tatsächlichen Geschehnisse also. Allerdings merkt SCHALK an, dass die Abstraktion von Brechts politischen Parabeln nicht automatisch die reale Situation des Zuschauers widerspiegeln muss.[110] Diesem Konzept stehe jenes von Sartre gegenüber, dessen konkret politisches Handeln in *Die schmutzigen Hände* gewissermaßen vorbildhaft für den Zuschauer fungiert und direkt nachvollziehbar erscheint. Abstraktion versus Konkretion können als grundlegende Aspekte politischer Handlungsgestaltung auf der Bühne betrachtet werden.

Brechts Abstraktion wird in ihrer Darstellung durch eine Vielzahl von Verfremdungseffekten erweitert. So wird beispielsweise deutlich, dass der Schauspieler durch das Zitieren des Theatertextes spielt, also nicht mehr komplett und ausschließlich als Rolle identifizierbar ist, sondern eben auch als ein bestimmter Schauspieler. Weiterhin kann beim epischen Theater durch einen Erzähler die Szene „aufgebrochen" und erweitert werden, indem dieser beispielsweise als „Zeitraffer" fungiert oder „das agierte Spiel explizit als bloß gespieltes Spiel (Aspekt des Komischen) [ausweist]"[111], also einen Perspektivwechsel herbeiführen kann. Brechts episches Theater sieht seine Aufgaben vor allem in folgenden Punkten: „kritische Beobachtung, Wecken von Aktivitäten (im gesellschaftlichen Verhalten, im Aufdecken von Widersprüchen), Erkenntnis- und Kenntnisvermittlung, Abkehr vom Schicksalhaften [...]"[112]. Bezogen auf das Geschichtsdrama bei Brecht heißt das vor allem, die Abhängigkeit von Geschichte und Gegenwart zu zeigen. Nicht nur die „Nachwirkungen von Historischem im Gegenwärtigen" werden in den Focus gerückt, „sondern auch die Veränderungen (und die Veränderlichkeiten) wie aber auch die mangelhaft aufgearbeiteten, schon historisch verbürgten Erfahrungen"[113]. Dies geschieht also vor dem Hintergrund eines angestrebten Erfahrungs- bzw. Lernprozesses, der am Schluss einer Einsicht durch die Theateraufführung stehen soll. In Bezug auf Geschichte geht es bei Brecht auch um eine Erledigung des Vergangenen: „beiseite schieben, negieren, aber auch notwendig aufarbeiten. Dahinter steht die Überzeugung: die Lektionen, die nicht gelernt worden sind, tragen die Gefahr in sich, daß sie neu erfahren werden müssen"[114]. Dieser Aspekt scheint in Bezug auf Bernhard und dessen Erinnerungs- bzw. Aufarbeitungs-Themenkomplex von besonderer Bedeutung zu sein.

Ähnlich wie Brecht schafft auch Max Frisch in seinem Stück *Biedermann und die Brandstifter* eine „breit deutbare Modellsituation [...], in der allerdings anders als in der Brechtschen Dramaturgie jegliche Klassensoziologie oder erzieherische

---

[109] SCHALK, Axel: Das moderne Drama, Stuttgart 2004, S.62.
[110] Vgl. ebd., S.63.
[111] KNOPF: Brecht-Handbuch. Theater [wie Anm. 106], S.397.
[112] Ebd., S.396.
[113] Ebd., S.411.
[114] Ebd., S.411f.

Agitationsmomente eliminiert sind"[115]. Das Politische liegt hier weniger in der ideologischen Argumentation als in der Allgemeingültigkeit des Stückes, das somit auf verschiedene mögliche politische Situationen anwendbar ist. Das Moment der Veränderung des gesellschaftlichen Zustandes klingt zwar an, doch Frisch „geht es stärker um die Darstellung eines verhängnisvollen Status Quo"[116]. Insbesondere legt Frischs Dramaturgie Wert auf die „Darstellung und Reflexion von sozialen Verhaltensweisen und Haltungen"[117]. Seine Stücke können als Modell betrachtet werden, das soziologische Konstellationen entwirft; sie wollen weder die Verhältnisse noch das Theater revolutionieren, sondern „durch den Appell an die moralische Einsicht des Einzelnen, einige der dargestellten Missstände beseitigen [...] helfen"[118].

Eine neue Sicht auf die Figur im Drama findet Dürrenmatt in *Die Physiker*. Das Stück zeigt ein Geschehen, das gar nicht mehr von den handelnden Figuren abhängig erscheint. „Nicht die Figur bestimmt das Geschehen, [...] das Geschehen bestimmt die Figuren"[119]. „Dürrenmatts Gestalten haben keine Chance mehr, ‚Helden' zu sein, weder positiv – als eingreifende Protestierende – noch negativ, als Mitplaner der Katastrophe."[120] Das Spiel verstrickt die Figuren in eine komplette Ausweglosigkeit und ist auch am Ende nicht durch ein Rebellieren zum Guten zu wenden. Die ideologische Diskussion über das Für und Wider revolutionären Handelns wird für die *Physiker* zur Existenzfrage und endet doch in der Katastrophe. Politisches Handeln wird hier nur noch indirekt dargestellt, wenn es darum geht, die Wissenschaft unter das Joch eines politischen Systems zu stellen. Das Bild des Irrenhauses ist dabei nicht nur Gleichnis für die Entmenschlichung der Gesellschaft, sondern auch für das Gefangensein der Wissenschaft. Die Pointe, das Auftreten der dritten Macht, die plötzlich über alle politischen Systeme triumphiert, zeigt die Machtlosigkeit des Menschen vor Ideologie und Politik. Die Hoffnung, mittels einer freien Wissenschaft gesellschaftliche Veränderungen erzielen zu können, stirbt vollends.[121]

Im Gegensatz dazu liefern die Stücke Rolf Hochhuths klare Abbilder der Wirklichkeit ohne sie in irgendeiner Weise als historisch oder zeitgeschichtlich einzuordnen oder gar „die Welt parabolisch zu verfremden"[122]. Das dokumentarische Drama, das Hochhuth konsequent in die Theatergeschichte einbringt, ist allerdings unter diesem Begriff nur schwer zu fassen, da „Kunstwerke immer nur

---

[115] SCHALK: Das moderne Drama [wie Anm. 109], S.68.

[116] Ebd.

[117] VON SCHILLING: Die Gegenwart der Vergangenheit [wie Anm. 46], S.20.

[118] BIEDERMANN, Marianne: Das politische Theater von Max Frisch, Rheinfelden 1974, S.166.

[119] SCHALK: Das moderne Drama [wie Anm. 109], S.100.

[120] MENNEMEIER, Franz Norbert: Modernes Deutsches Drama. Kritik und Interpretationen. Bd.2: 1933 bis 1970er Jahre, 3. erweiterte Auflage 2006, S.166.

[121] Vgl. DURZAK, Manfred: Dürrenmatt. Frisch. Weiss. Deutsches Drama der Gegenwart zwischen Kritik und Utopie, Stuttgart 1972, S.126.

[122] SCHALK: Das moderne Drama [wie Anm. 109], S.122.

teilweise dokumentarisch sein können"[123]. Während Max Frisch mit seinem Modellstück *Andorra* die Deutung der Wirklichkeit in den Vordergrund stellt, so ist es bei Hochhuth „die historische Realität selbst, die es in ihrer Widersprüchlichkeit und Verwerflichkeit wahrzunehmen [gilt]"[124]. Die Vergangenheit des Dargestellten wird aufgehoben, die direkte Auseinandersetzung des einzelnen Zuschauers wird durch den dokumentarischen Charakter der Darstellung angestrebt, „gerade weil die zutiefst menschliche Ebene von Hochhuth angesprochen wird"[125]. Mit dem Ziel eine moralische Empörung beim Publikum zu bewirken, „die durch die Konfrontation mit der historischen Realität provoziert werden soll"[126], versucht Hochhuth mit seiner politischen Dramenkonzeption auf der unmittelbar emotionalen Ebene zu bewegen. Dass dabei auch ein fiktives Moment Gewicht erhält, belegt die Riccardo-Figur im *Stellvertreter*. Sie ist fiktiv, „verkörpert ein in der Geschichte nicht vorhandenes Ideal und hat die Aufgabe, auf die Kluft zwischen Moralgesetz und Wirklichkeit aufmerksam zu machen"[127]. So erkennt auch NEHRING das Verdienst des Dokumentardramas und dessen Auseinandersetzung mit der nationalsozialistischen Vergangenheit „in der Erkenntnis, daß die Kritik nicht im Allgemeinen und Unkontrollierbaren verbleiben darf, und dem daraus resultierenden Verfahren, den Zuschauer mit unabweisbaren Tatsachen zu konfrontieren"[128]. Dieser Tabubruch ist es auch, dem Hochhuths *Stellvertreter* seine enorme Wirkung bei der Uraufführung 1963 verdankte. Gerade das schonungslose Aufgreifen tabuisierter Nachkriegsthemen muss Hochhuth als Verdienst zuerkannt werden. Er löste mit dieser Provokation – ähnlich wie Bernhard Jahre später – einen Skandal aus, der seine Wirkung nicht verfehlte.

Resümierend ist festzuhalten, dass die Konzepte des politischen Theaters mitunter sehr verschieden sind, sich jedoch nicht ausschließen, immer wieder ineinander greifen und zu Mischformen verschmelzen. Diese Diagnose trifft insbesondere auf Thomas Bernhards Dramatik zu, in der sich Brechtsche Modelle ebenso wiederfinden wie groteske Momente.

Eine zeitliche Ablösung der Figuren von ihrer Gegenwart erfolgt in gewisser Weise, ähnlich wie bei Brecht, auch bei Bernhard. Seine Stücke scheinen in einer Art Raum-Zeit-Kontinuum zu spielen, das einerseits anachronistische Strukturen und Denkmuster aufweist, andererseits jedoch wie in einem nicht näher bestimmbaren Vakuum liegen. Diese Künstlichkeit der Orte[129] wird durch Bern-

---

[123] NEHRING, Wolfgang: Die Bühne als Tribunal. Das Dritte Reich und der Zweite Weltkrieg im Spiegel des dokumentarischen Theaters. In: WAGENER, Hans (Hrsg.): Gegenwartsliteratur und Drittes Reich. Deutsche Autoren in der Auseinandersetzung mit der Vergangenheit, Stuttgart 1977, S.69-94, [hier S.73].

[124] VON SCHILLING: Die Gegenwart der Vergangenheit auf dem Theater [wie Anm. 46], S.20.

[125] SCHALK: Das moderne Drama [wie Anm. 109], S.125.

[126] VON SCHILLING: Die Gegenwart der Vergangenheit auf dem Theater [wie Anm. 46], S.20.

[127] BARTON, Brian: Das Dokumentartheater, Stuttgart 1987, S.95.

[128] NEHRING: Die Bühne als Tribunal [wie Anm. 123], S.91.

[129] Häufig sind es überdimensional große Zimmer in alten Villen, die als Szene dienen, wie in *Die Jagdgesellschaft, Vor dem Ruhestand, Über allen Gipfeln ist Ruh, Elisabeth II.* oder *Heldenplatz*.

hards Sprache weitergeführt, sodass dem Zuschauer bzw. Leser immer auch mit verdeutlicht wird, dass es sich um ein Theaterstück, ein Kunstprodukt auf einer Bühne handelt. Ähnlich verhält es sich auch mit den Schauspielern selbst. Bernhard, der meist Stücke für Schauspieler schrieb und darauf auch in manchem Titel (*Minetti* oder *Ritter, Dene, Voss*) anspielte, hat damit ähnlich wie Brecht das Verhältnis von Schauspieler und Rollen-Figur neu definiert. „[D]er Zuschauer sieht [...] den Schauspieler als Verkörperung der (Kunst-)Figur [...], sieht zugleich aber auch den Schauspieler X."[130]

Zwar kann man bei Bernhards Theater nicht unmittelbar von epischen Elementen sprechen, gleichwohl wird in seinen Texten häufig die Perspektive gewechselt. Dies zeigt sich sowohl in den Dramoletten, deren Regieanweisungen explizite Hinweise auf die Figuren und die Handlung, und wie diese zu bewerten sind, geben, als auch in *Vor dem Ruhestand*, wenn die Figuren ihr Spiel als Spiel thematisieren und sich dadurch auch etwas an der Reaktion des Publikums und damit auch an dessen Bewertung des Bühnengeschehens ändern muss.

Weiterhin zeigt sich in Bernhards Werk eine spielerische Auseinandersetzung mit Komödie und Tragödie, was als „ein konstitutives Element des europäischen Nachkriegsdramas"[131] angesehen werden kann. Seine „Komödientragödien" können „als bewegter Stillstand beschrieben werden"[132]. Die Zwanghaftigkeit des Sprechens der Figuren ist nicht nur ein Indiz für deren Ruhelosigkeit, sondern kann gleichsam als Metapher für die nie endenden Versuche einer Bewältigung gelebten Lebens gelesen werden. Indem die Figuren schier endlos reden und damit häufig sogar dem Tod entkommen, demonstrieren sie nicht nur ihre eigene gesellschaftliche Relevanz sondern auch die Notwendigkeit permanenter Reflexion von Leben und Gesellschaft, die – das sei angemerkt – „naturgemäß" und damit in Bernhards Sinne auf die Spitze getrieben ist. Denn ohne Übertreibung ist nach Bernhard im Grunde fast nichts sagbar.[133]

Allerdings dient die Sprache kaum mehr der menschlichen Kommunikation, scheinbare Dialoge entpuppen sich als Monologe, das menschliche Miteinander ist gestört. Nebenfiguren werden zu Stichwortgebern und Zuhörern degradiert. Es geht gar nicht um einen dialogischen Austausch im engeren Sinne. Vielmehr sollen die Stücke mit dem Zuschauer in Interaktion treten, und „die aggressiven Pauschalurteile und Generalbeschimpfungen in ihrer dialektischen Arbeit als Provokation des Zuschauers/Lesers verstanden werden"[134]. Daher entfallen in Bernhards Stücken auch jegliche Handlungsoptionen der Figuren, die Reduktion

---

[130] KNOPF: Brecht-Handbuch. Theater [wie Anm. 106], S.388.

[131] JÜRGENS: Das Theater Thomas Bernhards [wie Anm. 19], S.26.

[132] SCHALK: Das moderne Drama [wie Anm. 109], S.164.

[133] „Es ist alles übertrieben, aber ohne Übertreibung kann man gar nichts sagen, weil, wenn Sie die Stimme nur erheben, ist's ja eigentlich schon eine Übertreibung, weil wozu erheben Sie's denn? Wenn man irgendwas sagt, ist es schon eine Übertreibung." Thomas Bernhard 1981 im Interview mit Krista Fleischmann. In: FLEISCHMANN, Krista: Thomas Bernhard. Eine Begegnung. Gespräche mit Krista Fleischmann, Frankfurt am Main 2006, S.37.

[134] VAN INGEN, Ferdinand: Thomas Bernhard. Heldenplatz, Frankfurt am Main 1996, S.50.

einer fortführenden Handlung führt zum szenischen Stillstand und „zerstört das traditionelle Theater der Auf- und Abgänge“[135]. BOZZI konstatiert eine Versinnbildlichung von Szondis Feststellung der „Krise des Dramas“, indem bei Bernhard „einzig der Moment erfaßt [werde], in dem der wehrlose Mensch vom Schicksal ereilt wird“[136]. Im Beispiel *Heldenplatz* erkennt BOZZI ein Abbild der politischen Situation von 1988, die von Stagnation der Erinnerungsarbeit und Vergangenheitsleugnung geprägt ist. „Nicht nur der äußere Verlauf, auch die Kommunikationsstruktur ist daraufhin angelegt, den Zustand des Auf-der-Stelle-Tretens zu unterstreichen.“[137] Insofern sind Bernhards Dramentexte auch stets Gemälde eines trostlosen Zustandes, der von Regungslosigkeit und Starrheit gekennzeichnet ist. Diese Diagnose ist in Verbindung mit der NS-Vergangenheit zu lesen.

> Das Bernhardsche Theater setzt auf Distanz. Der Zuschauer muss die Rolle des Voyeurs übernehmen und kann nur irritiert und voll Ekel auf ein widerwärtiges Treiben blicken, dem er sich ausgeliefert sieht.[138]

Das Show-Moment, die Theater-Metapher und die Thematisierung der Künstlichkeit tauchen in Bernhards Dramen immer wieder auf, auch im Hinblick auf das Politische. Die diskursive Selbstdarstellung der Figuren erinnert an Politikersprache. Das Spiel mit dem Spiel wird grotesk. Politische Parolen wird man in Bernhards Werk ebenso vermissen wie eindeutige Bekenntnisse zu Parteien oder Ideologien. Sein Dramenkonzept politischer Darstellung ist auf Provokation ausgerichtet. Einerseits suggerieren seine Figuren politische Meinungen, andererseits erweisen diese sich zumeist als inhaltsleer. Darin – ebenso wie in der pessimistischen Grundhaltung Bernhards – haben Forscher mitunter einen Nihilismus erkannt, der das Politische nur noch als Groteske darstellbar macht. Die Figurenwelt des Thomas Bernhard ist daher zweifellos politisch, da sie gesellschaftliche Prozesse abbildet und in einem politisch-historischen Kontext öffentliche Diskussionen hervorzubringen imstande war.

Nicht zuletzt ist das Politische in Bernhards Dramen eine grundsätzliche Thematisierung von Geschichte und Vergangenheit. Seine konsequenten Verweise auf das Nachleben des Nationalsozialismus sind einzigartig in der deutschen Literaturgeschichte. Und dass diese Problematik nach 1945 immer wieder Thema war und sein musste, zeigen die nachfolgenden Betrachtungen zur Vergangenheitspolitik. Die Schieflage von gesellschaftlichem Bewusstsein und politischer Realität hat Bernhard erkannt und vielfach benannt.

---

[135] SCHALK: Das moderne Drama [wie Anm. 109], S.174.

[136] Zitiert nach BOZZI, Paola: Massengeschrei und Leerstelle. Zur Figur des Josef Schuster in Thomas Bernhards Heldenplatz. In: O'DOCHARTAIGH, Pól (Hrsg.): German Monitor: Jews in German Literature since 1945- German-Jewish Literature? Amsterdam u. Atlanta 2000, S.251-264, [hier S.256].

[137] Ebd.

[138] VON SCHILLING: Die Gegenwart der Vergangenheit [wie Anm. 46], S.153.

> Die Bestürzung darüber zeigt nur, dass jene Welt noch immer als Bezugspunkt gelten muss, auf den jegliches Denken ausgerichtet bleibt, dass also die Vergangenheit als nur negierte und damit unbewältigte noch immer gegenwärtig ist.[139]

Diese Gegenwärtigkeit kann als Motor der gesellschaftlichen Analyse betrachtet werden. Bernhard verschrieb sich dieser Analyse um eine gesellschaftliche Verbesserung anzustreben. „Zwar wusste sein Werk keine Antworten, aber es stellte die richtigen Fragen."[140]

3.2 Geschichtspolitische Voraussetzungen – Vergangenheitspolitik und Geschichtsbilder nach 1945

3.2.1 Deutschland

Vor der Darlegung der historisch markanten Daten dieses Kapitels soll folgendes vorausgeschickt werden. Die Darstellung von Vergangenheitsbewältigung und Geschichtsbildern nach 1945 bezieht sich hauptsächlich auf die Bundesrepublik Deutschland. Dies hat im Wesentlichen zwei Gründe. Erstens ist der vordergründige Kontext von Bernhards Dramen respektive deren Uraufführungen in den meisten Fällen ein bundesdeutscher. Zweitens begann die Bernhard-Rezeption des dramatischen Werkes in der DDR erst 1986 mit zwei Inszenierungen am Deutschen Theater in Berlin bzw. in Leipzig. Von einer breiten Rezeption kann im Falle der DDR folglich keine Rede sein.[141]

Vergangenheitspolitik und Geschichtsbild nach 1945 bedeutet in aller Regel die Auseinandersetzung mit der Zeit des Nationalsozialismus. Das nach dem Zweiten Weltkrieg geprägte Geschichtsbewusstsein war in gewisser Weise durchaus konstituierend für die Bundesrepublik; „mit ihm setzt sich [...] eine Gesellschaft in ein Verhältnis zu ihrer Vergangenheit und fundiert aufgrund bestimmter Erfahrungen ihr gegenwärtiges Selbstverständnis"[142]. Besondere Bedeutung kommt dem Begriff Vergangenheitsbewältigung zu, denn dieser stellt den Versuch dar, „einen Bruch mit der negativen Vergangenheit herbeizuführen

---

[139] Ebd., S.158.

[140] ROTH, Gerhard: Der Menschenfeind, der der Alpenkönig war. Nachruf auf Thomas Bernhard. In: PFOSER-SCHEWIG, Kristina (Hrsg.): Gerhard Roth. Das doppelköpfige Österreich. Essays, Polemiken, Interviews, Frankfurt am Main 1995, S.138f.

[141] Vgl. dazu HERZOG, Andreas: Zeit, Gesellschaft und Geschichte. Bernhard in der DDR. In: BAYER, Wolfram (Hrsg.): Kontinent Bernhard. Zur Thomas-Bernhard-Rezeption in Europa, Wien u.a. 1995, S.338-369.

[142] WOLFRUM, Edgar: Geschichtspolitik in der Bundesrepublik Deutschland 1949-1989. Phasen und Kontroversen. In: BOCK, Petra u. WOLFRUM, Edgar (Hrsg.): Umkämpfte Vergangenheit. Geschichtsbilder, Erinnerung und Vergangenheitspolitik im internationalen Vergleich, Göttingen 1999, S.55-81, [hier S.57].

und zu verhindern, daß diese sich wiederholt"[143]. Notwendigerweise werden dabei zum Zwecke der Neuorientierung einige Veränderungen an den alten Strukturen des überwundenen Regimes vollzogen.

Grundsätzlich ist die Vergangenheitsbewältigung in beiden deutschen Staaten aufgrund der politischen Systeme sehr unterschiedlich. Was die Bundesrepublik betrifft, so „kann man verschiedene Phasen unterscheiden, je nachdem welche Aspekte der NS-Zeit und welche Deutungen die offizielle Haltung sowie die öffentliche Diskussion beeinflussen"[144]. Die deutsche Nachkriegsgeschichte der Bundesrepublik ist zunächst vor allem von positiv besetzten Begriffen wie Wiederaufbau und Wirtschaftswunder geprägt. „Im Negativen erscheint Nachkriegsgeschichte als Projektion einer von Besatzungsmächten erzwungenen ‚Vergangenheitsbewältigung' mit Facetten wie ‚Umerziehung' und ‚Kollektivschuld' und [...] ‚Entnazifizierung'"[145].

Ausgangspunkt für die Aufarbeitung der Vergangenheit war in allen vier Besatzungszonen die Entnazifizierung, die regional mit unterschiedlicher Intensität und entsprechend unterschiedlichem Erfolg durchgeführt wurde.[146] Letztlich wurde jedoch vielfach die „Einstellung zum Nationalsozialismus kaum tiefgreifend beeinflusst [...]"[147]. Wie BENZ anmerkt, fühlten sich viele Zeitgenossen von den Alliierten bedroht und betrachteten den politischen „Säuberungsprozess" als „Anmaßung", als „unrecht, als ungerechtfertigte Diffamierung, jedenfalls als missglückte[n] Versuch, mit der nationalsozialistischen Vergangenheit von 8,5 Millionen Deutschen – so viele eingeschriebene NSDAP-Mitglieder gab es – abzurechnen"[148]. Vor dem Hintergrund eines subjektiv empfundenen Gefühls, Unrecht zu erleiden – denn nichts anderes war ja die Aufbürdung einer vermeintlichen „Kollektivschuld" der Deutschen, ließ sich schließlich eine „allgemeine und umfassende Schulddebatte vermeiden"[149]. Auch eine Antisemitismus-

---

[143] WOLFRUM, Edgar: Geschichte als Waffe. Vom Kaiserreich bis zur Wiedervereinigung, Göttingen 2001, S.105.

[144] LEONHARD, Nina: Politik- und Geschichtsbewusstsein im Wandel. Die politische Bedeutung der nationalsozialistischen Vergangenheit im Verlauf von drei Generationen in Ost- und Westdeutschland, Münster 2002, S.91.

[145] BENZ, Wolfgang: Etappen bundesdeutscher Geschichte am Leitfaden unerledigter deutscher Vergangenheit. In: RAUSCHENBACH, Brigitte (Hrsg.): Erinnern, Wiederholen, Durcharbeiten. Zur Psycho-Analyse deutscher Wenden, Berlin 1992, S.119-131, [hier S.119].

[146] So wird die Entnazifizierung in der sowjetischen Besatzungszone im „allgemeinen besser beurteilt als die in den westlichen Besatzungszonen". Vgl. REICHEL, Peter: Vergangenheitsbewältigung in Deutschland. Die politisch-juristische Auseinandersetzung mit der NS-Diktatur nach 1945, Bonn 2003, S.37.

[147] KLESSMANN, Christoph: Die doppelte Staatsgründung. Deutsche Geschichte 1945-1955, Göttingen [5]1991, S.91.

[148] BENZ: Etappen bundesdeutscher Geschichte [wie Anm. 145], S.120.

[149] Ebd., S.121.

Umfrage aus dem Jahr 1949 belegt, dass „die meisten Deutschen die alten Vorurteile kultivierten"[150].

Mit diesem Wissen fällt es schwer, das Projekt der „politischen Säuberung" als geglückt anzusehen. Gleichwohl lag in der Entnazifizierung der Versuch, die NS-Ideologie aus dem Bewusstsein der Deutschen zu verbannen und gewissermaßen an deren Wurzel zu bekämpfen. Besonderen Wert legten die Alliierten dabei auf die Entnazifizierung im öffentlichen Dienst, dort vor allem im Bereich des Bildungswesens.[151] Die Folge davon war ein entweder sehr alter oder sehr junger Lehrkörper, Lehrermangel und große Klassen. Doch war man sich darüber einig, dass dies der Ansatzpunkt für die politische Bildung sei. Etwas problematischer gestaltete sich die Neubesetzung von Professorenstellen an den Hochschulen und Universitäten. Kaum einer der emigrierten Hochschullehrer kehrte nach Deutschland zurück. „Die Restauration der alten deutschen Universitäten aus der Zeit vor 1933 vollzog sich schnell und nahezu perfekt, so daß auch die Auseinandersetzung mit der eigenen Vergangenheit lange Zeit verdrängt wurde."[152] Für die Prägung deutscher Nachkriegs-Geschichtsbilder bedeutet dies vor allem eines: Die kritische Auseinandersetzung mit dem Nationalsozialismus wurde zugunsten der Schaffung eines neuen Demokratiebewusstseins weitgehend zurückgestellt und gelangte erst in den Sechziger Jahren in die öffentliche Diskussion. So waren die Fünfziger Jahre von einer „weitgehend[en] Erinnerungsverweigerung"[153] gekennzeichnet. BENZ spricht in diesem Zusammenhang von einer unverkennbar „restaurative[n] Tendenz der Adenauerzeit"[154]. Bis zum Ende der Fünfziger Jahre wurde der Holocaust weder öffentlich thematisiert, noch von der Geschichtswissenschaft bevorzugt erforscht.

> Abwehrhaltungen, Trotzreaktionen, Missverständnisse bestimmen diesen Bereich der kollektiven Erfahrung nach dem Zusammenbruch des nationalsozialistischen Staats. Das Gefühl, schlecht oder ungerecht behandelt worden zu sein, wurde für die Generation, die in der Gesellschaft der NS-Herrschaft und in der nachfolgenden Demokratisierungsphase aktiv lebte, geradezu konstitutiv.[155]

---

[150] BENZ, Wolfgang: Nachkriegsgesellschaft und Nationalsozialismus. Erinnerung, Amnesie, Abwehr. In: Dachauer Hefte 6. Erinnern und Verweigern. Das schwierige Thema Nationalsozialismus, München 1994, S.12-24, [hier S.19].

[151] Stillschweigend wurden in der Bundesrepublik auf der anderen Seite aber auch die Größen aus Wirtschaft und Militär nach einiger Zeit rehabilitiert, weil sie ironischerweise doch für den Aufbau des Landes gebraucht wurden. Vgl. die Beispiele bei HANNOVER, Heinrich: Verschwiegene Geschichte. In. SPOO, Eckart (Hrsg.): Tabus der bundesdeutschen Geschichte, Hannover 2006, S.9-23, [hier S.13].

[152] KLESSMANN: Die doppelte Staatsgründung [wie Anm. 147], S.98.

[153] LEONHARD: Politik- und Geschichtsbewusstsein im Wandel [wie Anm. 145], S.94.

[154] BENZ, Wolfgang: Geschichte als prägendes Element. In: Bayerische Landeszentrale für politische Bildung (Hrsg.): Normen, Stile, Institutionen. Zur Geschichte der Bundesrepublik, München 2000, S.23-34, [hier S.33].

[155] BENZ: Etappen bundesdeutscher Geschichte [wie Anm. 145], S.119.

Die zeitgenössische Geschichtsforschung sah sich einem Problem gegenüber, das kaum zu beschreiben war. So wurde zumeist der Versuch unternommen, den Nationalsozialismus „als Ausgeburt des Dämons Masse und eines satanischen Führers, als fast unerklärlicher Einbruch des Irrationalen“[156] zu begreifen und der NS-Propaganda eine Allmacht und Verführungsgewalt zu unterstellen, die als Erklärungsmuster für die Entstehung des Nationalsozialismus sowie die individuelle politische Involviertheit des Einzelnen dienen sollte.[157]

Auch wurde zum Zwecke der Ablenkung vom Schulddiskurs die strikte Ablehnung des Kommunismus thematisiert. „[U]nter dem Eindruck des Kalten Krieges konnte der Zweite Weltkrieg zuweilen sogar als deutscher Beitrag zu einer antikommunistisch-westeuropäischen Einigung interpretiert werden.“[158] Die Mentalität des Kalten Krieges konnte dazu instrumentalisiert werden, „die Vergehen westdeutscher Neonazis und ihrer zahlreichen Nachfolgetäter, die den Bodensatz unverarbeiteten Geschichtsverständnisses manifestierten, zum kommunistischen Angriff auf die freiheitlich-demokratische Grundordnung [zu begreifen]“.[159]

Die Gründung historischer Institute für die Erforschung der Zeitgeschichte und deren Ausbau in den Fünfziger Jahren leistete Wesentliches zur Aufarbeitung der NS-Zeit. „Doch in der allgemeinen Historiographie bestand eine starke Tendenz, das Dritte Reich als Fremdkörper aus dem Kontinuum der deutschen Geschichte auszuklammern.“[160] Die Aufgabe der führenden Historiographen der Nachkriegszeit wie Gerhard Ritter, Theodor Schieder oder Werner Conze bestand darin, „der Nation verbindliche Geschichtsbilder zu liefern, die vor einer ‚Selbstverdunkelung' der deutschen Vergangenheit schützen und gleichzeitig die neuen Geschichtslegenden aus der DDR zurückweisen sollten“[161]. In diesem Zusammenhang ist auch die Rezeption der Totalitarismustheorie zu sehen, die durch eine Gleichsetzung von Nationalsozialismus und Stalinismus eine negative Bewertung der DDR bewirkte.

Der Historiker Hermann Heimpel konstatierte Ende der Fünfziger Jahre, dass der „Kampf um unsere Vergangenheit“ gerade erst begann und beklagte eine „Kapitulation vor der Geschichte“[162]. Das in dieser Zeit vorherrschende Geschichtsbild der jüngsten Vergangenheit bestand darin, den Nationalsozialismus als „übergeschichtlichen, dämonischen Einbruch in die geschichtliche Kontinui-

---

[156] WOLFRUM: Geschichte als Waffe [wie Anm. 143], S.109.

[157] So noch Mitte der Achtziger Jahre bereits im Titel angedeutet bei THAMER, Hans Ulrich: Verführung und Gewalt. Deutschland 1933- 1945, Berlin 1986.

[158] Ebd., S.108.

[159] Ebd., S.124.

[160] WOLFRUM, Edgar: Die geglückte Demokratie. Geschichte der Bundesrepublik Deutschland von ihren Anfängen bis zur Gegenwart, Stuttgart 2006, S.175.

[161] Ebd.

[162] Vgl. MÖLLER, Horst: Geschichtsbilder oder Geschichtsbild? Ein Vergleich zwischen der Bundesrepublik und der DDR. In: HILDEBRAND, Klaus (Hrsg.): Wem gehört die deutsche Geschichte? Deutschlands Weg vom alten Europa in die europäische Moderne, Köln 1987, S.36-55, [hier S.49].

tät und deren Pervertierung zu kennzeichnen“[163]. Insbesondere „die Abwehr der Kollektivschuldthese und die Selbststilisierung der Deutschen als der eigentlichen Opfer der NS-Diktatur“[164] waren Bestandteil der zeitgenössischen Geschichtsdiskussion der Fünfziger Jahre.

> Doch im restaurativen Klima der fünfziger Jahre gelang es einem Großteil der Öffentlichkeit, dem Thema [Vergangenheitsbewältigung] auszuweichen, und man richtete seine Bemühungen darauf, Nazi-Mittäter wiedereinzugliedern, beruhigt durch eine amtliche Politik der Wiedergutmachung an jüdischen Opfern und am Staat Israel. Erst mit dem Eichmann- und dem Auschwitz-Prozeß sowie der Bundestagsdebatte über die Verjährung tauchte die Frage nach der Verantwortung für die NS-Verbrechen wieder auf; die öffentliche Diskussion, die auch persönliche Reue hervorrief, führte schließlich dazu, daß Schulbücher und Mediendarstellungen geändert wurden.[165]

Im Zuge dieser gesteigerten Medienpräsenz wurde die öffentliche Diskussion über die Vergangenheitsbewältigung der frühen Sechziger Jahre entfacht. Das Verdrängen und Verschweigen in dieser jungen Bundesrepublik wurde dabei mitunter als „zweite Schuld“ empfunden.[166] Auch die Mitte der Sechziger Jahre beginnende „Gedenkstättenpolitik“ trug dazu bei, dass die NS-Verbrechen stärker in das kollektive Gedächtnis drangen.[167]

Dennoch darf eines nicht vergessen werden: „Geschichte wurde als Waffe im Kalten Krieg zwischen den beiden deutschen Staaten eingesetzt. Geschichte galt als eine wichtige Ressource im Systemkonflikt und im Kampf um Legitimität.“[168] So konnte bis in die Siebziger Jahre hinein der Vergleich von NS-Diktatur und DDR vor der Folie des Totalitarismusbegriffes geführt werden, um „den vergangenen Totalitarismus im eigenen Land vergessen zu machen“[169].

Sensibilisiert durch die Auschwitzprozesse Mitte der Sechziger Jahre brachte das Bild von der „Unfähigkeit zu trauern“ neue Sichtweisen auf die Geschichte und deren Bewältigung.[170] Die wachsende Präsenz in den Medien trug wahrscheinlich nicht nur zur Vergegenwärtigung des Unrechts bei, sondern wird auf

---

[163] MOMMSEN, Hans: Haupttendenzen nach 1945 und in der Ära des Kalten Krieges. In: FAULENBACH, Bernd (Hrsg.): Geschichtswissenschaft in Deutschland, München 1974, S.112-120, [hier S.118].

[164] DUBIEL, Helmut: Niemand ist frei von der Geschichte. Die nationalsozialistische Herrschaft in den Debatten des Deutschen Bundestages, München u. Wien 1999, S.70f.

[165] JARAUSCH, Konrad H. u. GEYER, Michael: Zerbrochener Spiegel. Deutsche Geschichten im 20. Jahrhundert, München 2005, S.65.

[166] Vgl. WOLFRUM: Die geglückte Demokratie [wie Anm. 160], S.170.

[167] Vgl. ebd., S.173f.

[168] WOLFRUM: Geschichte als Waffe [wie Anm. 143], S.71.

[169] DUBIEL: Niemand ist frei von der Geschichte [wie Anm. 164], S.177.

[170] Das Buch *Die Unfähigkeit zu trauern* (1967) von Margarete und Alexander MITSCHERLICH stellte den Versuch dar, vor dem Hintergrund eines psychologisch-fundierten Deutungsmusters das Erinnern als Maßnahme gegen das Vergessen und somit auch als Prophylaxe gegen Wiederholungszwänge zu erklären und zu begreifen.

Seiten der nicht bestraften Täter zu einer traumatisierten Verdrängung geführt haben.[171] Ende der Sechziger Jahre forderten die Studentenbewegungen als nachfolgende Generation das ein, was in den vergangenen zwanzig Jahren seit Kriegsende nur sehr langsam geschehen oder versäumt worden war: die konkrete Aufarbeitung des Nationalsozialismus. So drangen sukzessive die Aufarbeitungsdefizite der frühen Jahre der Bundesrepublik ans Tageslicht. Vor dem Hintergrund einer „marxistischen Faschismus-Theorie sah sich die APO in die Lage versetzt, die ‚bürgerliche' Bundesrepublik als restaurativ, als eine Fortsetzung des Nationalsozialismus und strukturell faschistoid zu diffamieren"[172]. Der radikale politische und kulturelle Neubeginn nach 1945 sei „in einer Allianz der westlichen Siegermächte mit den alten Eliten repressiv vereitelt [...] worden"[173]. Tatsächlich gab es nicht nur hinsichtlich der politischen Eliten eine gewisse Kontinuität politischer Mentalitäten, sondern auch eine „Volkskontinuität", die bis dahin weitgehend unter dem Deckmantel des Verschweigens bestanden hatte.[174] Zwar wurde vonseiten der Geschichtswissenschaft immer mehr Augenmerk auf die Erforschung des Nationalsozialismus gelegt, doch nur „selten drangen geschichtswissenschaftliche Kontroversen im engeren Sinne in das allgemeinere gesellschaftliche Bewusstsein der Bundesrepublik"[175].

Der Beginn der Regierungszeit Willy Brandts kann nicht nur politisch als historische Zäsur gelten. „Am 8. Mai 1970 nahm erstmals eine Bundesregierung im Deutschen Bundestag offiziell zum Ende des Zweiten Weltkrieges Stellung und warb um Aussöhnung mit dem Osten und den Opfern."[176] In den Siebziger Jahren wurden weitere Prozesse geführt. Die „emotionale Betroffenheit" führte auch zu einem Umschwenken des Diskurses und machte „der Frage nach den alltäglichen Voraussetzungen und der Realität insbesondere der nationalsozialistischen Rassenpolitik Platz"[177]. Auch führte die Unbelastetheit der nachfolgenden Generation zu einer „Überprüfung der Elterngeneration", was zur Folge hatte, dass die Vergangenheit einiger Politiker ins Licht der Öffentlichkeit gerückt und heftig diskutiert wurde. Allerdings wurden im Laufe der Jahre immer wieder Stimmen laut, die einen Schlussstrich unter die Vergangenheit forderten. So muss festgestellt werden, dass die Verdrängung von Schuld auch in den Siebziger und Achtziger Jahren an der Tagesordnung war. BENZ begründet dies unter anderem damit, dass sowohl von Seiten der Geschichtsforschung als auch in der Schule die Aufarbeitung gewissermaßen von staatlicher Hand delegiert wor-

---

[171] Vgl. STEINBACH, Peter: Nationalsozialistische Gewaltverbrechen. Die Diskussion in der deutschen Öffentlichkeit nach 1945, Berlin 1981, S.78.

[172] WOLFRUM: Geschichte als Waffe [wie Anm. 143], S.112.

[173] SCHILDT, Axel: Überlegungen zur Historisierung der Bundesrepublik. In: JARAUSCH, Konrad H. u. SABROW, Martin (Hrsg.): Verletztes Gedächtnis. Erinnerungskultur und Zeitgeschichte im Konflikt, Frankfurt am Main 2002, S.253-272, [hier S.261].

[174] Vgl. Ebd., S.267.

[175] MÖLLER: Geschichtsbilder oder Geschichtsbild? [wie Anm. 162], S.49.

[176] WOLFRUM: Geschichtspolitik [wie Anm. 142], S.68.

[177] STEINBACH: Nationalsozialistische Gewaltverbrechen [wie Anm. 171], S.83.

den war, wohl aber „abgewehrt [wurde], weil sie dem einzelnen keine Identifikationsmöglichkeit bot“[178].

Die politische Annäherung und die Ostpolitik Willy Brandts führten dazu, dass auch der Widerstand der Kommunisten von westlicher Seite als Leistung anerkannt wurde. Ende der Siebziger Jahre wurde vonseiten der Konservativen heftige Kritik an der „linken“ Vergangenheitsbewältigung geübt, denn diese sei „von ihrer ganzen Art her subversiv, weil sie die ‚endgültige' Aufarbeitung der Vergangenheit verhindere und eine Identität, die auf einem positiven Geschichtsbild basieren müsse, unmöglich mache“[179]. In dieser Zeit verlagerte sich der Geschichtsdiskurs der Selbstanerkennung der Bundesrepublik hin zu einem Identitätsdiskurs, deren Pole sich zwischen einem national-konservativen, „identitären“ und einem liberal „emanzipatorischen“ Geschichtsbegriff bewegten.[180] Ferner muss die Verklärung des Nationalsozialismus durch kitschige Fernsehproduktionen und deren Zuspruch durch hohe Einschaltquoten Ende der Siebziger Jahre als Indiz dafür gewertet werden, dass geschichtswissenschaftliche Forschung und gesellschaftliches Bewusstsein folgenschwer auseinander drifteten.

„Die Reduktion der Verantwortung für Massenmord und Genozid auf ein paar in der Regel bereits gestorbene Galionsfiguren ermöglichte seit den frühen 80er Jahren die putative Pauschalentlastung nahezu aller überlebenden Ex-Nationalsozialisten selbst in führenden Stellungen.“[181] In der als „Historiker-Streit“ in die Geschichte der Bundesrepublik eingegangenen Diskussion über die „Schuldbesessenheit der Deutschen“ wurde Mitte der Achtziger Jahre schließlich der Versuch unternommen, „die Einzigartigkeit der nationalsozialistischen Verbrechen herunterzuspielen, um die durch Schuldgefühle gekränkte deutsche Kollektivseele zu entlasten“[182]. Gleichwohl erkannte das konservative Lager einzig in der Überwindung der nicht enden wollenden Schuldproblematik die einzige Chance für den Aufbau eines neuen, positiven Nationalbewusstseins. Die linksliberalen Gegner erkannten in diesem Ansinnen die Gefährdung der bundesrepublikanischen Bindung an den Westen, war doch der „Erinnerungsimperativ an den Nationalsozialismus“ jenes konstitutives Element, das die „geistige Westbindung“ der Bundesrepublik ausmachte.[183]

---

[178] BENZ, Wolfgang: Die Abwehr der Vergangenheit. Ein Problem nur für Historiker und Moralisten? In: DINER, Dan (Hrsg.): Ist der Nationalsozialismus Geschichte? Zu Historisierung und Historikerstreit, Frankfurt am Main 1987, S.17-33, [hier S.30].

[179] WOLFRUM: Geschichte als Waffe [wie Anm. 143], S.113f.

[180] Vgl. WOLFRUM, Edgar: Geschichtspolitik in der Bundesrepublik Deutschland. Der Weg zur bundesrepublikanischen Erinnerung 1948-1990, Darmstadt 1999, S.308.

[181] HERBERT, Ulrich: NS-Eliten in der Bundesrepublik. In: LOTH, Wilfried u. RUSINEK, Bernd-A. (Hrsg.): Verwandlungspolitik. NS-Eliten in der westdeutschen Nachkriegsgesellschaft, Frankfurt am Main 1998, S.93-115, [hier S.114].

[182] DUBIEL: Niemand ist frei von der Geschichte [wie Anm. 164], S.238.

[183] Vgl. WOLFRUM: Geschichte als Waffe [wie Anm. 143], S.116.

3.2.2 Österreich

Anders als in Deutschland war die eigentliche Stunde Null in Österreich nicht das Kriegsende 1945 sondern die Konsolidierung des Staatsvertrages von 1955. Der Staatsvertrag kann als Basis der österreichischen Opfertheorie gelten, da es Österreichs Außenminister Leopold Figl gelang, die Nennung der Mitschuld Österreichs am Zweiten Weltkrieg aus der Präambel zu streichen. „Die Okkupationstheorie ging nach 1955 [...] ins österreichische Geschichtsbild ein, wurde in die Schulcurricula übernommen und Teil des nationalen Selbstverständnisses."[184] Während die deutsche Regierung unter Adenauer eine Politik der „Wiedergutmachung" betrieb, lehnte die Republik Österreich ein solches Schuldeingeständnis ab. Stattdessen entbrannte eine Diskussion um die Frage, ob Österreich okkupiert oder annektiert worden war. Das jedoch war nicht eindeutig zu klären und diente überdies weniger einer historischen Aufarbeitung, um die Voraussetzungen des Anschlusses 1938 erklären zu können, sondern dazu, einen geeigneten Blickwinkel auf die nationalsozialistische Vergangenheit zu finden, auf dessen Basis „am ehesten eine Herauslösung aus der Konkursmasse des Dritten Reichs und ein ökonomisch möglichst vorteilhafter Neuanfang möglich wäre"[185].

Die Konstituierung eines unabhängigen österreichischen Staates ist also eng mit der Bewältigung der historischen Ereignisse zwischen der Eingliederung in das Deutsche Reich 1938 und dem Kriegsende 1945 verbunden. Aus politischer Sicht war die Eigenständigkeit weitaus bedeutender, denn einer Umfrage zufolge waren noch im Jahr 1956 „46% der Bevölkerung der Meinung, daß die Österreicher ‚zum deutschen Volk gehören'"[186]. Eine Mitschuld am Zweiten Weltkrieg und den Verbrechen des National-sozialismus wollten die Österreicher indes (noch) nicht eingestehen.

Auf dieser Grundlage fußt generell die Entwicklung der jungen Zweiten Republik Österreich. BACHA beschreibt die sogenannte „Entnazifizierung" als ein in Österreich kaum ernsthaft betriebenes Vorhaben.[187] Die Regierungskoalition von ÖVP und SPÖ habe damals vor allem eines im Blick gehabt: den Kampf um die Anerkennung Österreichs als politisch und wirtschaftlich souveränen Staat, weswegen man sich allein darauf konzentriert habe, diesem Ziel dienend, „sämtliche Kräfte zu mobilisieren"[188]. Hinzu kam die Angst vor dem Kommunismus, die den Fokus vom Nationalsozialismus zu anderen Feindbildern hinlenkte.

---

[184] PAPE, Matthias: Ungleiche Brüder. Österreich und Deutschland 1945-1965, Köln u.a. 2000, S.27.

[185] Ebd., S.34.

[186] MENASSE, Robert: Weil wir Österreicher sind! Kurze Geschichte der Nationalwerdung Österreichs. In: LICHTMANN, Tamás (Hrsg.): Nicht (aus, in über von) Österreich. Zur österreichischen Literatur, zu Celan, Bachmann, Bernhard und anderen, Frankfurt am Main ^{2}1996, S.11-16, [hier S.11].

[187] Einen fundierten Überblick über die Entnazifizierung in Österreich bietet MEISSL, Sebastian u.a. (Hrsg.): Verdrängte Schuld, verfehlte Sühne. Entnazifizierung in Österreich 1945-1955, München 1986.

[188] Ebd., S.14.

> Ein selbstkritischer Umgang mit eigener Geschichte war unerwünscht, schließlich fühlte sich die Mehrheit der Österreicher unschuldig: Nicht wenige identifizierten sich nach wie vor mit nationalsozialistischen Ideen und fühlten sich als Kriegsverlierer, andere wiederum sahen sich von der kollektiven Lebenslüge der Nachkriegszeit, Österreich sei das erste Opfer Hitlerdeutschlands, reingewaschen, ja sogar zu Märtyrern mythisiert.[189]

Dass solche Ideen Bestand hatten und in das Bewusstsein der Bevölkerung dringen konnten, ist auch der Tatsache geschuldet, dass sich die österreichische Geschichtsschreibung nach 1945 in Schweigen bezüglich der jüngsten Vergangenheit hüllte und statt eines Neubeginns eine restaurative Hochschulpolitik betrieb.[190] Die Entnazifizierung hatte im Bereich des historischen Institute nicht tiefgreifend stattgefunden und nur einen „oberflächlichen Gesinnungswandel bewirkt“[191]. Zudem wurde der sowjetische Antinazismus „rasch als Argument im Kalten Krieg von den Amerikanern ‚umgedreht'; nun argumentierten viele, die ‚Ehemaligen' müßten integriert werden, um den antikommunistischen Block zu stärken“[192]. Während in der Bundesrepublik die Auschwitz-Prozesse liefen, wurden in Österreich die meisten Massenmörder nach kurzen Prozessen freigesprochen.[193] Der Versuch, sich von Deutschlands Schuld zu distanzieren und dennoch Kapital aus der Vergangenheit zu schlagen, trieb mitunter skurrile Blüten. Sämtliche Entschädigungsansprüche und die Verantwortung für den Zweiten Weltkrieg wurden auf Deutschland abgeschoben. Andererseits versuchte Österreich nach 1945 „möglichst viel ehemals Deutsches Eigentum zu verstaatlichen“[194]. All dies taucht im zeitgenössischen Geschichtsbewusstsein naturgemäß nicht als Problem auf. Stattdessen war man bestrebt, als Anknüpfungspunkt der Geschichte die Zeit der Monarchie zu erwählen, weil positiv besetzte Vorbilder in der Zeit der Ersten Republik kaum zu finden waren.

> Die ‚brauchbaren' Identifikationselemente aus der Habsburger Zeit werden völlig losgelöst in die Zweite Republik transformiert, ohne deren historische Bedingtheiten in einem großen Lebens- und Kulturraum zu berücksichtigen. Dies ist das Ergebnis eines streng republikanischen Schulunterrichts, der Geschichtsbilder von den Babenbergern bis zu den Habsburgern immer nur auf die Grenzen des Klein-

---

[189] BACHA: Thomas Bernhards Auseinandersetzung mit dem Nationalsozialismus [wie Anm. 86], S.13.

[190] Vgl. FELLNER, Günter: Die österreichische Geschichtswissenschaft vom „Anschluß“ zum Wiederaufbau. In: STADLER, Friedrich (Hrsg.): Kontinuität und Bruch. 1938-1945-1955. Beiträge zur österreichischen Kultur- und Wissenschaftsgeschichte, Wien u. München 1988, S.135-155, [hier S.147].

[191] Ebd., S.148.

[192] RATHKOLB, Oliver: Die paradoxe Republik. Österreich 1945 bis 2005, Wien 2005, S.397.

[193] Vgl. die Beispiele bei RATHKOLB: Die paradoxe Republik [wie Anm. 192], S.380f.

[194] RATHKOLB: Die paradoxe Republik [wie Anm. 192], S.38f.

> staats nach 1945 projiziert. Wien und das heutige Österreich stehen dabei als Projektionsleinwand im Vordergrund.[195]

Erst unter Bundeskanzler Kreisky „brachen diese katholisch-konservativen und imperialen Konstrukte auf, und es kam zu einer langsamen Öffnung in Richtung der Moderne um 1900 und danach"[196]. Die nationalsozialistische Vergangenheit wurde jedoch weiterhin größtenteils ausgeklammert. Zwar schrieben Autoren wie Thomas Bernhard oder Peter Handke in ihren Texten über den Nationalsozialismus, doch außerhalb der literarischen Kreise stieß dieses Thema zunächst kaum auf Interesse.[197] Auch im schulischen Bereich wurde der Schwerpunkt des Geschichtsbildes auf den Wiederaufbau gerichtet sowie die Zeit der Unfreiheit zwischen 1945 und 1955, die Widerstandsbewegungen und die Kollektivanstrengung des Wiederaufbaus zur Zweiten Republik Österreich.[198] Bemerkenswert ist auch WASSERMANNs Erkenntnis, dass „sich ‚die Österreicher' im kollektiven Bewusstsein zwar ihre [sic!] Mittäterschaft durchaus bewusst waren, sogleich aber auf Haftunfähigkeit plädier(t)en"[199].

Erst die Neubewertung des Holocaust in den achtziger Jahren in den USA führte zu einem Aufbrechen der Verdrängung auch in Österreich.[200] Lange Zeit war Österreich auch in den USA als „Opfer der NS-Aggression" angesehen worden, und erst in den Achtziger Jahren tauchten kritische Fragen über die Mitschuld Österreichs am Nationalsozialismus und dem Zweiten Weltkrieg auf.[201] Eine gewisse Kontinuität lag auch in diesem Geschichtsbild, was sicher mit dazu beigetragen hat, dass sich Österreich solange einem Schuldbekenntnis hat entziehen können. So war bereits „die Frage der Mitschuld Österreichs am Ersten Weltkrieg anders als beim Deutschen Reich in der US-Öffentlichkeit nicht gestellt worden [...]"[202].

Die erneute Thematisierung der NS-Vergangenheit führte zu einem Wandel im kollektiven Gedächtnis in Österreich. Die Wahl Kurt Waldheims zum Bundespräsidenten 1986 hat das gesellschaftliche Tabu der NS-Vergangenheit in den Köpfen der Bevölkerung aufgebrochen und in Form von heftigen Debatten ins öffentliche Bewusstsein gerückt[203]. Zwei Jahre dauerte die öffentliche Debatte

---

[195] Ebd., S.45f.

[196] Ebd., S.57.

[197] Vgl. SCHNEEBERGER, Paul: Der schwierige Umgang mit dem „Anschluss". Die Rezeption in Geschichtsdarstellungen 1946-1995, Innsbruck u.a. 2000, S.173.

[198] Vgl. WASSERMANN, Heinz P.: „Zuviel Vergangenheit tut nicht gut!" Nationalsozialismus im Spiegel der Tagespresse der Zweiten Republik, Innsbruck u.a. 2000, S.545.

[199] Ebd., S.550.

[200] Vgl. RATHKOLB: Die paradoxe Republik [wie Anm. 192], S.48.

[201] Vgl. ebd., S.368.

[202] Ebd., S.368f.

[203] „Bemerkenswert ist, daß die Waldheim-Debatte keine breitere Auseinandersetzung über die österreichischen Nachkriegseliten und deren Vergangenheit nach sich zog; sie blieb eher in allgemeinen Analysen stecken, die zahlreiche Diskussionen über Nationalsozialismus und

um die nationalsozialistische Vergangenheit und gipfelte im sogenannten „Bedenkjahr" 1988, anlässlich des fünfzigsten Jahrestages des „Anschlusses" an Hitler-Deutschland. In dieser Zeit ist das Bestreben von Politik und Geschichtswissenschaft zu erkennen, die „manifest gewordenen subjektiven Geschichtsbilder vom ‚braunen Dunst' zu befreien, in den sie gehüllt waren"[204]. Hinzu kamen die Veränderungen der politischen Situation in Europa. „Die Nachkriegsrolle als Darling des Kalten Krieges war ausgespielt."[205] Vergangenheitsbewältigung stand nun nicht mehr unter der Maßgabe eines einzuhaltenden Balanceaktes zwischen den Großmächten und den Bundesgenossen.

Dennoch zeugt die Dokumentation des Geschichtsbewusstseins in Österreich lange Zeit von einem hohen Potenzial an Verweigerungshaltung, wie sie beispielsweise durch „Zurückweisung der ‚Erinnerungsarbeit' und von der Verfolgung von NS-Tätern"[206] offenkundig wird. „Was aus der Sicht der Nachkriegsgesellschaft zu einem integrativen gesellschaftlichen Wiederaufbau notwendig gewesen sein mag, ließ sich ein halbes Jahrhundert nach dem ‚Anschluss' nicht mehr aufrechterhalten."[207] Die jahrzehntelange konsequente Ausblendung der Vergangenheit und deren plötzliches Aufbrechen im Bewusstsein der Menschen Mitte der Achtziger Jahre mag zu manch heftiger Reaktion geführt haben. Dass *Heldenplatz* im „Bedenkjahr" 1988 so drastisch wirken konnte, liegt mit Sicherheit auch darin begründet, dass sich die österreichische Geschichtswissenschaft lange Zeit zur NS-Vergangenheit ausgeschwiegen hatte, und letztlich „in der Bevölkerung nach wie vor das Bedürfnis [herrschte], die Geschichte ruhen zu lassen, die Frage nach der Mitschuld zu bagatellisieren und sich lieber auf die politische Bedeutungslosigkeit der kleinen Alpenrepublik zurückzuziehen"[208].

Solange Bernhards Kritik am unterschwellig vorhandenen nationalsozialistischen Gedankengut und Antisemitismus als bloße Diffamierung einzelner Personen und als fixe Idee eines Einzelnen abgetan werden konnte, erschien ein Hinterfragen der vermeintlichen Beschimpfungen durch den Autor nicht notwendig. Erst nach der Wahl Waldheims zum Bundespräsidenten geriet die öffentliche Meinung ins Wanken, wurde ein Text wie *Heldenplatz* überhaupt erst möglich und relevant.

Antisemitismus im Gefolge hatten, aber zu sehr auf Waldheim als Person abzielten." RATHKOLB: Die paradoxe Republik [wie Anm. 192], S.392.

204 SCHNEEBERGER: Der schwierige Umgang mit dem „Anschluss" [wie Anm. 197], S.333.

205 RATHKOLB: Die paradoxe Republik [wie Anm. 192], S.390.

206 Vgl. WASSERMANN: Nationalsozialismus im Spiegel der Tagespresse der Zweiten Republik, [wie Anm. 198], S.552.

207 NIEDERSTETTER, Alois: Geschichte Österreichs, Stuttgart 2007, S.255.

208 VAN INGEN: Heldenplatz [wie Anm. 134], S.18.

3.3 Bernhards Dramen und die Hinwendung zum politischen Thema

Ehe im folgenden Teil-Kapitel auf Geschichte und Politik im Drama sowie die Geschichtsbilder in Bernhards späten Theaterstücken eingegangen werden soll, werden die für diese Arbeit relevanten Stücke in den Gesamtkontext von Thomas Bernhards dramatischem Schaffen eingeordnet. Die von Jens DITTMAR herausgegebene Werkgeschichte von Thomas Bernhards Texten lässt die Komplexität seines Gesamtwerkes erahnen. Entgegen früherer Meinungen trat Bernhard jedoch nicht erst 1970 als Theaterautor hervor, als er – erstmalig für die Salzburger Festspiele – *Ein Fest für Boris* schrieb, sondern bereits Ende der Fünfziger Jahre.[209] Seine frühen Kurzdramen sind „durch radikale Reduktion und Abstraktion gekennzeichnet“[210]; seine Nähe zur Wiener Gruppe ist erkennbar.

JANG ordnet die dramatischen Werke in vier Schaffensphasen ein, deren thematische Schwerpunkte charakteristisch sind.[211] Für unsere Betrachtungen ist hier nur die Zeit ab 1978 relevant, als sich das Politische im dramatischen Schaffen immer stärker äußert. Bereits 1975 widmete sich Thomas Bernhard mit *Der Präsident* der „Welt der Mächtigen“. Der vermutete Skandal blieb jedoch aus: Claus Peymann hatte am Stuttgarter Schauspielhaus das Stück zeitgleich mit dem Beginn zum „Baader-Meinhof-Prozess“ zur Premiere angesetzt, das von ausbleibenden politischen Parolen enttäuschte Publikum reagierte mit heftigen Buh-Rufen auf Bernhards erstes „politisches“ Stück. Es wird allerdings bereits an diesem Beispiel deutlich, wie sehr auch Peymann an der Produktion einer öffentlichen Diskussion beteiligt und interessiert war.

Mit *Der deutsche Mittagstisch* konfrontierte Thomas Bernhard 1978 das Publikum nicht nur mit der deutschen Vergangenheit, sondern vielmehr mit den bis in die Gegenwart reichenden Auswirkungen des Nationalsozialismus. Das in der *Zeit* erstmals abgedruckte Dramolett brüskierte mit der skurrilen Szenerie von achtundneunzig Familienmitgliedern, die um einen Tisch sitzend eine sich als „Nazisuppe“ entpuppende deutsche Nudelsuppe essen. Die hochinfektiöse Mahlzeit führt am Ende zum kollektiven Mord an der Mutter, nachdem die Figuren zuvor mit Schuldzuweisungen und Nazibetitelungen scheinbar wahllos um sich geworfen haben. Das Kurzdrama ist auf den ersten Blick eine General-

---

[209] *Ein Fest für Boris* entstand bereits 1967 und hatte zunächst *Die Jause* heißen sollen. Da diese österreichische Bezeichnung dem deutschen Publikum nicht geläufig war, wurde der Titel geändert. Bernhard erhielt für dieses Stück 1972 den Grillparzer-Preis.

[210] So spielt Bernhard beispielsweise mit den Kennzeichen der konkreten Poesie, konzentriert sich auf Klangeffekte und Rhythmus. JANG: Die Ohn-Machtspiele des Altersnarren [wie Anm. 99], S.9f.

[211] Vgl., ebd., S.8. Insbesondere die Schaffensmitte (die Jahre 1975-1982) sowie die Spätphase (ab 1984) ist für unsere weiteren Betrachtungen von Bedeutung.

Diffamierung Nachkriegsdeutschlands und zeigt schon früh Bernhards Radikalität im Umgang mit dem Thema „Vergangenheitsbewältigung“[212].

Spätestens ab 1979 bezog Bernhard dann eindeutig Stellung zu Politik und Gesellschaft, indem er in seinem Stück *Vor dem Ruhestand* die Auswirkungen der nationalsozialistischen Vergangenheit in der Gegenwart thematisierte. Auch in diesem Fall wird Theaterdirektor Peymann mit Bedacht daran gearbeitet haben, als es darum ging, Bernhards neuem Stück seinen gebührenden Platz in der Peymannschen Intendantenzeit am Stuttgarter Staatsschauspiel zu sichern. Peymann, der sich mit dem damaligen Ministerpräsidenten Baden-Württembergs, Hans Filbinger, in ständigem Konflikt befand, nutzte Bernhards Stück offensichtlich zum Gegenschlag. „‚Vor dem Ruhestand' reagierte auf die Biographie des Marinerichters *Filbinger*, der als Ministerpräsident von Baden-Württemberg die Kündigung *Peymanns* angedroht hatte. Noch bevor das Stück aufgeführt wurde, legte *Filbinger* sein Amt nieder.“[213] Die Uraufführung fand somit im Umfeld politischer Diskussionen statt, zwei Tage später kam es überdies zur Wahl des neuen, umstrittenen Bundespräsidenten Carl Carstens. Es kann also ohne Übertreibung konstatiert werden, dass Peymann es sehr gut verstand, dieses politische Gegenwartsstück in die aktuellen Geschehnisse im Land einzubetten und somit in einen aktuell-brisanten Kontext zu stellen.

Doch nicht immer konnte dies sofort gelingen, wie das Beispiel von Bernhards *A Doda* zeigt. Das 1980 ebenfalls in der *Zeit* und kurz darauf in geringer Auflage als Privatdruck erschienene Dramolett wurde unter Peymanns Intendanz erst 1987 am Burgtheater uraufgeführt, nachdem die geplante Uraufführung im November 1981 in Bochum aus technischen Gründen ausgefallen war.[214] Das Kurzdrama entpuppt sich als Handlungsgefüge mit bitterer Pointe, deren Grundaussage bei Bernhard immer wieder auftaucht: die nationalsozialistische Gesinnung ist nach wie vor in den Köpfen der Menschen. Die Besonderheit dieses Textes liegt allerdings in der Parodie des Volksstückhaften. Damit wird deutlich, dass Bernhard zwar seiner Aussage treu bleibt, wohl aber die Form des Genres zu variieren versteht. Ferner sei darauf hingewiesen, dass die Kürze der Dramolette die den größeren Stücken inhärente Ambivalenz der Aussage nicht immer zu tragen vermag; *A Doda* wirkt in seiner Erscheinung simpel, wohingegen *Der deutsche Mittagstisch* in seiner Struktur äußerst komplex ist. Nichtsdestoweniger konnte Bernhard auch mit den kürzeren Texten auf dem Theater provozieren, wie diese Beispiele illustrieren.

---

[212] Umso erstaunlicher ist die Tatsache, dass Claus Peymann das Minidrama in einen österreichischen Kontext bringt, indem er es als Beiprogramm zu ‚Der Zerrissene' unter dem Titel ‚O Du mein Österreich. Texte und Lieder aus Österreich' spielen lässt. Vgl. DITTMAR: Werkgeschichte [wie Anm. 81], S.204.

[213] SONNLEITNER, Johann: Heldenplatz und die Folgen: 1938-1988. In: SCHMIDT-DENGLER, Wendelin (Hrsg.): Der literarische Umgang der Österreicher mit Jahres- und Gedenktagen, Wien 1994, S.110-124, [hier S.120, Hervorhebung im Original].

[214] Vgl. DITTMAR: Werkgeschichte [wie Anm. 81], S.216. Die erste Buchausgabe erschien 1988 bei Suhrkamp.

Insofern wurde das Gespann Bernhard/Peymann allmählich zu einem „explosiven Gemisch", dessen Fähigkeit zur Produktion von Theaterskandalen man nicht mehr leugnen konnte. Der Höhepunkt dieser Auswirkungen zeigte sich in der Debatte um *Heldenplatz*, worauf später noch eingegangen wird (Kapitel 4.3). An dieser Stelle sei vorerst bemerkt, dass Thomas Bernhard selbst einen Blick für das Skandalöse hatte. „Er hat wahrgenommen, was in der Welt passiert und was in seiner Umgebung passiert, also insofern hat er reagiert."[215] Selbst in den scheinbar auf das Künstlertum konzentrierten Stücken wie *Der Theatermacher* (1984) finden sich Anspielungen auf den latenten Nationalsozialismus in der österreichischen Provinz.

In *Heldenplatz*, seinem letzten abendfüllenden Theaterstück, wird schließlich die Kritik an Wien und dem österreichischen Staat besonders deutlich. Der im Frühjahr 1988 verfasste Text war als Auftragswerk des Burgtheaters entstanden und sollte ein Beitrag zum Bedenkjahr anlässlich des fünfzigsten Jahrestages der Eingliederung Österreichs in das Deutsche Reich sein. Besonders der negativ aufgeladene Redefluss der Figur Robert Schuster im Zweiten Akt des Stückes sorgte schon vor der Premiere für einen Skandal und heftige Diskussionen in ganz Österreich. Bei genauerer Betrachtung liefert Bernhards Text aber mehr als die bloße Lust an der Provokation. Ähnlich wie in *Vor dem Ruhestand* versucht er einen geistigen Zustand auf die Bühne zu bringen, diesmal jedoch wird der Fokus auf die Opfer des Nationalsozialismus gelegt. Die Tatsache, dass auch in diesem Stück ausschließlich gegen, aber nie für etwas gesprochen wird, wirft in der Bernhard-Forschung immer wieder Fragen auf.

Vor diesem Hintergrund ist auch die Verarbeitung des Politik-Themas zu verstehen. Wichtig zu bemerken ist hier vor allem eines: „Der politische Bernhard spricht sich nicht *für* ein gesellschaftliches Modell aus, sondern massiv *gegen* die österreichische Gesellschaft, wie er sie wahrnimmt."[216] Anhand dieser Diagnose kann die These aufgestellt werden, dass Bernhards Texte keinerlei konstruktive Verbesserungsvorschläge enthalten, sondern zunächst nur konstatierend erscheinen. Da nahezu alles Staatliche, dazu die Kirche und die österreichische Bevölkerung abgelehnt und verurteilt werden, kann von einer möglichen Alternative eines Systems oder Gesellschaftsgedankens kaum die Rede sein. Die einzige Alternative scheint in *Der Weltverbesserer* auf: „Wir [können] die Welt nur verbessern/ wenn wir sie abschaffen" (WV: 949).

Insofern fällt es auch nach intensiver Betrachtung des Privatmenschen Bernhard schwer, ihn einer politischen Gruppierung zuzuordnen. Vielmehr ist man geneigt, den Autor, der sich sein Sonderling-Image sorgfältig aufgebaut hat, in seiner Erscheinung als Einzelgänger und somit Einzelkämpfer zu bestätigen, der

---

[215] Hermann Beil, ehemals Chefdramaturg des Wiener Burgtheaters, heute des Berliner Ensembles, in einem Gespräch mit Eun-Soo JANG. Abgedruckt in: JANG: Die Ohn-Machtspiele des Altersnarren. [wie Anm. 99], S.238-268, [hier S.239].

[216] WEISHARD, Hélène: Thomas Bernhard: Ein politischer Autor? Drei Variationen zum Thema Staat. In: BÉHAR, Pierre u. BENAY, Jeanne (Hrsg.): Österreich und andere Katastrophen, St. Ingbert 2001, S.143-160, [hier S.144].

sich von keiner Partei oder staatlichen Institution vereinnahmen lässt. Jemandem, dessen konsequente Negativdarstellung eines Staates auch nach Jahrzehnten nichts von ihrer Schärfe und Präsenz verloren hat, Desinteresse und Verachtung gegenüber seinem Vaterland vorzuwerfen, scheint jedoch wenig reflektiert. Vielmehr drängt sich die Frage auf, warum Bernhard das „Granteln" nicht aufgegeben hat.

Dass Thomas Bernhard nicht müde wurde, immer wieder das Thema der Vergangenheitsbewältigung zu bearbeiten, ist sicher seiner Ansicht geschuldet, dass diese Problematik auch Jahrzehnte nach dem Ende des Nationalsozialismus gesellschaftlich virulent ist. Sein Gespür für die latente Verdrängung faschistischer Vergangenheit in den Siebziger und Achtziger Jahren wird dazu geführt haben, das Politische vor allem in der Provokation aufscheinen zu lassen. Er operierte nicht mit politischen Parolen, sondern entwickelte stattdessen den politischen Gehalt seiner Texte vielmehr durch die psychologische Charakterisierung seiner Figuren.

Es stellt sich also die Frage: wie politisch war der Autor Thomas Bernhard? Auf diese Frage versucht der Schriftsteller Gerhard ROTH in seinem Nachruf auf Bernhard von 1989 Antworten zu geben:

> Er politisierte nicht auf gewohnte Weise, er überholte die Politik. Er ließ sie so alt aussehen, wie sie ist. Seine rüde Skepsis war eine Folge der Erfahrungen, die er in seiner Jugend gemacht hatte. Er hatte früh erkannt, dass die Wurzel des österreichischen Übels in einer Melange aus Nationalsozialismus, Katholizismus und (später auch) Nadelstreifensozialismus zu finden ist, die die österreichische Politik bis heute bestimmt.[217]

Was ROTH hier beschreibt, trifft zweifellos zu. Tatsächlich entlarvt Bernhards Werk die Politik vielerorts als phrasenhafte Selbstdarstellung. Betrachtet man sich die übertreibenden, zum Monologisieren neigenden Texte, drängt sich dieser Schluss rasch auf.

Für das Verständnis des Politischen bei Bernhard ist ganz besonders HOELLs Anmerkung relevant: „Bernhard legt individuelles politisches Bewusstsein offen. Seine Literatur ist aufklärerisch, weil politische Kunst nur eine Beschreibung der Geistesverfassung sein kann. Die gesellschaftliche Veränderung muss der Rezipient vollziehen."[218]

---

[217] ROTH, Gerhard: Der Menschenfeind, der der Alpenkönig war. [wie Anm. 140], S.137f.

[218] HOELL, Joachim: Thomas Bernhard, München 2000, S.103.

3.3.1 Das Theater als politischer Konfliktraum

Versteht man das Theater als gesellschaftliches Medium, so können Theaterskandale durchaus aktiv in das öffentliche Leben einwirken. Man kann vor diesem Hintergrund daher vom Theater als gesellschaftlichem bzw. politischem Konfliktraum sprechen. Über eine eindeutige Definition des politischen Theaters konnte vonseiten der Theaterwissenschaft bisher jedoch keine Einigung erzielt werden. Es soll an dieser Stelle unterschieden werden zwischen der Institution Theater und dem dramatischen Text, wobei beide Komplexe unabhängig voneinander politisch wirksam sein können. Mit dem Bereich des Dramas – im Speziellen mit dem Geschichtsdrama Thomas Bernhards – befasst sich das folgende Unterkapitel.

Für das politische Theater ist die Bühne das Mittel der Kommunikation. Was in den Zwanziger Jahren als Entwicklung des modernen politischen Theaters begann und durch die Zeit des Nationalsozialismus unterbrochen wurde, fand erst zwanzig Jahre nach Kriegsende wieder zu neuem Leben. In den Sechziger Jahren traten die Theatergrößen der Vorkriegszeit zugunsten der jungen Generation zurück und überließen weitgehend ihren Nachfolgern die Aufarbeitung der Vergangenheit.[219] In dieser Zeit begann in der Bundesrepublik die Auseinandersetzung mit der NS-Vergangenheit auch im Drama und damit auf dem Theater. Das Theater wurde dadurch erneut zum Konfliktraum der Politik, indem es nahe Vergangenheit und Gegenwart (so geschehen unter anderem in Bernhards *Vor dem Ruhestand*) miteinander in Beziehung setzte und als einen zusammenhängenden Komplex thematisierte.

Das Selbstverständnis der Theaterbühnen, Zeitgeschichte zu reflektieren, erhält somit auch politisches Gewicht. Allerdings ist anzumerken, dass die Sprache der Bühne anders zu betrachten ist, als jene des Dramas. Auf der Bühne entsteht mittels einer Formensprache von Bühnenbild, Requisiten und Beleuchtung ein Gesamtkunstwerk, das die Grundlage, den Dramentext, sogar bisweilen vollends verfremden kann. Ein unpolitischer Text kann durch eine entsprechende Inszenierung politisch aufgeladen werden. Die Bühnensprache infolge einer Theaterinszenierung hat demzufolge interpretierenden und den Dramentext umsetzenden Charakter, wohingegen die Sprache des Dramas die Grundlage eines solchen Prozesses darstellt. Ein Indiz für die Bedürfnisse und Interessen des Theaterzuschauers sind die sich oftmals ähnelnden Spielpläne der großen deutschsprachigen Theater. Die „Modewelle“ macht also auch vor der Kunst des Sprechtheaters nicht halt.

Typisch für den Anspruch des modernen Regietheaters ist sicherlich die Idee, Klassiker wie Goethe und Schiller als „moderne Geschichten“ zu inszenieren, sie also in der heutigen Zeit spielen zu lassen, was sich zumeist auch in der entspre-

---

[219] Vgl. dazu: RÜHLE, Günther: Das zerrissene Theater. 1990: Rückblick auf die Szene des Jahrhunderts. In: FISCHER-LICHTE, Erika u. XANDER, Harald (Hrsg.): Welttheater – Nationaltheater – Lokaltheater? Europäisches Theater am Ende des 20. Jahrhunderts, Tübingen u. Basel 1993, S.1-20, [hier S.12f].

chenden Bühnenästhetik niederschlägt. Andere zeitgenössische Regisseure sind wiederum der Ansicht, die Klassiker würden künstlich am Leben erhalten, indem behauptet würde, deren Sprache und Geschichte habe noch etwas mit dem heutigen Rezipienten zu tun, und fordern eine grundlegende Neuorientierung der Bühnen hin zu den uns direkt betreffenden Kommunikationsbedingungen.[220]

Hier soll aber vorwiegend der politische Gehalt des Dramentextes analysiert werden, um zu belegen, dass Thomas Bernhards Theaterstücke auch als Text ohne Inszenierung wirksam sind. Im folgenden Abschnitt werden mögliche Analyseaspekte erörtert.

3.3.2 Zum Begriff des Geschichtsdramas bei Thomas Bernhard

Nachdem zwischen Theater als gesellschaftlich-politischem Raum und der Gattung des Dramas als eigenem Transporteur unterschieden wurde, soll nun geklärt werden, wie sich Geschichte und Politik im Drama darstellen, und mit Hilfe welcher Kategorien beide Komponenten belegt werden können. Zunächst soll der Geschichtsbegriff genauer betrachtet werden.

Grundlegend ist zum Gattungsbegriff „Geschichtsdrama" folgende Anmerkung zu machen: Da dieser Begriff eine Ganzheitsvorstellung beschreibt, ist er entsprechend schwer zu definieren.[221] Die Verbindung des Geschichtsgedankens mit dem Nationalgedanken, wie sie im 19. Jahrhundert prägend für das historische Drama war, kann aus heutiger Sicht für die moderne Dramenliteratur nur noch bedingt Anwendung finden. „Die Wandlungen in den Vorstellungen von ‚Drama' und ‚Geschichte' wie deren Verhältnis zueinander machen es unmöglich, bei der Definition des Geschichtsdramas ein einheitliches Bild von Geschichte anzunehmen."[222]

Zweifellos ist man zunächst geneigt, Geschichte als etwas Vergangenes zu begreifen. Von diesem Standpunkt ausgehend, müsste sich die moderne Dramenliteratur des 20. Jahrhunderts verständlicherweise mit den Geschehnissen vor ihrer Zeit befassen, was sie aber nicht – zumindest nicht ausschließlich – tut. Lange Zeit stand das historische Drama, unter anderem geprägt durch Goethe,

---

[220] Vgl. u.a. Interview mit Regisseur René Pollesch, abgedruckt im Programmheft zu dessen Uraufführungs-inszenierung von *Das purpurne Muttermal* am Wiener Akademietheater 2006, bes. S.13-15.

[221] Vgl. DÜSING, Wolfgang: Zur Gattung Geschichtsdrama. In: DERS.: Aspekte des Geschichtsdramas. Von Aischylos bis Volker Braun, Tübingen 1998, S.1-12, [hier S.4], auch SCHALK: „Die Schwierigkeit einer Poetik des Geschichtsdramas liegt daher in dem komplexen Spannungsfeld zwischen Historiographie und Fiktion, in dem sich eine Form des Dramas bewegt, die rein quantitativ unüberschaubar ist, deren Paradigmenvielfalt schwerlich qua Begriff beschreibbar ist." SCHALK, Axel: Geschichtsmaschinen. Über den Umgang mit der Historie in der Dramatik des technischen Zeitalters, Heidelberg 1989, S.17.

[222] BREUER, Ingo: Theatralität und Gedächtnis. Deutschsprachiges Geschichtsdrama seit Brecht, Köln u.a. 2004, S.29.

Büchner oder Grillparzer für die Beschäftigung mit einer vergangenen Zeit. Im Falle von Thomas Bernhard findet sich aber vielmehr die Auseinandersetzung mit der jüngsten Geschichte. Es muss also eine Trennung zwischen Geschichtsdrama und Zeitstück erfolgen.[223] In diesem Zusammenhang soll das Geschichtsdrama im Sinne DÜSINGs als Theatertext verstanden werden, der explizit Geschichte zum Thema hat, also nicht nur dadurch charakterisiert ist, dass er in der Vergangenheit spielt.[224] Auf Bernhards Stücke trifft dies zweifellos zu.

Daher soll in der vorliegenden Arbeit Geschichte nicht nur als Abbild einer Vergangenheit betrachtet werden. Thomas Bernhard liefert dafür selbst den Anlass, da nicht nur seine Dramentexte vielfach der Gegenwart enthoben scheinen und schwer einer Zeit, im Sinne einer konkreten Jahreszahl, zuzuordnen sind. Die einzigen Jahreszahlen, die genannt werden, sind jene, die sich auf die NS-Zeit beziehen. Zwar wird damit konkret auf die Vergangenheit verwiesen, doch nicht zuletzt scheint das Auftreten der hervorgehobenen Jahreszahlen ein Hinweis darauf zu sein, wie aktuell und präsent die Zeit des Nationalsozialismus immer noch ist. In diesem Sinne hat Geschichte in Bernhards Dramen vor allem mit Erinnerung zu tun; das Drama dient als Schranke gegen das Vergessen. Literatur versteht sich in diesem Zusammenhang als „Antwort auf Geschichte“[225].

Obwohl es in Bernhards Dramen um Zeitgeschichte geht, weist seine literarische Beschäftigung mit Geschichte Ansatzpunkte auf, die besonders für historische Dramen charakteristisch sind. So werden auch in Bernhards Stücken „die Schicksale dramatischer Figuren oft vor dem Hintergrund einer ‚Zeitenwende' dargestellt [...]“[226]. Während eine Epoche untergeht, stehen die Helden der neuen Zeit schon auf der Bühne, oder aber sie gehen mit ihrer Ära unter. „Individuelle Konflikte werden auf diese Weise durch die Konfrontation zweier Zeitalter Elemente des historischen Prozesses, sie werden ‚historisiert'.“[227] In gewisser Weise trifft dies auch auf die hier zu besprechenden Bernhard-Stücke zu. In *Vor dem Ruhestand* leben die Protagonisten in einer gespielten Realität der NS-Vergangenheit und tun so, als würde diese Zeit zumindest im eigenen Haus noch bestehen, und günstigstenfalls eines Tages auch in der Welt draußen wieder existieren. Die Figuren stehen somit in Konflikt zur Realität, denn sie versuchen, die Geschichte gewissermaßen umzuschreiben. Gleichzeitig sind sie aber zeitgeschichtlich determiniert und somit historische Figuren ihrer Gegenwart. Es kommt demzufolge zu einer Vermischung von historischem Gehalt mit zeitgenössischer Geschichte. In *Vor dem Ruhestand* wird ganz explizit der Versuch unternommen, eine vergangene Zeit in die Gegenwart bzw. die Zukunft „hinüber zu retten“. Dies soll durch ein Rollenspiel gelingen. Was als Spiel der Geschichte beginnt, wird ernst genommen und zur Realität erklärt.

---

[223] Vgl. DÜSING: Zur Gattung Geschichtsdrama [wie Anm. 221], S.2.

[224] Vgl. ebd., S.3.

[225] Vgl. auch die Ansichten von Walter Hinck und Benno von Wiese, dazu BREUER: Theatralität und Gedächtnis [wie Anm. 222], S.31.

[226] DÜSING: Zur Gattung Geschichtsdrama [wie Anm. 221], S.7.

[227] Ebd.

In *Heldenplatz* wird die Zeitenwende hingegen anders dargestellt. Indem alles auf den Topos der Endzeitstimmung ausgerichtet ist, werden die Figuren – besonders jedoch Professor Robert Schuster – zu Verkündern des Endes der Geschichte, das nachfolgende Zeitalter wird zum „Desaster" stilisiert. Auch die formale Struktur der Familie Schuster ist ein Anachronismus: das Großbürgertum, eigentlich Personal aus der „K.-u.-k.-Zeit"[228], steuert hier seinem Untergang entgegen, und zwar nicht nur dem gesellschaftlichen, sondern auch dem familiären. Denn die Familie ist unübersehbar zerrüttet, oder zumindest doch in ihrer Idylle gestört. Nach dem Tod des Patriarchen kann nur noch der Abstieg folgen, was sich dann mit dem Zusammenbruch der Frau Professor ja schließlich beweist.

Die Figuren bei Bernhard werden also häufig als ihrer Zeit enthoben dargestellt. Dies meint die schwer zu bestimmende reale Zeit der Handlung, die beispielsweise in Form eines konkreten Datums zugeordnet werden könnte. Gleichzeitig entsprechen sie aber in ihrer Lebenswirklichkeit durchaus möglichen Figuren ihrer Entstehungszeit. Diese Ambivalenz ist es, die eine Analyse von Bernhards Stücken so schwierig macht.

3.3.3 Perspektive im Geschichtsdrama

Für die Untersuchung des Geschichtsdramas ist die Perspektive auf die Geschichte eminent wichtig. Dabei ist grundsätzlich folgende Unterscheidung vorzunehmen: die aktive, auf die Zukunft gerichtete Sichtweise steht der betrachtenden, auf die Vergangenheit gerichteten entgegen.[229] In Bernhards hier besprochenen Dramentexten treten die Sichtweisen in mehreren Facetten auf.

Das Stück *Vor dem Ruhestand* vermischt beide Sichtweisen, da die Figuren die Vergangenheit glorifizieren und den Wunsch äußern, diese in die Zukunft zu verwandeln. Für die Tendenz der außerfiguralen Sichtweise ist festzustellen, dass keine Bewertung von Geschichte stattfindet. Auch bei *Heldenplatz* ist dies nicht der Fall, in den Dramoletten hingegen sehr subtil und vage angedeutet.

SCHALK konstatiert eine Autonomie des Geschichtsprozesses gegenüber den Subjekten, die im Drama thematisiert wird.[230] Eben dieser Automatismus kann auch im Drama von Thomas Bernhard beobachtet werden. Zum Einen zeigt sich dies daran, dass fast keine der Figuren tatsächlich aktiv in den Prozess der Geschichte eingreift. Geschieht dies wider Erwarten doch einmal, so nur zum

[228] Diese Bezeichnung für die kaiserlich-und-königliche Doppelmonarchie Österreich-Ungarn wurde nach 1867 offiziell verwendet und populär, nachdem das österreichische Herrscherpaar auch zum König/Königin von Ungarn gekrönt worden war und das Land in einer Personalunion regierte. Der Ausdruck steht heute bildhaft für Politik und Kultur im österreichischen Machtbereich des ausgehenden 19. Jahrhunderts und ist vergleichbar mit dem „Wilhelminismus" in Preußen oder der „Prinzregentenzeit" in Bayern.

[229] Vgl. DÜSING: Zur Gattung Geschichtsdrama [wie Anm. 221], S.7

[230] Vgl. SCHALK: Geschichtsmaschinen [wie Anm. 221], S.233.

eigenen Vorteil der Figur. Zum Anderen ist der Verlauf der Geschichte nicht aufzuhalten und wird als schicksalhaft inszeniert. Die Möglichkeiten zum Eingreifen in die Geschichte sind also begrenzt, wie auch *Heldenplatz* zeigt. Kurioserweise wird auch dort alles mit der Vergangenheit gleichgesetzt: die Gegenwart ist sogar noch schlimmer! Dies impliziert im Grunde schon die Ohnmacht, mit der das Subjekt den historischen Tatsachen gegenübersteht. Eine aktive, der Zukunft zugewandte Sichtweise wird kaum ermöglicht, weil die Übermacht des Vergangenen alles andere erdrückt. Das Vergangene ist präsenter als das Gegenwärtige und das Zukünftige.

Bei der Diskussion der Perspektivfrage ist ein wichtiger Punkt zu beachten, der die zeitgenössischen Entstehungsbedingungen von Geschichte im Drama problematisiert. Zwar kann angenommen, aber nicht grundsätzlich vorausgesetzt werden, dass sich der Autor beim Schreiben eines Geschichtsdramas der Historiographie bedient. Doch letztlich sind „die Geschichtsdiskurse der jeweils aktuellen Träger des kollektiven Gedächtnisses mit ihren diversen Kommunikations- und Vermittlungsinstitutionen“[231] jene grundlagenstiftenden Komponenten, die für die Beschäftigung mit Geschichtsbildern ausschlaggebend sind. Dass eine heterogene Rezipientengruppe die transportierten Geschichtsbilder wiedererkennen kann, liegt jedoch weniger daran, dass alle Mitglieder dieser Gruppe dieselben einschlägigen Geschichtsbücher gelesen haben, sondern ist gerade in einer Quellenvielfalt begründet, die dazu führt, dass alle eine bestimmte Vorstellung von der Geschichte bekommen.[232] Solche Quellen sind neben Historikern besonders die Medien, aber auch der Schulunterricht und die Familie. Jedes Geschichtsdrama muss demzufolge stets vor dem Hintergrund der aktuellen Geschichtskultur betrachtet werden. Geschichtskultur meint dabei die Art und Weise des Umganges mit Geschichte und Vergangenheit. Im Falle Thomas Bernhards wird ganz explizit auf die Geschichtskultur rekurriert. Die Beschäftigung mit der Vergangenheit ist also auch eine Beschäftigung mit der Gegenwart, ja selbst mit der Zukunft.

Man kommt daher nicht umhin, auf die Gattung des dokumentarischen Dramas hinzuweisen. Zumindest suggeriert *Vor dem Ruhestand*, dass es sich um ein dokumentarisches Drama handelt, denn die Personen der Geschichte stehen ja in gewisser Weise in Beziehung zu den Höller-Geschwistern, es wird über die aktuelle Situation in der Bundesrepublik reflektiert. Kann man daher vom dokumentarischen Drama sprechen?

VESTLI sieht in dieser Form des Nachkriegstheaters einen Beitrag zur Vergangenheitsbewältigung, „indem politische und ethische Fragen anschaulich aufgegriffen werden“[233]. Die Verarbeitung dokumentarischer Materialien und Quellen soll dabei Authentizität schaffen und belegen. „Dokumentarische Stücke lie-

---

[231] BREUER: Theatralität und Gedächtnis [wie Anm. 222], S.53.

[232] Vgl. ebd.

[233] VESTLI, Elin Nesje: Das dokumentarische Drama: Gattung oder Problem? In: ARNTZEN, Knut Ove u.a. (Hrsg.): Dramaturgische und politische Strategien im Drama und Theater des 20. Jahrhunderts, St. Ingbert 2000, S.136-157, [hier S.157].

fern also wie jedes Drama Abbilder menschlichen Zusammenlebens, mit einem relativ hohen, aber nicht absoluten Wahrheitsanspruch."[234] Grund dafür sind die Grenzen der Abbildbarkeit der Welt, die auch im Theater gegeben sind. „Abbilden ist nicht mechanisch-naturalistisches Abfotografieren, ihm ist die Komponente der Interpretation inhärent."[235] Vor diesem Hintergrund ist auch das dokumentarische Drama nicht wertfrei zu nennen. Es sieht bereits in seinem Thema die notwendige Brisanz, die den Autor dazu veranlasst, ein Stück zu verfassen. Der Autor ist dabei nie außen vor. Nicht nur die historische Figur ist Bestandteil eines historischen Prozesses, sondern auch ihr Autor selbst. Ferner sei an dieser Stelle darauf verwiesen, dass „in jeder Interpretation der zeitliche Horizont des Textes mit dem des Interpreten verschmilzt"[236]. Das bedeutet eine zeitliche Distanz zum thematisierten Gegenstand, die aber nicht notwendigerweise mit weniger Betroffenheit einher gehen muss. Thomas Bernhard, der ja in den Nationalsozialismus „hineingeboren" wurde, hat das System in seiner frühen Kindheit und Jugend miterlebt, was er in seinen autobiographischen Erzähltexten thematisiert.

> Der Hass gegen die staatlichen Institutionen wird verständlich vor dem biographischen Hintergrund der Erfahrungen mit den nationalsozialistischen Erziehungsanstalten und der brutalen Atmosphäre der öffentlichen Krankenanstalten nach dem Krieg.[237]

Seine Betrachtung beruht daher weniger auf dem Ansinnen der Aufarbeitung mittels Quellenstudium, sondern eher darauf, die eigenen Erfahrungen wiederzugeben.[238] Insofern kommt ihm als Autor eine besondere Stellung zu, denn er ist Zeitzeuge und Nachgeborener in einem.

---

[234] ONDERDELINDEN, Sjaak: Geschichte auf der Bühne. Aufsätze zum politisch-historischen Drama des zwanzigsten Jahrhunderts, Berlin 2004, S.134.

[235] Ebd.

[236] DÜSING: Zur Gattung Geschichtsdrama [wie Anm. 221], S.6.

[237] BERNHARD, Thomas: Erzählungen. Mit einem Kommentar von Hans Höller, Frankfurt am Main 2001, S.105.

[238] Ein Blick in Bernhards Biographie belegt dessen frühe Erfahrungen mit dem Nationalsozialismus. Auf Anraten einer Amtsärztin schickte man den gerade zehnjährigen „Unruhestifter" und „Bettnässer" Thomas Bernhard zur Kur. Aufgrund einer Verwechslung kam er schließlich in ein nationalsozialistisches Schülerheim für Schwererziehbare in Thüringen, wo Marschieren, nationalsozialistisches Liedgut und persönliche Demütigungen den Tagesablauf bestimmten. Ab 1943 war er in einem Salzburger Internat untergebracht. Mit dem Kriegsende zeigten sich für den jugendlichen Bernhard keine wesentlichen Veränderungen in seinem schulischen Umfeld. „In seiner Wahrnehmung unterscheiden sich mit diesem Wechsel nicht die Erziehungsmethoden, sondern lediglich die Requisiten: ‚Wo das Hitlerbild an der Wand war, hing jetzt ein großes Kreuz.'" HOELL: Thomas Bernhard, [wie Anm.], S.33. In der Literatur finden sich keine expliziten Hinweise über die Beziehung der Eltern zum Nationalsozialismus. Über Bernhards Vater ist allgemein wenig bekannt. Er hatte sich, um keinen Unterhalt zahlen zu müssen, nach Deutschland abgesetzt, wo er 1940 durch eine Gasvergiftung (möglicherweise ein Freitod) starb.

Dennoch scheint die Verarbeitung dokumentarischer Materialien im Dramentext zu suggerieren, dass sich zeitgenössische Autoren weitgehend von eigenen Wertungen freimachen, um die Interpretation dem Zuschauer zu überlassen. Anzumerken ist an dieser Stelle allerdings, dass der Begriff des Dokumentes im Fall von Thomas Bernhard sehr weit gefasst sein kann. Es ist kaum anzunehmen, dass sich Bernhard einem intensiven Quellenstudium der Biographien bundesdeutscher Nachkriegspolitiker unterzogen hat. Vielmehr wird er sich durch die von den Medien bewirkte öffentliche Diskussion bzw. seine eigenen Erfahrungen mit der Situation dazu veranlasst gesehen haben, mit *Vor dem Ruhestand* ein Drama über einen rehabilitierten NS-Verbrecher zu schreiben. Damit schafft Bernhard ein fiktives Stück, das zwar durch belegbare Beispiele inspiriert ist, wohl aber nicht explizit und namentlich die Biographie einer bestimmten historischen Person thematisiert. Hierin ist der wesentliche Unterschied zu anderen dokumentarischen Theaterstücken zu sehen. Dennoch erscheint es durchaus sinnvoll, Bernhards politische Stücke mit der Kategorie des dokumentarischen Dramas zu bearbeiten, weil es letztlich doch genügend Indizien gibt, die dafür sprechen, dass in ihnen bestimmte gesellschaftliche Tendenzen ablesbar sind und zur Diskussion gestellt werden sollten.

Zu klären bleibt allerdings, welcher Art die Diskussion ist, welchen Grundtenor seine dokumentarischen Dramen haben. Die Definitionsschwierigkeit des Begriffes Dokumentardrama bzw. -theater lässt sich jedoch nicht durch eine Unterscheidung in agitatorisches versus historisches Drama beheben. Wie ONDERDELINDEN selbst feststellt, gibt es etliche Übereinstimmungen beider Formen, sodass auch Mischformen häufig vorkommen.[239] Die grundlegende Unterscheidung der Gesamttendenz – „also entweder Diskussion über die Bewertung eines historischen Modellfalles oder Agitation zur Beseitigung eines aktuellen Modellfalles“[240] – kann im Falle von Bernhards Dramen kaum getroffen werden. Problematisiert wird in *Vor dem Ruhestand* ein Gesamtphänomen deutscher (und letztlich auch österreichischer) Nachkriegsgeschichte, das stellvertretend an einem fiktiven Fall gezeigt wird. Erst im tagesgeschichtlichen Kontext von 1979 wurde aus dem fiktiven Stück ein Agitationsfall, indem man Parallelen zu führenden Politikern der Bundesrepublik erkennen wollte. Insofern wird das Drama erst durch seine Aufnahme zum Dokumentationsdrama gemacht, indem unterstellt wird, es handele sich um die Diskreditierung real existierender Personen.

Was Bernhard in seinen Stücken also vornimmt, ist die Beschreibung eines psychischen Zustandes, der, angesiedelt zwischen Verdrängung und Selbststilisierung, zur Basis eines Rechtsstaates werden konnte, ohne dass sich daran jemand störte. Durch das Fehlen einer wertenden Instanz wird der dokumentarische Charakter des Dramas geschaffen. Bernhard dokumentiert die Wirklichkeit, die jüngste Geschichte, poetisch verfremdet und fiktionalisiert, aber eben doch auf die Verhältnisse von 1979 beziehbar, sodass durchaus von einer Art des „dokumentarischen Dramas“ gesprochen werden kann. Die kunstvolle

---

[239] ONDERDELINDEN: Geschichte auf der Bühne [wie Anm. 234], S.137.

[240] Ebd.

Verwebung von historischen Fakten und Fiktionalität erschwert allerdings eine eindeutige definitorische Zuordnung seiner politischen Stücke. Dies gilt insbesondere für *Heldenplatz*, das einen Gemütszustand der Österreicher beschreibt, der sich in der heftigen, ablehnenden Reaktion auf das Stück ironischerweise zu bestätigen scheint. Somit wird Bernhards Dramenkunst zwar nicht zur Dokumentation nachlesbarer Quellen, wohl aber zur Dokumentation seiner eigenen provokanten Behauptungen. Und dass in einer Provokation der Anstoß zur Diskussion angelegt ist, bedarf keiner gesonderten Ausführungen.

Sich über Geschichtsbilder im Werk eines Autors zu verständigen, heißt in gewisser Weise auch, seinen politischen Standpunkt auszuloten. Man wird dabei allerdings Gefahr laufen, politische Äußerungen von fiktiven Figuren mit denen ihres Autors gleichzusetzen. Um dies zu vermeiden, kann lediglich ein Blick in die Biographie Bernhards, sowie seine Selbstaussagen in Interviews Aufschluss darüber geben, welche politischen Einstellungen er hatte. Diese Erkenntnisse zu verifizieren, ist äußert schwer. Deswegen werden im Folgenden die Texte und deren Inhalte im Vordergrund stehen.

Um die Entfaltung des politischen Raums auf der Textebene der Dramen zu analysieren, muss nach mehreren Gesichtspunkten unterschieden werden. Zunächst muss geklärt werden, welche Stoffe bzw. Themen der Autor bearbeitet. Dies ist bereits angesprochen worden: Thomas Bernhards Stücke befassen sich stets mit der Gegenwart des Autors selbst. Sie sind insofern zeitgenössisch-historisch. Die behandelten Themen sind Vergangenheitsbewältigung und die damit einhergehenden Probleme wie Realitätsverlust oder Zukunftsängste. Die Perspektive ist dabei nicht einheitlich gewählt. In *Vor dem Ruhestand* und in gewisser Weise auch in *A Doda* wird der Fokus auf die Täter-Sicht gelegt, während in *Heldenplatz* die Opferperspektive einer jüdischen Familie vorherrscht und in *Der deutsche Mittagstisch* eine kaum auszudifferenzierende Perspektive zu konstatieren ist. Wertungen außerhalb der Figurenperspektiven sind insbesondere in Form von Regieanweisungen zu finden. Bezüglich *Der deutsche Mittagstisch* bleiben die Regieanweisungen jedoch fast wertfrei und es finden sich keine Urteile über das Verhalten der im Text agierenden Figuren und deren Standpunkt zur NS-Problematik.

Ein weiterer Aspekt, den es zu betrachten gilt, sind die Figurenkonstellationen und die sich daraus ergebenden Konfliktparteien in den einzelnen Stücken. Auf die zu klärende Frage von Pro- und Antagonisten wurde bereits hingewiesen. Während sich in *Vor dem Ruhestand* eine relativ klare Aufteilung der Figuren in „gut und böse“ vornehmen lässt, gestaltet sich dies in *Heldenplatz* schon schwieriger. Die Tendenz zum Monolog-Stil trägt ferner dazu bei, dass Widerworte kaum wahrzunehmen sind und dadurch Antagonisten weniger in Erscheinung treten können. Der Höhepunkt der Verschmelzung von gegnerischen Positionen stellt die scheinbare Diskussion am Ende von *Heldenplatz* dar, in der sich alle Figuren argumentativ annähern und wie eine große Masse – gleich dem Heldenplatzgeschrei – ihre Vorurteile ausrufen. In diesem Zusammenhang muss auch näher betrachtet werden, welche Diskurse in den einzelnen Stücken von den Figuren angesprochen und „bearbeitet" werden. Ein grundlegender Diskussionspunkt ist die im zweiten Teil dieser Arbeit vorgenommene Analyse des Medienkomplexes. Weiterhin wird es um Bilder von Vergangenheit und Zukunft gehen, beispielsweise auch um das Bild der Wiener Juden oder jenes der Politiker der Zweiten Republik Ende der Achtziger Jahre.

Für die Untersuchung dieses politischen Raums im Text ist die Figuren-Rede der Ausgangspunkt der Analyse. Anhand des Dramentextes können Handlungsmotive der Figuren, deren Habitus, inszenierte Affekte und Interpretationsmöglichkeiten aufgezeigt werden. Das Gesamtbild dieser verschiedenen Komponenten soll helfen, das Politische und die Geschichtsbilder im dramatischen Spätwerk Thomas Bernhards genauer zu bestimmen.

3.4 *Geschichte und Politik als Thema in Thomas Bernhards Stücken - Analyse*

3.4.1 *Geschichte als Familiendrama - Der deutsche Mittagstisch*

Dieses Kurzdrama von 1978 trägt den Untertitel: „Eine Tragödie für ein Burgtheatergastspiel in Deutschland“ (DdM: 107). Hier wird gleich auf mehreren Ebenen Ironie eingesetzt. Zum Einen in der Bezeichnung Tragödie, worauf später eingegangen werden soll. Weiterhin in Bezug auf das Burgtheater, das dieses Kürzestdrama als Gastspiel in Deutschland geben solle, um der Bestimmung des Textes gerecht zu werden. Dem Text wird scheinbar eine große Bedeutung beigemessen, wenn er sich selbst als Bestandteil des Burgtheaterrepertoires sieht. Auch die Tatsache, dass es sich um ein Gastspiel in Deutschland handelt, weist das Werk als bedeutsam aus. Im Grunde wirkt diese Unterschrift wie eine Parodie auf den Anspruch eines Staatstheaters, dessen Aufgabe es letztlich sein will, Menschen Kultur näher zu bringen und dabei selbst zeitkritisch zu sein. Mit anderen Worten würde also das österreichische Staatstheater mit diesem Stück – zumindest dem Titel nach zu urteilen – Kritik an den Essgewohnheiten der Deutschen üben, was an für sich schon ungewöhnlich ist. Je nach Betrachtungsweise wäre es entweder eine Unverschämtheit oder ein gelungener Witz.

Thomas Bernhard lasst auch in diesem Text die Grenzen zwischen Komik und Ernst verschwimmen. In seinem kurzen Vorwort zu diesem Dramolett berichtet Bernhard über die Entstehung des Textes folgendes:

> Ich habe den ganzen Tag gefaulenzt und nichts getan und wie ich vor einer halben Stunden nach Hause gekommen bin, habe ich [...] die Gelegenheit ergriffen, wenigstens dieses deutsche Silvesterdrama zu schreiben. Ich hatte genau siebzehn Minuten dafür gebraucht. Ich hoffe sehr, mit diesem Drama endlich ein solches für alle Deutschen geschrieben zu haben. Wie Sie wissen, bestätigt die Regel die Ausnahme.[241]

Sicher schwingt in diesen Sätzen die Koketterie der Selbstdarstellung des Autors mit; dass man diesen Ausführungen Glauben schenken darf, muss angezweifelt werden. Es sei aber darauf verwiesen, dass dieses Drama eines für alle Deutschen sein solle, und, dass die Regel die Ausnahme bestätige. Hier wird also offensichtlich darauf angespielt, dass alle Deutschen mit diesem Text etwas anzufangen wissen müssten. Die Regel, in diesem Falle der ideologisch im Nationalsozialismus verhaftete Deutsche, benötigt die Ausnahme, den Dissidenten, einzig als Projektionsfläche und kontrastiven Bezugspunkt. Und wenn die Regel die Ausnahme bestätigt, und nicht umgekehrt, so wird die Ausnahme gewissermaßen liquidiert.

---

[241] Zitiert nach DITTMAR: Werkgeschichte [wie Anm. 81], S.204.

Der Text beginnt mit den aufbrausenden Worten „Ihr müßt euch Zeit nehmen" (DdM: 109). Man fragt sich, wofür? „Zum Essen" (DdM: 109). Wie sich kurz darauf zeigt, ist die zu verspeisende Suppe verseucht von „Nazis". Das Sich-Zeit-Nehmen hieße also, sich Zeit zu nehmen, um die „Nazis" zu verzehren, also auch um den Nationalsozialismus zu verstehen.[242] Es ist nun fraglich, ob dieses Verstehen sich auf die Perspektive der Nachgeborenen bezieht, ob es darum geht, die schrecklichen Gräueltaten der Nationalsozialisten zu begreifen, damit sich solche nicht wiederholen können, oder ob es schlichtweg darum geht, den Familienmitgliedern die Nazi-Ideologie gewissermaßen einzuimpfen, indem man sie mit der Suppe füttert.

Mit dem Aufgreifen des Mutter-Topos („Denkt an eure Mutter..." DdM: 109) wird auf die Eltern-Generation verwiesen, und damit auch auf die Vergangenheitsproblematik in der deutschen Geschichte. Es klingt fast so, als solle es heißen: denkt an eure Mutter, nehmt euch Zeit für das Essen, denn eure Mütter haben das nicht getan und mussten es „büßen". Gerade bei einer Suppe ist die Gefahr groß, dass sie einfach verschlungen wird, ohne dass man wirklich etwas davon schmeckt. Auch wird kein einziges Mal gesagt, wonach die Suppe schmeckt, stattdessen „findet einer einen Nazi in der/ Suppe" (DdM: 113). Das ist wie das berühmte Haar, welches einem den Appetit verderben kann. Der „Nazi" steht für die Vergiftung der „guten alten Nudelsuppe" (DdM: 113)[243]. Da die Nationalsozialisten aber so sehr das Deutschtum hochhielten, morden sie sich quasi selbst, oder zumindest doch einen Teil ihrer Identität. Anders herum betrachtet, bedeutet dies, dass wirklich alles, selbst die profane Nudelsuppe, vom Nationalsozialismus durchdrungen und damit verdorben ist.

Diese skurrile Szene mit einer fast hundertköpfigen Familie an einem Mittagstisch ist bildlich schon ziemlich überspitzt dargestellt und bühnentechnisch kaum zu realisieren. Dennoch versucht die Szene ein Bild entstehen zu lassen, wie es tagtäglich möglich wäre: die Auseinandersetzung um die Vergangenheit entbrennt, als alle Familienmitglieder zusammen kommen. Der Rechtfertigungsdruck der Eltern Bernhard – diese Namensgleichheit kann als Selbstironie gelten – vor ihren Kindern und Enkeln wird so groß, dass sie sich dagegen wehren, mit ihrer Vergangenheit konfrontiert zu werden, doch der Verdrängungsmechanismus wird durch die „Nazis" in der Suppe zunichte gemacht.[244] Das Resultat, wie in vielen Bernhard-Stücken, die sich dieser Verdrängungsproblematik widmen, ist der Tod: die Mutter wird von der gesamten Familie erwürgt. Auch in *Vor dem Ruhestand* und *Heldenplatz* endet die Auseinandersetzung mit der NS-Vergangenheit mit dem Tod. „In allen Fällen steht hinter dem Tod der Nationalsozialismus

---

[242] Insofern steht diese deutsche Familie auch für die „Volksgemeinschaft", die den Nationalsozialismus „verdauen" muss. Die Zeit, welche die Mutter zum Verdauen der NS-Problematik einfordert, ist jedoch bereits abgelaufen. Jedenfalls suggeriert dies Bernhards drastische Darstellungsweise, die geradezu eine Diskussion herausfordert.

[243] Vgl. auch KRAMMER, Stefan: „redet nicht von Schweigen..." Zu einer Semiotik des Schweigens im dramatischen Werk Thomas Bernhards, Würzburg 2003, S.169.

[244] Vgl. ebd.

als Motiv für den Untergang."[245] Steht dieses Bild möglicherweise für die Ansicht, dass sich die Vergangenheitsproblematik erst durch den Tod einer ganzen Generation, nämlich jener der NS-Täter, erledigen könnte? Naturgemäß wäre dies die einfachste und bequemste Lösung, von der sich einige erhofften, sie könne eine ernsthafte Auseinandersetzung mit den Folgen des Nationalsozialismus ersetzen.

Die Mutter, Frau Bernhard, ist die einzige ambivalent angelegte Figur des Textes. Einerseits produziert sie jeden Tag die „Nazisuppe", weil es ja keine Nudeln mehr zu kaufen gibt, wie sie beklagt. Andererseits ist sie die einzige in der Familie, die ironischerweise stellvertretend für die Nachgeborenen-Generation anklagt: „Schließlich habt ihr ja alle/ den Nationalsozialismus mit/ dem Löffel gegessen" (DdM: 113). Dieses Bild erinnert daran, den Nationalsozialismus mit der Muttermilch eingesogen zu haben.[246] Letztlich töten alle die Mutter, und damit nicht nur die Köchin der „Nazisuppe", sondern auch die offensichtlich unbequeme Stimme, die den nie verklingenden Vorwurf ertönen lässt, die Frage nach der Selbstschuld zu stellen. In dieser deutschen Familie ist also die Vergangenheit noch lange nicht aufgearbeitet. Die Mutter ist das deutsche Gewissen. Doch diese Diagnose ist nur teilweise haltbar, denn Frau Bernhards Rede wird auch ironisiert. „Mein Gott wie ich mich/ schäme/ Wie Scheel" (DdM: 112). Man darf davon ausgehen, dass dieser Vergleich nur ein scheinbarer und schlechter zudem ist, denn Walter Scheels Scham über seine nationalsozialistische Vergangenheit hielt sich bekanntermaßen in Grenzen. Ebenso wie die von Carl Carstens, den die jüngste Urenkelin laut ins Spiel bringt. Übrigens ist es erstaunlich, dass diese zwei Einschübe von den beiden einzigen weiblichen Figuren vorgenommen werden. Ist dies Indiz für das spezifisch weibliche Gewissen oder purer Zufall? Ein typisches Frauenbild wird auch mit Frau Bernhards Äußerung „Hört auf mit der Politik/ eßt die Suppe" (DdM: 111) gezeichnet. Jedoch verkehrt sich der vermeintlich harmlose Satz, wenn man sich vor Augen führt, dass die Suppe am Tisch ja eine „Nazisuppe" ist, und die Familie bestimmend aufgefordert wird, diese zu essen. Sie „infizieren" sich dadurch also noch mehr mit der „Nazi-Problematik".

Interessant ist auch die Anmerkung des Autors an den Namen Scheel und Carstens: „Oder ein anderer entsprechender Bundespräsident" (DdM: 112). Dieser Seitenhieb macht überdeutlich, dass der Nationalsozialismus in Deutschland noch lange nicht tot war.[247] KRAMMER hat darauf hingewiesen, dass sich Bern-

---

[245] Ebd., S.170.

[246] Vgl. GÖTZ VON OLENHUSEN, Irmtraud: „Nazisuppe" oder: Pathologie der Erinnerung. Thomas Bernhards Dramen und die Geschichtskultur. In: SCHÖSSLER, Franziska u. VILLINGER, Ingeborg (Hrsg.): Politik und Medien bei Thomas Bernhard, Würzburg 2002, S. 230-245, [hier S.233].

[247] Einen ähnlichen Effekt hat das Wortspiel Urenkel vs. Ururenkel (DdM: 111). Die Austauschbarkeit der Ahnen verbunden mit der nationalsozialistischen Gesinnung des jeweiligen Bundespräsidenten lässt wenig Hoffnung auf Besserung und ein Wegkommen von der Vergangenheit.

hard durch die Namensgebung der Familie selbst mit in den Komplex der Erinnerungsproblematik einbezieht, und dass er diesen auch deshalb explizit auf Deutschland bezieht, weil die Diskussion um die deutsche Vergangenheit im Gegensatz zu der in Österreich bereits an der Tagesordnung war.[248]

Somit wird auch das folgende Bild erklärbar: solange Herr Bernhard die „deutsche Vaternazihose" (DdM: 112) anhat, und es statt Nudeln nur Nazis zu kaufen gibt, wird sich an der Gesinnung der Deutschen nichts ändern können. Ob der Tod der Mutter daran etwas ändern wird, bleibt fraglich. Im Grunde ist die kollektive Aggression gegen die Mutter am Schluss des Textes vergleichbar mit jener, die sich während des Nationalsozialismus gegen Juden zeigte.

Die kurze Szene ist aufgeladen von politischer Provokation und beißendem Spott: „Die Deutschen sind alle Nazis" (DdM: 111). Der Text verschließt sich einer eindeutigen Interpretation je weiter man sich ihm nähert. Daher soll dieser kurze Abriss vor allem als Einstieg in den Geschichtsbilder-Komplex bei Bernhard dienen, der an den folgenden Stücken diskutiert wird. Ein späteres Kurzdrama Bernhards zu diesem Komplex weist eine andere Struktur und damit eine subtilere Vermittlung der Botschaft auf.

3.4.2 Geschichte als Anekdote – A Doda

Das 1980 verfasste Kurzdrama gleicht einem Sketch; die Pointe, dass es sich bei dem vermeintlichen Toten am Straßenrand um ein Bündel von Plakaten handelt, trifft den Leser bzw. Zuschauer überraschend. Allein die Tatsache, dass die beiden Figuren, zwei fromme Bäuerinnen, enttäuscht feststellen, dass es sich gar nicht um eine Leiche handelt, lässt schon schmunzeln. In Kombination mit den Regieanweisungen wirkt der gesprochene Dialekt noch komischer, sodass die beiden Frauenfiguren fast satirisch gezeichnet sind. Ihr bayerischer Dialekt, die Trachtenkleidung und die Tatsache, dass sie abends aus der Messe kommen, verweisen auf eine bäuerlich-ländliche Herkunft. An einer schier unbefahrenen Straße glauben sie sich dennoch in Gefahr, was die Regieanweisung verdeutlicht: „*sie schaut sich um, ob auch kein Auto kommt und sie vielleicht umfahren könnte beide*" (AD: 15, Hervorhebung im Original). Mit Ironie heißt eine folgende Regieanweisung: „*sie packt ihre Begleiterin und stürzt mit ihr mutig zu dem Toten hin* [...]" (AD: 15).

Zunächst also mit einem Schaudern nähern sie sich der scheinbaren Leiche und verlieren jedes Zögern, als sich herausstellt, dass es sich um Plakate mit Hakenkreuzen darauf handelt, die der Mann der ersten Frau verloren hat. Die erste Frau schilt ihren Mann: „A so a Depp mei Mo/ valiert er de Plakade/ wo i eahm gsagd hab/ er soi s recht festbindn auf n Moped" (AD: 17). Die Plakate wollte der Mann „in da Nacht [oschlagn]" (AD: 17), heimlich also. Zwar überrascht, aber nicht ablehnend, reagiert die zweite Frau: „na so was/ lauta Hakenkreuzplakade/ und mia ham gmoant/ a Doda is" (AD: 17). Die Tatsache, dass jemand

[248] Vgl. KRAMMER: Semiotik des Schweigens [wie Anm. 243], S.171.

Hakenkreuzplakate in Umlauf bringen will, scheint also auch die zweite Frau nicht zu verwundern oder gar zu stören. Stattdessen ist sie enttäuscht darüber, dass sich der Tote als Bündel Papier entpuppt. Die Brisanz des Papiers wird der zweiten Frau nicht bewusst. Ferner wird diese von der ersten Frau nicht nur buchstäblich sondern auch metaphorisch an die Hand genommen, indem diese sie auffordert: „nehman S de Plakade/ nehman Ses da/ nehman Ses" (AD: 17). Kommentarlos tut die zweite Frau, was man ihr aufträgt. Währenddessen lamentiert die erste Frau über ihren Mann und problematisiert das Heimtragen der Plakatrolle. „Und in da Nacht/ pick i de Plakade selber überoi nauf" (AD: 19). Die harmlos erschienene Frau entpuppt sich als Anhängerin faschistischen Gedankengutes. Doch auch die zweite Frau scheint mit dem Nationalsozialismus zu sympathisieren, da sie weder in der Figurenrede noch durch die Regieanweisungen kontra gibt. Sie wird von der ersten bevormundet und steht für den Typ des Mitläufers in totalitären Regimen. Auch der Satz „Gebn S ma ruhig s Betbuach/ des trag i scho" (AD: 19) hat steuernde Funktion. Symbolisch aufgeladen ist das Gebetbuch, das einem Christen Halt geben soll. Ein Aus-der-Hand-Geben zum Zweck, etwas anderes tragen zu können, bedeutet hier eine fatale Hilfe.[249] Dennoch sehen die beiden Frauen nichts Besonderes darin, dass sie mit Hakenkreuzplakaten konfrontiert werden. Vielmehr ist die Tatsache, dass sie doch keinen Toten gefunden haben, weitaus verwunderlicher. Daran ist zu erkennen, dass das Denken der Figuren beschränkt ist. Einerseits denken sie in einfachen Kategorien wie der Gefahr vom Auto überfahren zu werden, was jedoch angesichts der unbefahrenen Landstraße unbegründet ist. Andererseits legt die erste Frau politisches Verhalten an den Tag, indem sie mit dem Nationalsozialismus sympathisiert und heimlich nachts die Plakate aufhängen will. Damit beweist sie selbst, dass sie etwas Verbotenes tun will, denn warum sonst sollte man die Plakate in der Nacht anbringen?

Es scheint fast, als hätten die zwei Frauen einen Schatz gefunden, den sie verschwörerisch davontragen. Die Wandlung von der vermeintlichen Leiche hin zum scheinbar harmlosen Plakatbündel verleiht dem Dramolett etwas Anekdotenhaftes. Keine der Figuren reflektiert über die Geschehnisse oder die Symbolik des Hakenkreuzes, dieses wird stattdessen fast erleichtert aufgenommen. Der Realitätsverlust ist perfekt. Das Bündel Plakate kommt gewissermaßen wie eine Erlösung daher. Der „dumme Mann" hat es verloren, nun muss die Frau die Sache in die Hand nehmen. Bemerkenswert ist dabei in der Tat, dass die Frau nun zu handeln beginnt. Bekanntermaßen sind in Bernhards Texten die Frauen vielfach negativ gezeichnet, oft sogar schwach und ohne die Männer nicht lebensfähig. Hier ist es genau umgekehrt: die Frau muss aktiv werden, weil der Mann zu nachlässig ist.

Eine ähnliche Konstellation zweier Frauen findet sich auch in *Vor dem Ruhestand* in Gestalt der Schwestern Clara und Vera. Es geht bei dieser Figurenkonstellation offensichtlich um die Darstellung von Machtverhältnissen und Oppo-

[249] Gleichsam stellt dies auch ein Ablegen der christlichen Werte dar.

sition. Im Falle von *A Doda* sind die Befindlichkeiten der Figuren weniger stark herausgearbeitet. Vielmehr wird mit dem Topos des Volksstückes gespielt, wobei schließlich nicht nur die provinzielle Denkweise der Figuren entlarvt wird, sondern plötzlich auch eine politische Komponente aufscheint. Vor der ländlichen Kulisse bildet Bernhards Kurzdrama die latente Hinwendung zum Nationalsozialismus ab. „Was zunächst unter dem Deckmantel des Katholizismus verschleiert wird, entpuppt sich als Nationalsozialismus."[250] Damit findet sich selbst in diesem Kurzdrama die Verbindung von Nationalsozialismus und Katholizismus, die Bernhard immer wieder als spezifisch österreichisch charakterisiert hat.[251] Auch in diesem Werk gewinnt man als Leser das Gefühl, dass der Nationalsozialismus allgegenwärtig und schier unbezwingbar ist. An keiner Stelle kommt es von Seiten der Figuren zu einer Reflexion von Geschichte. Die einzige wertende Instanz dieses kurzen Dialoges stellen die Regieanweisungen dar, denn sie zeigen die Unzulänglichkeiten der Figuren.

Wichtig ist, an dieser Stelle festzuhalten, dass ein Toter am Straßenrand mehr Aufsehen erregt als eine Rolle mit Hakenkreuzplakaten. Geschichte wird hier also nicht als Prozess des politisch-gesellschaftlichen Geschehens begriffen, sondern als Kategorie an keiner Stelle thematisiert. Der Text zeigt einen Ist-Zustand, er versteht sich als ein ungeschöntes, wenn auch pointiertes Abbild der Realität in Oberbayern. Alles ist darauf angelegt, zu zeigen, dass die Zeit offenbar stehen geblieben ist, sich der geschichtliche Prozess also weder in der dargestellten Realität noch in den Köpfen der Figuren vollzieht bzw. vollzogen hat. Das Erschreckende daran ist, ganz gleich wie unwahrscheinlich diese Diagnose sein mag, dass die Figuren fast völlig emotionslos mit den Hakenkreuzen umgehen. Nach der Verwunderung über den Fund stellt sich keine kritische Reflexion der Frauen ein. Zwar deutet im Stück nichts auf eine konkret gemeinte Zeit hin, doch kann davon ausgegangen werden, dass es sich um die Entstehungszeit des Textes, also um das Jahr 1980, handelt. Dass Bernhards Werk ab 1979/80 eine besonders intensive Auseinandersetzung mit dem latenten Nationalsozialismus jener Zeit aufweist, lässt diesen Schluss naheliegend erscheinen. Gleichwohl ist dieses Abbild eines gesellschaftlichen Zustandes wie ihn Bernhard konstatiert weniger grotesk-satirisch als jenes in *Der deutsche Mittagstisch*. Damit weist *A Doda* eine größere Nähe zu *Vor dem Ruhestand* auf, was im Folgenden untersucht werden soll.

---

[250] Krammer: Semiotik des Schweigens [wie Anm. 243], S.179.

[251] Vgl. ebd., S.179f.

3.4.3 Geschichte als Rollenspiel - Vor dem Ruhestand

Bereits der Titel dieses Stückes verweist disparat auf etwas, das man im Text vergeblich suchen und nicht finden wird: die Ruhe. Sie wird weder vor dem Ruhestand, noch nach diesem eintreten, weil die Gegenwart eine andere ist, als die, welche die Figuren mit dem Ideal vergangener Zeiten verbinden. So gesehen ist ihr Sehnen nach innerem Frieden illusorisch. Nicht einmal der Tod am Ende bringt sie diesem Sehnen näher, das Gegenteil ist der Fall.

Doch zunächst zu den Formalien des Stückes: Die drei Hauptfiguren Rudolf, Vera und Clara bilden eine Familie, sie sind Geschwister, deren Beziehungen zueinander wie stets bei Bernhard von Machtkonstellationen geprägt sind. Uns wird ein scheinbares Familienidyll vorgeführt, das bereits im zweiten Satz des Stückes brüchig wird:

> VERA *schließt die Tür links:* Sie ist weg
> CLARA *im Rollstuhl, Strümpfe ihres Bruders Rudolf stopfend:* Bist du auch sicher (VdR: 33)

Man ahnt an dieser Stelle, dass im Hause Höller etwas vor sich geht, das unentdeckt bleiben soll. Perfiderweise scheint es aber sogar so zu sein, dass sich die beiden Frauen durchaus bewusst sind, mit der Vorbereitung zu Heinrich Himmlers Geburtstagsfeier etwas moralisch Fragwürdiges zu tun. Sonst würden sie kaum derart geheimnisvoll tun. Der folgende Dialog erschließt auch, dass es sich nicht um eine harmlose Überraschung für das kurz vor Einstieg der Dramenhandlung weggeschickte Dienstmädchen handelt. Das Spiel beginnt also schon vor dem eigentlichen Drama, das später auf „Anordnung" des Bruders Rudolf inszeniert werden soll. Denn nichts anderes ist es ja, was die drei Geschwister tun, indem sie alljährlich den Geburtstag Heinrich Himmlers feiern und seiner gedenken, sowie dem Nationalsozialismus huldigen.

Auf das theatrale Moment und den kultischen Charakter der Vorbereitung dieser Feier hat schon SCHMIDT-DENGLER hingewiesen. In vielen Stücken Bernhards finden sich lange Ankleidungsszenen mit Expositionscharakter, welche die Texte zu wahren „Investiturkomödien" machen.[252] Wie wir später noch sehen werden, findet sich in der ersten Szene von *Heldenplatz* eine Variante dieses Musters von Einkleidungsszene, denn in diesem Falle werden die Kleider schon am Beginn des Spiels nicht nur abgelegt, sondern ausgesondert. Im Fall von *Vor dem Ruhestand* kommt es erst zum Ende des Stückes zur finalen Entkleidung, begründet durch den Zusammenbruch Rudolfs. Die Maskerade fällt, das Spiel ist aus, der Hauptdarsteller vermutlich tot.

Zunächst geht es aber darum, das Spiel zu inszenieren und letztlich zu leben. Die Thematisierung der Verbrechen des Nationalsozialismus kommt dabei er-

---

[252] Vgl. SCHMIDT-DENGLER, Wendelin: „Komödientragödien". Zum dramatischen Spätwerk Bernhards. In: GEBESMAIR, Franz u.a. (Hrsg.): Bernhard-Tage Ohlsdorf 1994, Weitra 1994, S.74-98, [hier S.88].

wartungsgemäß nicht vor. Stattdessen verteidigt sich der Hauptakteur Rudolf Höller mit „aber ich habe kein schlechtes Gewissen" oder „Ich habe nur meine Pflicht getan." (VdR: 62) Mit „was ich getan habe dazu war ich gezwungen" (VdR: 77) rechtfertigt er seine Tätigkeit als Lagerkommandant wie eine Rolle, die man ihm aufgezwungen hätte.

Dieses Verhalten kann als typisches Beispiel von Verdrängung gelten. Indem sich jemand selbst etwas anderes als die Wahrheit einredet, gelingt es ihm, sich der Notwendigkeit der Reflexion zu entziehen. Obwohl man meinen könnte, die Höllers seien in ihrem Spiel komplett gefangen und unfähig zur Reflexion, wird sehr rasch deutlich, dass sie sich des Spiels durchaus bewusst sind. Vera entschuldigt ihre Aufregung vor der Schwester und versucht die Wichtigkeit dieses Abends und damit des Spiels zu unterstreichen:

> Es ist Rudolfs Wahn/ den Tag zu feiern [...] Natürlich ist es eine Verrücktheit/ daß er daran festhält/ aber warum sollte ich ihm das Spiel verderben/ Wir müssen zu ihm halten/ wer weiß was noch kommt/ Wir sind eine Verschwörung/ wenn es ihm so viel gibt (VdR: 36).

Diese ambivalente Meinung lässt auch Rückschlüsse über den Charakter Veras zu. Sie ist emotional abhängig von Rudolf und tut ihm auch abstruse Dinge zu Gefallen wie dieses „alljährliche Theater". Auf diese Weise ist jede der drei Figuren ein Einzelspieler: Rudolf als unentdeckter Anhänger des Nationalsozialismus, der in seinem ideologischen Wahn Himmler zu einem „Übermenschen" stilisiert und ihn verherrlicht. Vera, deren Bruderliebe groteske Züge angenommen hat und die von ihrer Schwester mit den Worten „[a]ber die Perversität von dir ist viel größer/ als die von Rudolf" (VdR: 36) bedacht wird. Schließlich Clara, die als „verkrachte" Antagonistin ironischerweise im Rollstuhl sitzt und scheinbar in kaum einer Weise Widerstand zu leisten imstande ist. Der einzige Punkt, an dem sie sich begegnen, ist ihre Haltung zur Geburtstagsfeier für Himmler.

Diese Tatsache scheint auf ein generelles Thema bei Bernhard hinzuweisen, das über den politischen Diskurs und Zeitbezug hinausweist, sich seine Gültigkeit also bis heute bewahrt hat. Gemeint ist die Abhängigkeit der Figuren voneinander, sowie ihr Einzelkämpferdasein. Wenn eine Konversation zustande kommt, und das tut sie zwangsläufig, denn Bernhards Stücke sind bekanntermaßen oft handlungsarm, reden die Figuren meist aneinander vorbei, oder es ist von vornherein klar, dass es nicht zu einer Meinungsänderung am Ende einer Diskussion kommt.

Das bereits angesprochene Motiv mangelnder Reflexion bestimmt alle drei Hauptfiguren des Dramas, deren Beziehung zueinander als äußerst schwierig gelten kann. Zwar bilden sie scheinbar und nach außen hin eine Familie, bei genauerer Betrachtung entpuppt sich aber jede der Figuren als Einzelkämpfer, die gegen den Spielpartner agiert. Vera ist im Kampf mit Clara, die sie für das Spiel vergeblich auf ihre Seite zu ziehen sucht. Einerseits beschimpft sie Clara, dann umgarnt sie sie. Clara wiederum agiert oppositionell zur Ideologie, die Rudolf und Vera vertreten. Und selbst Rudolf ist in gewisser Weise isoliert, weil er als Lagerkommandant im Nationalsozialismus aktiv war und sich nun mittels Schuldzurückweisung „reinwaschen" muss. Am Ende des Stückes wird er seiner Rolle als Hausherr und Machtfaktor gerecht: „Das bestimme ich/ was zu weit geht" (VdR: 112). In seinem Fanatismus bezüglich der Verteidigung der NS-Ideologie stellt er sich zum Schluss des Stückes überdeutlich als Einzelkämpfer dar. Die ambivalente Figurenkonstellation, die stets zwischen Autonomie und Zweckbindung, zwischen Isolation und Gemeinschaftlichkeit schwankt, kann als bildhaftes Gleichnis auch auf den historischen Prozess angewendet werden. Die drei Protagonisten sind sowohl in ihrer gesellschaftlichen Beziehung zueinander gebunden als auch in der historischen Entwicklung. Geschichte und Gesellschaft determinieren sie gleichermaßen und lassen eine Loslösung aus den Lebensumständen nicht zu.[253] Ihr Scheitern an der Emanzipation steht sinnbildlich für die Nichtheraustrennbarkeit aus dem Geschichtsprozess.

Die Geschwisterbeziehung besteht dabei einerseits auf der Ebene der Realität und andererseits auf jener des Rollenspiels.[254] In beiden Fällen wird sie durch die Autonomie der Figuren unterlaufen, beispielsweise in den Auseinandersetzungen Veras mit Clara, oder in deren Schweigen. Die einzige feste Verbindung ist die inzestuöse Liebe zwischen Vera und Rudolf. Dadurch wird Clara, die ja ohnehin schon durch ihre körperliche Beeinträchtigung isoliert ist, zusätzlich ausgeschlossen. Die Konfliktparteien stehen sich doppelt gegenüber: einerseits im Verteidigen der verbotenen Liebe, anderseits im Befürworten der NS-Ideologie, die mit dem Inszenieren von Himmlers Geburtstag ihren alljährlichen Höhepunkt findet.

Die Kommunikation der Geschwister untereinander ist Abbild einer von der Vergangenheit geprägten, äußerst problematischen Beziehung. Wie KRAMMER angemerkt hat, sind die wenigen Widerworte Claras durchaus als Opposition zu Vera und Rudolf zu verstehen[255], sie werden jedoch entweder ignoriert oder für nichtig erklärt: „Es ist ja alles nicht ernst zu nehmen was sie sagt" (VdR: 83). Bezüglich der Wirksamkeit ihrer Worte ist Claras verbale Opposition kaum ernst zu nehmen, da sie einzig durch ihr Schweigen etwas erreicht; am Ende sogar den Zusammenbruch des Bruders. Gleichwohl ist Clara diejenige Figur, die gewissermaßen als typische Antagonistin gelten kann. Sie weicht nicht nur in ihren

---

[253] Clara ist an den Rollstuhl gefesselt und auf die Versorgung durch die Geschwister angewiesen. Vera sympathisiert mit dem Nationalsozialismus und ist emotional von ihrem Bruder abhängig. Rudolf lebt schließlich in der Spannung aus NS-Vergangenheit und bundesrepublikanischer Nachkriegskarriere. Für alle Beteiligten wäre die Auflösung dieser Geschwisterkonstellation äußert problematisch und wird daher als unmöglich angesehen.

[254] HÖLLER verweist bezüglich der Figurenkonstellationen sogar auf zwei verschiedene Rollenspiele, einerseits das tatsächliche Spiel anlässlich des Geburtstagsfestes und andererseits die Rollenfixiertheit der drei Geschwister im realen Leben, die seit der Kindheit bestehen. Vgl. HÖLLER, Hans: Thomas Bernhard: Vor dem Ruhestand. Eine Komödie von deutscher Seele. In: Interpretationen: Dramen des 20. Jahrhunderts. Bd.2, Stuttgart 1996, S.239-259, [hier S.247].

[255] Vgl. KRAMMER: Semiotik des Schweigens [wie Anm. 243], S.120.

Ansichten von denen der Geschwister ab, auch ihr Handeln entspricht ihrer oppositionellen Haltung. Damit wird gleichsam nicht nur den Figuren Vera und Rudolf eine Antagonistin entgegengestellt, sondern auf einer weiteren Ebene verdeutlicht, dass es im Nachkriegsdeutschland auch kritische Stimmen gibt, die das Verschweigen der Schuld und die damit einhergehende „Reinwaschung" nicht hinnehmen wollen.

Neben diesem deutlichen Antagonismus muss festgestellt werden, dass auch die anderen Figuren gegen ihre Mitspieler agieren. Clara durchschaut Vera: „Du treibst dein Spiel/ gegen uns/ auch gegen Rudolf" (VdR: 17). Die Entgegnung wenig später von Vera: „Du bist wirklichkeitsfremd/ zersetzend/ undankbar" (VdR: 18). Vera postuliert eine andere Wirklichkeit für ihre Schwester, als die, welche sie selbst wahrnimmt. Allerdings bleibt festzuhalten, dass diese Wirklichkeit Veras sich auf den Nationalsozialismus als Ideal bezieht, also in der Vergangenheit angesiedelt ist. Clara wird damit zum Feindbild gemacht, denn gerade der Terminus ‚zersetzend' ist dem Vokabular der Nationalsozialisten entnommen. Die Rollenverteilung ist somit eindeutig, schon ehe das Spiel begonnen hat. Es gibt der nationalsozialistischen Ideologie entsprechend nur Gut oder Böse, Schwarz oder Weiß.

Dieses von Polarisierung bestimmte Denken zeigt sich auch auf der Ebene des Sprechens. Während den Figuren Vera und Rudolf in ihren Rollen die scheinbar nicht enden wollende Rede zugeteilt wird, muss sich Clara mit Schweigsamkeit begnügen. Schweigen wird in *Vor dem Ruhestand* jedoch als äußerst ambivalentes Mittel historischer Wirksamkeit vorgeführt. Reden dagegen wird zum Mittel der Auferstehung einer vergangenen Zeit, die von den Figuren Vera und Rudolf als ideal empfunden wurde. Indem die Höllers ein Fotoalbum anschauen und über die Vergangenheit reden wird diese gleichsam zur gespürten Gegenwart. Nicht genug damit, dass ihr Rollenspiel der NS-Zeit huldigt, das Erfreuen an den Bildern von damals tut dies auf einer zweiten Ebene. Die Künstlichkeit des Rollenspiels wird mittels der Fotos gewissermaßen „übertüncht"; sie füllen das Loch aus, das zwischen Spiel und Realität besteht. Das latente Bewusstsein für diese Diskrepanz zeigt sich – wie eingangs bereits angeführt – im Verlauf des Stückes immer wieder, wenn beispielsweise unerwartet die reale Umwelt thematisiert wird, so etwa, wenn es um den Bau einer Giftgasfabrik auf dem Nachbargrundstück geht.

Diese Diskrepanz kann im Grunde nur ausgeblendet und im Wortsinne „überspielt" werden. Die Höllers sind Verbündete. Es gibt zwei Gründe, welche die Geschwister zusammen halten. Einerseits der vorgeschobene: Rudolf und Vera behaupten nur deshalb ein Paar zu sein, weil sie die Schwester versorgen müssten. „Die Wahrheit ist/ daß wir uns für dich aufgeopfert haben" (VdR: 50). Andererseits ist es das perfide Spiel, das Rudolf und Vera dazu treibt, die hilflose Schwester zum Opfer zu machen. Sie brauchen eine Antagonistin, der sie die „Sträflingskleidung" überstreifen und die sie verbal „klein halten" können. Ebenso wie Clara mit ihrem Schweigen Macht ausübt, tut dies nämlich auch Vera durch Drohungen: „Wir könnten dich in einer Anstalt unterbringen“ (VdR: 50). Doch sie merkt auch, wie wenig ihre Drohungen bewirken.

> Im Grunde bist du die Stärkste von uns/ Du überlebst uns alle/ Ich bin sicher/ du überlebst uns alle [...] Du bist die Gesündeste/ das macht alles nur noch grotesker/ als es schon ist/ D u beherrschst uns/ nicht umgekehrt/ w i r sind die Hilfsbedürftigen/ nicht du (VdR: 51, Hervorhebung im Original, C.G.)

In diesen Sätzen schwingt offensichtlich die Opferthese vieler nach 1945 rehabilitierter Nationalsozialisten mit. Das verborgene schlechte Gewissen der Täter wird immer wieder mit den Anklagen derjenigen konfrontiert, die nicht begreifen können, wie Menschen ihr Leben nach einer solchen menschenverachtenden Ideologie ausrichten konnten.

Deutlich wird dabei, wie ernst das Spiel ist, und es zeigt vor allem auch eines: die Höllers können nur noch schwer zwischen Spiel und Wirklichkeit unterscheiden. Augenfällig wird dies beispielsweise darin, dass Vera die Schwester als Sozialistin bezeichnet und sagt: „dich hätten sie längst verhaftet/ eingesperrt abgeurteilt“ (VdR: 25). Zur Zeit des Nationalsozialismus mag dies sicher so gewesen sein, doch das Stück spielt in der Gegenwart Ende der Siebziger Jahre.[256] „Der Rollstuhl bewahrt dich/ vor dem Kerker“ (VdR: 25) ist zunächst der Gipfel von Veras Boshaftigkeit, wenngleich der Rollstuhl ja selbst eine Art Kerker ist. Seine Funktion als Requisit treibt Clara immer wieder ungewollt in die Rolle des Opfers, dessen Möglichkeiten zur Wehr begrenzt sind, was unter anderem auch an ihrer Sprache, der knappen Rede, deutlich wird. Doch eben die ist es, die Clara wiederum überlegen macht. „Ihr Schweigen überführt die Rede der Protagonisten der Hohlheit und Lüge.“[257] Clara wird damit zur Instanz der Wahrheit, indem sie als einzige nicht der NS-Ideologie huldigt und damit die Vergangenheit nicht verklärt.

Das Geschichtsbild der Figuren in diesem Stück ist geprägt von Verdrängung und Leugnung historischer Tatsachen. Die Figuren schaffen sich eine Welt fernab der Realität und prägen eine völlig eigene Sicht auf die nationalsozialistische Vergangenheit. Geschichte wird in zweifacher Form zur Gegenwart. Einerseits, indem die Vergangenheit nachgespielt und somit erneut zum Leben erweckt wird. Andererseits zeigt sich, dass Anhänger des Nationalsozialismus noch immer existieren und versteckt im Nachkriegsdeutschland (bzw. Österreich) leben. Der Fokus des Geschichtsbildes wird allerdings auf die Verdrängung gesetzt.

---

[256] An dieser Stelle sei vermerkt, dass in Österreich zwischen 1971 und 1983 die SPÖ mit einer absoluten Mehrheit regierte. Dennoch ist anzumerken, dass im Stück keine Angabe über den Ort des Geschehens gemacht wird. Einzig der Untertitel „Eine Komödie von deutscher Seele“ gibt Aufschluss über eine mögliche Lokalisierung, dann allerdings vermutlich in Deutschland. Bekanntermaßen wurde die Bundesrepublik zu dieser Zeit von der SPD regiert.

[257] SCHMIDT-DENGLER: Komödientragödien [wie Anm. 252], S.89.

Festzuhalten ist an dieser Stelle, dass die Geschichte von Anfang an verleugnet bzw. umgedeutet wird. Schon auf den ersten Seiten zeigt sich die Vorbereitung eines Rollenspiels, das auf eigenen Wahrheiten über die Geschichte fußt. Damit findet sich in Bernhards Aufarbeitung zu diesem Komplex ein neuartiger Ansatz, diese Problematik aufzugreifen. In *Vor dem Ruhestand* wird Geschichte als Spiel inszeniert, das wiederum vom Ernst der Gegenwart eingeholt wird. Dies ist insofern tragisch, als die Figuren des Stückes damit nicht rechnen und dies nicht für möglich halten. Die Figuren sind in ihren Rollen gefangen, was zur Folge hat, „dass sie die Fesseln nicht lösen können, obgleich sie sie erkennen“[258]. Darin liegt ihre Tragik, die auch in diesem Falle bei Bernhard dicht am Komödiantischen liegt.[259] Die Nicht-Herauslösbarkeit aus den Strukturen des Rollenspiels bedeutet ein Scheitern des Spieles. Das Spiel ist ebenfalls tradierte Familiengeschichte. Es versucht einen Teil der Vergangenheit zu beleben. Am Ende jedoch siegt die Gegenwart, der Vorhang fällt mit Höllers Zusammenbruch. Dies zeigt gleichsam die Übermacht der Geschichte, die bis in die Gegenwart reicht, und der man auch im Spiel nicht entfliehen kann.

Der Versuch, die nationalsozialistische Vergangenheit zu konservieren und als Rollenspiel künstlich zur Gegenwart zu machen, scheitert auch, weil die Zeitläufe nicht vollständig ausgeschaltet bzw. ignoriert werden können. Die Figuren leben in einer gegenwärtig gemachten Vergangenheit, die bestimmte historische Ereignisse wie beispielsweise das Ende des Nationalsozialismus zwar erlebt, aber fehlinterpretiert hat.

Geschichte wird unter der Prämisse, dass die Vergangenheit besser war, erzählt, und nicht unter dem Vorzeichen eines Prozesses der Veränderung. Jedweder Veränderung wird das Ideal des Vergangenen entgegengesetzt.

Dies geschieht unter Anderem bei Vera durch die Annahme des väterlichen Duktus. Sie ist daher als Figur nicht souverän (und bildet eine Parallelfigur zu Frau Zittel in *Heldenplatz*): „Durch ständiges Zitieren des Vaters erspart sie sich selbstständiges Denken und Widerrede.“[260] Darin ist ein Indiz für die Macht der Geschichte zu erkennen, die dem Individuum keinen Raum zur freien Entfaltung bietet. Wenn es darum geht, sich zu rechtfertigen, müssen die väterlichen Sentenzen herhalten, um die sich angeeignete Meinung zu untermauern.[261] Vera ist in diesem Sinne genauso gefangen wie Clara. Ihre Meinung ist fremdbestimmt, Clara ist körperlich gefesselt an den Rollstuhl. Wo Vera jedoch ihre Sprache nützt, um sich zu artikulieren, flüchtet sich Clara immer mehr in das Schweigen. Die Kontrastierung dieser Figurenkonstellation belegt einerseits, dass es in Bernhards Stücken sehr wohl Antagonisten gibt, zum Anderen kann sie als Beleg für den potenziellen Gegenpol zur Macht der Geschichte gelesen werden. Clara erreicht mit ihrem Schweigen genau das, was der Rezipient am wenigsten

---

[258] VON SCHILLING: Die Gegenwart der Vergangenheit [wie Anm. 46], S.145.

[259] Vgl. ebd.

[260] BACHA: Thomas Bernhards Auseinandersetzung mit dem Nationalsozialismus [wie Anm. 86], S.75.

[261] Vgl. ebd.

erwartet: Rudolfs Erregung führt zu einem Herzanfall. Ironischerweise steht sie mit ihrem Schweigen aber in Opposition zum gesellschaftlichen Schweigen bezogen auf die eigene Schuld an den Verbrechen des Nationalsozialismus. Beide Male ein Schweigen, aber doch in seiner Wirkung grundverschieden: Während Claras Schweigen zum Tode des Bruders und damit zur Erlösung von der NS-Ideologie führt, hat das allgemeine gesellschaftliche Schweigen nur negative Folgen, da Verbrechen ungesühnt bleiben und die Erinnerung an das Unrecht blockiert wird.

Die Gespräche kreisen im Wesentlichen darum, die Gegenwart zugunsten der Spielwirklichkeit auszusperren, um das verlorene Ideal des Nationalsozialismus ungestört schönreden zu können. Geschichte wird von den Figuren nicht als Prozess der Veränderung begriffen. Veränderung überhaupt scheint nicht statt zu finden. Die Figuren leben in einer Welt, „in der die Zeit stillsteht und es Geschichte, geschichtlichen Wandel nicht zu geben scheint."[262] Zwar werden Veränderungen im Leben der Figuren wahrgenommen, aber nicht als positive Weiterentwicklung betrachtet. Stattdessen wird jedes Fortschreiten an der Vergangenheit gemessen. Die Selbstverständlichkeit, mit der die Höllers die Unschuld Rudolfs durch dessen hohe Stellung begründen, ist Hinweis auf gedankliche Kontinuität nationalsozialistischer Ideologie über die tatsächlichen Wandlungen der Zeiten hinaus. Die Tatsache, dass Rudolf durch seine Tätigkeit als Gerichtspräsident die Macht hat, den geplanten Bau der Gasfabrik zu verhindern beweist, dass Höller trotz seiner nationalsozialistischen Vergangenheit völlig rehabilitiert ist. Sein bizarrer Lebenslauf klingt schier unbegreiflich. Der „Verbrecher", der sich nach dem Krieg mit Hilfe der Schwester zehn Jahre lang im Keller versteckt hielt, macht in der Bundesrepublik als Richter Karriere, und dies ohne jemals für seine Tätigkeit als Lagerkommandant bestraft worden zu sein. Doch damit nicht genug: Rudolf spielt sich als großer Retter auf, stellt sich auf eine Stufe mit seinem Idol Himmler. Insofern führt er nicht nur das Gedankengut des Nationalsozialismus weiter, sondern er handelt auch im Sinne der Ideologie. Dabei handelt Höller nicht uneigennützig, denn sein Interesse ist nicht wie vorgeschoben die Allgemeinheit, sondern, den Blick aus dem eigenen Fenster nicht verschandelt zu wissen. Kurz, sein Handeln ist auf den eigenen Vorteil bedacht. Insofern ist er ein Kleinbürger, der die vermeintlich großen Ideen des Nationalsozialismus mitunter nur vorschiebt, um sich selbst Vorteile verschaffen zu können. Seine Rolle des alternden Richters vor dem Ruhestand wird also erweitert durch die eines Egozentrikers, womit er gut in die Figurenkonstellation seiner Schwestern passt, die ja ebenfalls isoliert und zum Einzelkämpferdasein gezwungen sind.

---

[262] PIKULIK, Lothar: Heinar Kipphardt: Bruder Eichmann und Thomas Bernhard: Vor dem Ruhestand. In: DERS./ KURZENBERGER, Hajo/ GUNTERMANN, Georg (Hrsg.): Deutsche Gegenwartsdramatik, Band 1, Göttingen 1987, S.141-181, [hier S.176].

Ironischerweise verweist auch die Namensgebung des Protagonisten Höller auf eine Gegenüberstellung zu dessen Idol Himmler.[263] Schon dadurch wird Himmler zum Götzenbild stilisiert, das die Höllers benötigen, um aus ihrem als unbefriedigend erlebten Leben entfliehen zu können. Trotz der gesellschaftlichen Anerkennung, sind die Höllers unzufrieden mit der gesellschaftlichen und politischen Situation. Das Himmler-Idol wird ihnen zum Verführer. Um die irdische Hölle der Lebenswirklichkeit zu überwinden, versuchen die Höllers, sich in Scheinwelten zu flüchten, was als Übergangslösung dienen soll. Sie sind sich sicher, dass die Zeit kommen wird, in der sie sich zu ihren nationalsozialistischen Gedanken wieder frei bekennen können: „RUDOLF: Warte nur ab/ die Zeit kommt wo wir es wieder zeigen können" (VdR: 110).

Das fehlende Schuldeingeständnis von Rudolf und Vera belegt die Unfähigkeit, Geschichte und die eigene Biographie zu begreifen und zu bewerten. Dabei sind beide Figuren geradezu besessen von ihren Erinnerungen an die Zeit des Nationalsozialismus: „Die Erinnerung kann uns niemand nehmen/ was unverlierbar ist/ ist die Erinnerung" (VdR: 108f.). Geschichte wird also durchaus erinnert, nur nicht zu dem Zwecke der Aufklärung oder des Erkenntnisgewinns. Stattdessen zeigen die Höllers wie die Verklärung von Geschichte funktioniert. Mithilfe der Inszenierung eines Spiels soll es gelingen, die alten Strukturen, wie sie Vera und Rudolf aus der Zeit vor 1945 kannten, wieder herzustellen und zumindest für diesen einen Höhepunkt des Jahres aufleben zu lassen.

Jenes Geschichtsbewusstsein, das sich in den Reden der Figuren zeigt, ist genauso eindimensional wie deren Politikverständnis. Es geht dabei wesentlich um die Schärfung der Feindbilder, wie es schon zur Zeit des Faschismus in Deutschland der Fall war. Vera diffamiert ihre Schwester als destruktive Person, deren „verrückte[...] Ideen" sie längst in „irgendeine Haftanstalt" (VdR: 25) gebracht hätten, säße sie nicht im Rollstuhl. „Unsere kleine Sozialistin kann von Glück reden/ daß sie sich nicht rühren kann/ dich hätten sie längst verhaftet/ eingesperrt abgeurteilt/ du wärst verschwunden" (VdR: 25). Vera sieht in Clara eine verdorbene Frau, die sich durch ihren Geliebten, der später Suizid beging, auf die Seite des Sozialismus hat ziehen lassen. „[E]r hat dich zuerst zersetzt und dann zerstört/ er hat dich mit widerlicher Literatur überfüttert/ und dich zerstört vollkommen zerstört" (VdR: 28). Diese Argumentation ist durchdrungen von dem nationalsozialistischen Gedanken der „Zersetzung des Deutschtums", also der unterstellten Bedrohung der Ideologie durch andere politische Gesinnungen, die mit Terror und Verbrechen gleichgesetzt werden. Dabei verwendet sie argumentativ auch die Rede des Bruders. „[D]as sagt Rudolf auch/ daß aus dir eine Terroristin geworden wäre" (VdR: 25). Trotz der Verurteilung der Schwester ist sie

---

[263] Vgl. JANG: Die Ohn-Machtspiele des Altersnarren [wie Anm. 99], S.50. So weist JANG auch auf die sprechenden Namen der Schwestern hin: Vera (lat. die Wahre), Clara (lat. die Klare). Ebd., S.39. Die Figuren haben also auch im nicht gespielten Leben einen Namen, der symptomatisch ist. Vera glaubt, ihre Weltsicht sei die einzig Wahre, doch Clara steht in Opposition zu ihr und sieht – Dank der Zeitungen – klar. Dieser hier vorweggenommene Aspekt wird im Medienkapitel noch genauer betrachtet.

für die Rolle des Opfers prädestiniert und wird immer wieder in diese Rolle hinein gedrängt. Um sie gefügig zu machen und zufrieden zu stellen, gesteht man Clara die Lektüre von linken Büchern zu, obwohl Vera und Rudolf behaupten, sie würde durch diese „perverse[...] Literatur" (VdR: 82) verdorben. Diese Zwiespältigkeit wird jedoch ausgeblendet, da es um Perfektion des Spiels geht und dafür Opfer gebracht werden müssen.

Auffällig bezüglich des Geschichtsverständnisses ist auch die Tatsache, dass die Abweisung der Schuld mitunter brüchig ist, nachdem die Figur dies erkannt hat, aber sofort überspielt wird. „[J]etzt fangen sie wieder an im Schmutz zu wühlen/ trachten anständigen ordentlichen Menschen nach dem Leben", behauptet Vera (VdR: 53). Hierin zeigt sich durchaus ein Bewusstsein für Unrecht und Schuld, es gibt also eine als „Schmutz" bezeichnete, dunkle Vergangenheit, die bestimmten Menschen zum Verhängnis werden kann. Vera verleugnet dies aber vor sich selbst, indem sie die rehabilitierten Verbrecher – und damit auch Rudolf – als rechtschaffene, unbescholtene Bürger bezeichnet. Ähnlich verhält es sich auch am Ende des ersten Aktes mit Veras Bitte, Clara möge sich beherrschen die ihr zugedachte Rolle einnehmen. Das Spiel ist für Rudolf. „Er m u ß diesen Tag feiern/ auf seine Weise verstehst du/ du mußt dich beherrschen" (VdR: 55, Hervorhebung im Original). Diese Durchbrechung des Spiels und damit auch des Geschichtsverständnisses belegt das im Verborgenen bestehende Bewusstsein für die Realität, die unaufhörlich negiert und umgedeutet wird. So auch am Beginn des Zweiten Aktes, als Vera behauptet die „totale Verwilderung ist aus Amerika gekommen" (VdR: 57). Die Alliierten, die nach 1945 die Konstituierung der Bundesrepublik mitgestaltet haben, werden als Störfaktor angesehen. Dass Vera diese Veränderung thematisiert, legt ihr Bewusstsein für die Entwicklung und das Fortschreiten von Geschichte offen.

Die Figur Rudolfs zeigt ebensolche Züge. Auch er belegt die Amerikaner mit einer negativen Sicht: „Millionen tote Deutsche Millionen/ München Dresden Köln am Rhein/ alles in Schutt und Asche/ Du verdankst das alles den Amerikanern/ [...] Die Amerikaner haben unsere Kultur zerstört/ sie haben nicht nur unsere Städte zerstört" (VdR: 95). So kann Höller die Schuld von Deutschland abwenden und entlastet damit sich selbst. Gleichzeitig schürt er das Feindbild: „Ein Hinrichter spielt sich zum Richter auf."[264] Historische Entwicklungen werden negiert oder ausgeblendet. Die Zeiten ändern sich zwar, aber nicht der Nationalsozialismus wird von Rudolf als die schlimmste Zeit bewertet, sondern das für ihn nach 1945 notwendig gewordene Untertauchen, um der Bestrafung zu entgehen.

> Wer hätte das gedacht Vera/ So ändern sich die Zeiten/ Zuerst zehn Jahre im Kellerloch versteckt/ von dir und von Clara versteckt/ und dann auf einmal dieser Aufschwung/ Ich habe kein schlechtes Gewissen/ Ab und zu wird mir die Luft zu dick das ist wahr noch heute/ aber ich habe kein schlechtes Gewissen/ da müßten

[264] BACHA: Thomas Bernhards Auseinandersetzung mit dem Nationalsozialismus [wie Anm. 86], S.91.

> alle andern zuerst ein schlechtes Gewissen haben/ Ich habe nur meine Pflicht getan (VdR: 62)

Dieses Argument der Pflichterfüllung dient nicht nur der Schuldentlastung, sondern auch der Darstellung als rechtschaffenem Menschen, der gewissermaßen nach zehn Jahren im Keller als „Entschädigung" erneut ein hohes Amt bekleidet.

Rudolfs Ansicht von Geschichte ist geprägt von Verklärung und Schuldverdrängung. „[W]as ich getan habe dazu war ich gezwungen" (VdR: 77), so stellt sich Rudolf selbst als Opfer der Geschichte dar, um begangene Verbrechen herunterzuspielen.[265] Dies entspricht einem klassischen Entlastungsmuster nach 1945, das die NS-Akteure „als bloße Befehlsempfänger [und] zu striktem Gehorsam verpflichtet" darstellt.[266] Ein gewichtiger Aspekt muss an dieser Stelle noch angesprochen werden: der unaufhörliche Rechtfertigungszwang Höllers beweist insgeheim dessen Schuldbewusstsein, das damit einem Schuldeingeständnis gleich kommt.[267]

Um dieses vor sich selbst zu kaschieren, beschreibt Höller wie folgt seine Sicht auf den Verlauf der Geschichte.

> Die Geschichte kann ja nicht verfälscht werden/ sie kann lange Zeit verschmiert werden/ vieles kann vertuscht werden verfälscht werden/ aber dann eines Tages lichtet sie sich/ und sie steht da wie sie ist/ wenn die Verschmierer und die Vertuscher und die Verfälscher/ nicht mehr da sind/ Das dauert immer viele Jahrzehnte (VdR: 93).

Hierin zeigt sich die Ansicht, dass die historische Wahrheit nach 1945 bewusst verfälscht worden sei. Die Verbrechen der Nationalsozialisten werden außerdem geleugnet und als falsch dargestellt betrachtet. Kämen die Worte nicht aus dem Munde eines Verbrechers und Faschisten, könnte man ihnen unter Umständen sogar Allgemeingültigkeit bescheinigen. Nur gründet sich Höllers Ansicht darauf, dass die Geschichte bewusst zuungunsten der Nationalsozialisten dargestellt wird. Unschlüssig bleibt allerdings seine Argumentation, dass eines Tages die Wahrheit ans Licht komme, weil die Verfälscher ausstürben. Doch sind dann die Zeitzeugen von damals ebenfalls tot, sodass kaum jemandem daran gelegen wäre, die Geschichte umzuschreiben. Hier also irrt Höller und unterliegt seinem Wunschdenken. Geschichte wird hier nicht als fortschreitender Prozess mit Vergangenheit und Zukunft begriffen, der dargestellt und nachvollzogen werden soll, sondern als ein komplexer Begriff von feststehender Wahrheit, den es zu benennen gilt. Es geht weniger darum, die historischen Zusammenhänge zu beschreiben, als darum, die Ideologie des Nationalsozialismus und die Zeit des Faschismus in Deutschland als etwas Positives zu begreifen und damit vor der Geschichte anzuerkennen.

---

[265] Vgl. ebd., S.86.
[266] Ebd., S.88.
[267] Vgl. ebd., S.94f.

Mit den Worten „es gab keine andere Wahl“ (VdR: 93) schiebt Höller sein Handeln in der Vergangenheit als Lagerkommandant einem Geschichtsfatalismus zu. „Kein Mensch kann den Verlauf seines Lebens bestimmen/ Er kommt auf die Welt und stirbt/ was dazwischen ist/ darauf hat er keinerlei Einfluß“ (VdR: 91f.). Das dieser Argumentation innewohnende Abwälzen jeglicher Schuld auf das Schicksal stellt den Höhepunkt von Höllers Selbstverleugnung dar.[268] „[E]s gibt keine Zufälle“ (VdR: 63), alles kommt, wie es kommen muss. Dass dieses gedankliche Gerüst nur für den Verbrecher Höller gilt und nicht für diejenigen, die er als Richter verurteilt, belegt Höllers absurde Strategie der Selbstberuhigung nur zu offensichtlich. Auch BACHA weist darauf hin, dass Höller einerseits sein eigenes Handeln als ein einem „göttlichen Willen“ folgendes Agieren auslegt und sich damit zum passiven Opfer schicksalhafter Ereignisse stilisiert, während er andererseits als Richter an die Angeklagten ein anderes Maß anlege.[269] Je weniger Höller seine eigene Schuld eingesteht, umso härter agiert er als Richter. Auch nach Jahrzehnten schwingt in seiner Rede ein Pathos der Vergangenheit mit. Rudolf: „Wir werden siegen/ die Feinde werden sich selbst vernichten“ (VdR: 65).

Das Moment der Veränderung, die als nicht duldbar empfunden wird, geht auf den Vater der Höllers zurück: „Der Vater duldete nicht die geringste Veränderung“ (VdR: 32). Vera beruhigt Rudolf: „Du zerbrichst dir ganz unnötig den Kopf [...]/ Wer ehrlich handelt und nach reinem Gewissen/ setzt sich schließlich durch sagte Vater“ (VdR: 77). Dieses vermeintlich harmlose Prinzip erinnert an die Rassenlehre des Nationalsozialismus.

Entsprechend der alten Vorurteile gegenüber Juden denkt Höller auch im Nachkriegsdeutschland in antisemitischen Kategorien. „Das Jüdische hat sich überall festgesetzt/ es ist schon wieder überall und in jedem Winkel“ (VdR: 74). Solche Aussagen legen den Schluss nahe, dass Höller uneinsichtig der Ideologie des Nationalsozialismus folgt, ungeachtet jedweden Fortschreitens der Geschichte. Rudolfs Vokabular ist stark patriotisch, wenn es um die Zeit des Faschismus geht.

> Die Tatsache ist doch daß wir alles Menschenmögliche/ für das Vaterland getan haben/ daß wir uns das ganze Leben abgemüht haben für die Menschen/ in diesem Lande/ Zersetzung und Zerstörung sind Trumpf/ aber das wird sich ändern [...] Irgendetwas zieht sich zusammen/ ganz in unserem Sinne (VdR: 74)

Die Rechtfertigungsstrategie von Rudolf basiert auf dem Gedanken der Aufopferung und dem Willen, Gutes zu tun. Vor welchem ideologischen Hintergrund und mit welchen Folgen dies geschah, wird indes nicht thematisiert, da für Höller klar ist, dass seine Gesinnung die einzig richtige und vertretbare ist. Indem er dies als gegeben annimmt, macht er eine notwendige Reflexion seines politischen

---

[268] Vgl. auch BACHA: Thomas Bernhards Auseinandersetzung mit dem Nationalsozialismus [wie Anm. 86], S.99.

[269] Ebd., S.100.

Standpunktes unnötig und braucht sich einer kritischen Auseinandersetzung nicht zu stellen. Stattdessen setzt er die gegenwärtige Situation in der Bundesrepublik mit dem Chaos gleich und verurteilt die politisch-gesellschaftlichen Tendenzen:

> [D]ie Juden zerstören und vernichten die Erdoberfläche/ und werden sie eines Tages endgültig und total zerstört haben/ [...] Die Demokratie ist ein Schwindel/ Aber wehe wer heute die Stimme erhebt/ und solche Wahrheiten ausplaudert/ dem wird die Existenz einfach abgeschnitten (VdR: 64).

Höller lehnt das politische System der Bundesrepublik ab, duldet es jedoch aus Angst davor, selbst als Verbrecher enttarnt und verurteilt zu werden. Die Ablehnung der demokratischen Strukturen eines Staates hat auch ursächlich mit dem Feindbild Amerika zu tun, denn „der Amerikanismus hat uns vergiftet" (VdR: 64). Solche Äußerungen erinnern, so widersprüchlich es scheinen mag, an Ansichten des Autors Bernhard. Bereits HÖLLER hat auf Bernhards frühe Texte hingewiesen, in denen die Verlogenheit der Demokratie, die Verwahrlosung der Gesellschaft, Industrie und Natur zum Ausdruck gebracht werde.[270]

In *Vor dem Ruhestand* lässt Bernhard den Nazi Höller seine Abneigung gegenüber der Demokratie kundtun, und das, obwohl dieser ja seine Rehabilitation genau dieser zu verdanken hat. „Bernhard präsentiert den Nationalsozialismus nicht als öffentliches politisches Ereignis, sondern karikiert ihn als kleinbürgerliches Lebensgefühl und Innerlichkeitskultur, mit besonderem Hang zu Musik, Gemüt und Seele."[271] Damit konterkariert Bernhard gleichzeitig die ideologische Basis des Nationalsozialismus, indem er sie von der großen Idee zur biedermeierlichen Posse uminterpretiert. Seine Figuren haben keine großen politischen Entwürfe zu bieten, sondern reproduzieren gebetsmühlenartig die nationalsozialistische Idee, deren Einlösung sie nur passiv abwarten können. Die Demokratie ist dabei nur ein vages Konstrukt, das, untauglich für eine Staatsbildung, bereits im Moment seiner Konstituierung als „überlebt" betrachtet wird.

> Die die Demokratie an die große Glocke hängen/ sind in Wirklichkeit ihre Mörder/ Aber wir leben in einer durch und durch opportunistischen Welt/ in welcher nur durch den Mund der Heuchelei geredet wird/ kein wahres Wort kommt dem einzelnen über die Lippen/ so treiben wir einem entsetzlichen Zustand zu (VdR: 64).

Offenkundig bemängelt Höller das Fehlen von Idealen, dass seiner Ansicht nach durch eine Scheindemokratie ausgeglichen wird. Es klingt geradezu grotesk, wenn er behauptet, die Welt sei angepasst und der Gesinnungslosigkeit unterworfen. Diese Diagnose wäre wohl eher auf die vielen Mitläufer des Faschismus zutreffend, doch nicht auf ein demokratisches System, das politische Oppositio-

---

[270] Vgl. HÖLLER: Thomas Bernhard: Vor dem Ruhestand [wie Anm. 254], S.252.
[271] Ebd.

nen zulässt und nicht verfolgt. Rudolf Höller sieht in der Demokratie nach 1945 den Betrug schlechthin, einen gesellschaftlichen Abstieg, der von Würdelosigkeit, Verwahrlosung und Lügen gekennzeichnet ist. Dabei übersieht er zweifellos, dass sich nicht zuletzt die NS-Propaganda die Tatsachen so zurechtgelegt hat, wie es dem System gerade nützlich war. Höller sieht in der Heuchelei von heute aber die größere Katastrophe, weil er die seiner Gesinnung entsprechenden ideologischen Prinzipien vermisst, ja sogar als bekämpft empfindet. Der „entsetzliche Zustand", den er kommen sieht, wird allerdings nicht konkret benannt. Dennoch sei an dieser Stelle darauf hingewiesen, wie sehr die Aussagen Rudolfs denen der Figur Robert Schuster aus *Heldenplatz* ähneln. Auch dort werden Endzeit-Zustände prognostiziert und die Politik als unfähig und betrügerisch dargestellt. Es wird also zu klären sein, inwieweit die Ansichten der konträr angelegten Figuren miteinander korrespondieren und worin sie sich unterscheiden.

Der Zusammenbruch Höllers führt letztlich zur Auflösung des Geschwisterkonfliktes und der Vergangenheitsproblematik, schürt jedoch neue Auseinandersetzungen.[272] Dieses Ende kommentiert nicht die zu erwartende Schuldfrage im Hinblick auf die Vergangenheit Höllers als Nationalsozialist, sondern lässt den alten Machtkampf der Schwestern entfachen. Vera macht Clara für den Zusammenbruch des Bruders verantwortlich: „Du bist schuld/ mit deinem Schweigen/ du mit deinem ewigen Schweigen" (VdR: 114). Die Gegenfigur wird zur Mörderin stilisiert, zur Unperson, auf deren Schultern alle Schuld lastet.

Hierzu sind zwei Fragen zu stellen. Zum Einen: Was bedeutet hier „Schuld"? Und zweitens: Auf welchen Ebenen ist das „ewige Schweigen" noch zu verstehen? Es hat den Anschein, als seien Schuld und Schweigen jeweils doppeldeutig. Die Frage nach der Schuld bezieht sich zunächst nur auf den Zusammenbruch Rudolfs. Das Schweigen Claras könnte ihn all die Jahre erregt haben, das Resultat ist ein Herzanfall. Zumindest versucht Vera die Schuld von sich selbst abzulenken und jemandem zuzuschieben, der sie ihrer Ansicht nach verdient hat. Was nun dieses „ewige Schweigen" angeht, könnte man darin auch noch eine andere Schuld sehen. Abstrahiert man von den Figuren des Stückes und versucht die Schuldfrage allgemein zu stellen, fällt vor allem eines auf: der Autor Bernhard liefert in seinem Stück keine unmittelbare Wertung über den Nationalsozialismus. Er lässt im Gegenteil die Figuren aus der Täterperspektive heraus agieren. Die Perfidie, mit der seine Figuren ihre Rollen spielen, lässt keine offene Kritik zu. Die Höllers vermeiden jede ernsthafte Selbstkritik, zu einer Reflexion oder einem Schuldeingeständnis vor sich selbst oder einem anderen kommt es nicht. Die Konsequenz daraus muss wohl lauten, dass somit alle drei Charaktere eine Schuld tragen, der sie sich aber selbst nicht richtig bewusst sind. Um sich dem Schuldbekenntnis zu entziehen, sucht Vera schließlich die Schuld bei der ungeliebten Schwester. Dies ist die einzige offen geäußerte und somit bemerkenswerte Schuldzuweisung. Das Opfer, die Antagonistin, sei schuld, heißt es. Dies

---

[272] Einerseits zerbricht die Dreier-Beziehung der Höller-Geschwister, andererseits werden die Konflikte nur geringfügig anders gelagert, da nun ironischerweise die Situation der ungleichen Mächteverteilung aufgehoben ist.

bestätigt die nationalsozialistisch denkende Figurenperspektive Veras. Das Abwälzen der Schuld auf einen politischen oder gesellschaftlichen Gegner, ein „Reinwaschen" war nach 1945 in Deutschland (und Österreich) bekanntlich Gang und Gäbe. Diese Schuldzuweisung Veras heißt aber auch, auf einer allgemeinen Ebene, dass das Schweigen (in diesem Falle eines Opfers bzw. Gegenspielers des „Dritten Reiches") durchaus dazu beitragen konnte, einen gleichsam latent-stummen Nationalsozialismus nach 1945 unentdeckt zu lassen. Diese Lesart mag zunächst erschreckend klingen, dennoch soll sie angesprochen werden, weil davon auszugehen ist, dass Thomas Bernhard kaum ein solch brisantes Stück verfasst hätte, ohne mehrere Interpretationsmöglichkeiten bzw. versteckte Autorenkommentare bereitzuhalten.

Eine ähnliche Interpretation könnte auch für die sogenannte Mitläufer-Mentalität gelten. Indem Menschen sich durch eine Art gleichgültiger Haltung weder für noch gegen den Nationalsozialismus einsetzten, trugen sie möglicherweise ebenso Schuld an den Verbrechen der Nationalsozialisten, wie jene, deren aktive Teilnahme am Regime als bewiesen gelten konnte. All dies beinhaltet der Schluss von *Vor dem Ruhestand*. Unter dem Deckmantel eines Rollenspiels werden offensive Schuldfragen hinfällig, sie stellen am Ende einen Teil des unreflektierten Spiels dar und sind aus der Figurenperspektive zu verstehen. Das offensichtlichste Statement des Theaterautors Bernhard ist letztlich dieses, ein solches Stück zu schreiben und inszenieren zu lassen. Die Frage nach der Schuld der Täter wälzt er damit gekonnt auf die öffentliche Debatte um das Stück ab. Insofern wird der Autor zum Lieferanten von Diskussionsmaterial für einen öffentlichen Diskurs.

Die Gattungsproblematik, die sonst bei Bernhard selten und dann zumeist spielerisch thematisiert wird, erfährt im Untertitel „Eine Komödie von deutscher Seele" ihre explizite Benennung. Doch stellt dieser Hinweis offensichtlich eine Ironisierung dar, denn so stark wie Bernhards Stück erstmalig in seinem Werk mit dem Nationalsozialismus abrechnet, kann keiner ernstlich die Leichtigkeit einer Komödie konstatieren. Die einzige Möglichkeit, welche sich diesbezüglich anböte, wäre die Interpretation des Stückes als Groteske, als Parodie, doch so scheint es nicht angelegt zu sein. Die Figuren mögen speziell erscheinen, sie sind jedoch keineswegs überzeichnet, wie man es von einem parodistischen Text erwarten müsste.

Dass die Bezeichnung höchst inadäquat ist, hat bereits SCHMIDT-DENGLER konstatiert.[273] Daher kann man zweifellos feststellen, dass hier wie sooft bei Bernhard das Spannungsverhältnis von Komödie und Tragödie vorgeführt wird. Sie soll daher als Referenz auf das Spiel-Motiv gelesen werden, denn um nichts anderes geht es in diesem Text: „die Verlogenheit und Selbstinszenierung, das thematisiert Bernhard"[274]. Dies ist letztendlich jenes Charakteristikum, das Bernhard immer wieder thematisiert. Wenngleich auch die Kritik ambivalent auf das Stück reagierte, und es im Gegensatz zu *Heldenplatz* bei der Premiere keinen Ek-

---

[273] Vgl. SCHMIDT-DENGLER: „Komödientragödien". [wie Anm. 252], S.87.

[274] PIKULIK: Bruder Eichmann und Vor dem Ruhestand [wie Anm. 262], S.170.

lat auslöste,[275] stellte sich dennoch die Frage, ob „es nicht seltsame, bedrückende Verwandtschaften gibt zwischen Bernhard-Poesie und Nazi-Philosophie“[276]. Wo der signifikante Unterschied sei zwischen „einem radikalen Dichter, der die Welt am Schreibtisch vernichtet, und radikalen Spießern, die Ernst machen müssen, weil sie sich aus ihren Zerstörungsphantasien nicht in Literatur retten können“[277]. Diese Idee ist nicht weniger provokant wie Bernhards Texte selbst. Nur sei an dieser Stelle darauf hingewiesen, dass Bernhards Werk nicht destruktiv ist, sondern positiv auf eine gesellschaftliche Veränderung hinweisen bzw. hinarbeiten sollte. Die Missstände und Fehlentwicklungen in der Gesellschaft nach 1945 hat Bernhard deshalb so drastisch beschrieben, um der Ungeheuerlichkeit der Verdrängungsschemata etwas entgegensetzen zu können. Gerade weil „[i]n jedem von uns [...] der Verbrecher [ist]“ (VdR: 74), muss ein Autor so hart darstellen, was sonst unter dem Deckmantel des Schweigens verborgen bleibt. Die symbolische Bekundung, dass „auch ein Filbinger in mir ist wie in allen anderen“[278] hebt den Autor nicht von seinem Werk ab, sondern lässt ihn damit verschmelzen. Die zeitgenössische Kritik hat erkannt, dass Bernhard in allen seinen Figuren „anwesend“ ist.[279] Einmal mehr provoziert Bernhard dadurch, „dass er – scheinbar – nicht übertreibt.“[280]

3.1.4 Endzeit – Heldenplatz

Das im Frühjahr 1988 entstandene Stück ist mit Sicherheit jenes Bernhardsche Drama, das im Kontext seiner Uraufführung am meisten Beachtung gefunden hat, und damit gleichsam den Höhe- aber auch den Endpunkt von Bernhards literarischem Schaffen markiert. Allein die Sprache treibt den von Bernhard bekannten Stil auf die Spitze, die Kunst der Übertreibung und Provokation erreicht in diesem Stück ihre größte Wirkung. Ironischerweise wurde der Abend der Uraufführung von Bernhards letztem Stück dann doch nicht zum Skandal, vielmehr machte sich unter den Theaterkritikern Ernüchterung breit.[281] Währte auch der Beifall nach der Premiere beachtliche fünfundvierzig Minuten, konstatierte

---

[275] Vgl. HÖLLER: Thomas Bernhard: Vor dem Ruhestand [wie Anm. 254], S.241.

[276] Verweis Benjamin HENRICHS in *Die Zeit* 1979, so zitiert bei PIKULIK: Bruder Eichmann und Vor dem Ruhestand [wie Anm. 262], S.177.

[277] Ebd.

[278] Thomas Bernhard im „Interview mit Erich Böhme und Hellmuth Karasek“. In: DREISSINGER, Sepp (Hrsg.): Von einer Katastrophe in die andere. 13 Gespräche mit Thomas Bernhard, Weitra 1992, S.77.

[279] Vgl. MITTERMAYER: Thomas Bernhard [wie Anm. 20], S.169.

[280] VON SCHILLING: Die Gegenwart der Vergangenheit [wie Anm. 46], S.143.

[281] Die Premiere fand am 4. November 1988 statt. Schon vier Wochen zuvor begannen die Zeitungen über die geplante Uraufführung des „neuen“ Bernhard zu berichten, sodass das Urteil über das Stück bereits vor der Premiere gefällt worden war.

Michael MERSCHMEIER in *Theater heute*: „Der schlechteste Bernhard, den es je gab."[282]

Im Mittelpunkt steht die Familie Schuster, eine Intellektuellen-Familie, die wegen ihres Bekenntnisses zum jüdischen Glauben vor den Nazis nach England hatte fliehen müssen und nun, auf Einladung des Wiener Bürgermeisters, in das Wien von 1988 zurückgekehrt ist. Indem Bernhard eine jüdische Familie zu Protagonisten seines Stückes macht, legt er seinen Text zumindest formal als Gegenstück zu *Vor dem Ruhestand* an.[283] Inwieweit dies tatsächlich zutrifft, muss später noch genauer untersucht werden. Zunächst bleibt festzustellen, dass in Österreich Bühnenwerke „mit genuin jüdischer Problematik kaum bis gar nicht gespielt wurden"[284]. Insofern begeht *Heldenplatz* gewissermaßen einen Tabubruch und weist den Weg hin zu neuen Möglichkeiten für das zeitgenössische Drama.

Bemerkenswert ist ebenfalls die Tatsache, dass das eigentliche Ereignis, welches die Familie heimsucht, nämlich der Tod des Patriarchen, bereits Vergangenheit ist. „Bei dem Stück handelt es sich also nicht etwa um ein ‚Endspiel', sondern um ein ‚Nachspiel'"[285]. Die alle anderen Figuren determinierende Figur des Josef Schuster ist bereits tot, als sich der Vorhang hebt. Damit ist, so könnte man annehmen, der Antrieb der übrigen Figuren verloren gegangen, doch genau das Gegenteil ist der Fall: Durch ein permanentes Heraufbeschwören der Reden des Verstorbenen, wie es beispielsweise Frau Zittel im ersten Akt unablässig tut, scheint der Tod fast aufgehoben, eine Art Daueranwesenheit Josef Schusters herbeigeführt.

In gewisser Weise gleicht auch Professor Robert einem verlängerten Sprachrohr seines Bruders Josef Schuster, denn er führt dessen, vom Rezipienten nie selbst erlebte Rede, nach seinem Tod fort. In diesem Punkt lässt sich der Vergleich mit einem anderen Bernhard-Stück ziehen. Der verkrüppelte Industrielle Herrenstein in *Elisabeth II.* überlebt (abgesehen von seinem Diener) als einziger die Katastrophe des abbrechenden Salonbalkons. Auch Robert Schuster, der eigentlich aufgrund etlicher bedrohlicher Krankheiten dem Tode weit näher ist als sein Bruder, überlebt ihn.

Josef Schuster, der seine Familie schlecht behandelt und sie – seinen Bruder ausgenommen – als „Untermenschen" bezeichnet hat, erinnert in seinem Verhalten und seinen Äußerungen an die Ideologie der Nationalsozialisten.[286] Die „Allmacht" des verstorbenen Professors Schuster, der auch nach seinem Tod noch spricht, wird auch von JÜRGENS konstatiert. Diese Omnipräsenz auch ü-

---

[282] MERSCHMEIER, Michael: Politik, Polemik oder Phrasen? Heldenspatz. Thomas Bernhards „Heldenplatz" am Wiener Burgtheater. Anmerkungen zu einem „Theaterskandal". In: Theater heute 12 (1988), S.1-4, [hier S.2].

[283] VON SCHILLING betrachtet das Stück als „Fortschreibung von Vor dem Ruhestand [...], späte Antwort [...], welche die Verhältnisse umkehrt." VON SCHILLING: Die Gegenwart der Vergangenheit [wie Anm. 46], S.164.

[284] BOZZI: Massengeschrei und Leerstelle [wie Anm. 136], S.252.

[285] Ebd., S.253.

[286] Vgl. ebd., S.257.

ber den Tod hinaus setzt JÜRGENS in Beziehung zum Nationalsozialismus, indem er vergleichend Josef Schuster und Adolf Hitler als Symbolfigur einer Idee bzw. eines Systems gegenüberstellt. Im Zuge dessen lassen sich erstaunliche Erkenntnisse gewinnen. Bereits die sprachliche Analyse von JÜRGENS kommt zu dem Schluss, dass in *Heldenplatz* die Opfer des Nationalsozialismus den Tätern viel näher sind als man zunächst meinen könnte. So erinnern die Pauschalurteile, die für Bernhard so typisch sind, an nicht minder unreflektierte Äußerungen der Nationalsozialisten. Auch die Vehemenz, mit der die Figuren in *Heldenplatz* ihre Attacken führen, erinnern durchaus an Äußerungen Hitlers.[287] Basierend auf uralten Vorurteilen werden harte Fronten geschaffen, eine Einteilung in schwarz und weiß wird vorgenommen.

Ebenso erinnert der Familienname weniger an einen Juden als an „völkisch deutsche Traditionen" und verweist somit auf die Widersprüchlichkeit der Figur.[288] Höhepunkt seines paradoxen Wesens ist sicherlich die Tatsache, dass Schuster seine Familie befehligt hat, schließlich aber Selbstmord begeht. „[A]ußer Befehle hat es nichts gegeben" (HP: 46), und doch war seine Persönlichkeit offenbar nicht stark genug, um am Leben zu bleiben. Möglicherweise war es eben jener Widerspruch eines jüdischen Intellektuellen, der „selbst in faschistischen Denkstrukturen befangen [sic!] war"[289], der ihn in den Suizid trieb.

Interessant ist dabei, dass sich alle agierenden Figuren auf den Patriarchen der Familie beziehen, der jedoch selbst nie auftritt, da er sich vor Eintreten der Spielhandlung aus dem Fenster gestürzt hat. Die alte hierarchische Ordnung bleibt dennoch erhalten, der verstorbene Professor ist selbst nach seinem Tod noch eine Respektsperson und der Familienmittelpunkt. Sein Tod wird zwar thematisiert, doch er wird fast negiert, weil der Verlust des Familienoberhauptes einer Katastrophe gleichkommt. Insofern erklärt sich auch, wieso der Tote permanent Thema der Gespräche ist. Dadurch, dass sehr viel über ihn gesprochen wird, erscheint er fast wie ein Untoter durch das Stück zu geistern.[290] Dieses Festhalten an seiner Person als Autorität ist auch ein identitätsstiftendes Moment, es kann also durchaus als Parallele zum österreichischen Staat gelesen werden. So wie dieser Staat bezüglich seiner nationalsozialistischen Vergangenheit an seiner Opferthese festhält, halten die Schusters nach dem Tod ihres Patriarchen zumindest an dessen geistiger Anwesenheit fest. Beide Phänomene sind Ergebnisse historisch gewachsener Denk- und Handlungsmuster, deren Überwindung nicht konfliktfrei ablaufen kann.

---

[287] Insbesondere wenn es um den Kunst- und Kulturbereich geht, zeigen sich Parallelen, die an Hitlers „Mein Kampf" erinnern. Vgl. JÜRGENS: Das Theater Thomas Bernhards [wie Anm. 19], S.172.

[288] BOZZI: Massengeschrei und Leerstelle [wie Anm. 136], S.257.

[289] Ebd., S.258.

[290] Das geht soweit, dass Frau Zittel durch ihr Zitieren des Professors den Verstorbenen nach seinem Tod reden lässt. Die Parallelfigur zu Frau Zittel ist in *Heldenplatz* Schusters Bruder Robert.

Schusters Tod führt jedoch nur scheinbar zu einer Veränderung in der Familie, denn diese ist zwar bestürzt über den Selbstmord des Patriarchen[291], doch beherrscht er seine Nächsten auch über den eigenen Tod hinaus. BOZZI vergleicht seine Figur daher mit Adolf Hitler, „der als ‚Typus' stellvertretend für eine Mentalität steht, die auch fünfzig Jahre später weiterlebt"[292], das gesellschaftliche Bewusstsein demnach weiterhin mitprägt. Schuster steht damit in Opposition zu seinem Bruder. Wenngleich Josef bei sich selbst „Genauigkeitsfanatismus" (Vgl. HP: 27) diagnostiziert, scheint diese Feststellung wohl eher auf seinen Bruder Robert zuzutreffen, denn dieser gibt ja seine vermeintlich fundierte, detaillierte Analyse der österreichischen Gesellschaft im Zweiten Akt des Stückes. Und dennoch wird man den Eindruck nur schwer los, dass in dieser Rede Bernhard als Person präsenter ist als in allen seinen Stücken zuvor.

Vor dem Hintergrund einer als ausweglos beschriebenen Situation lässt Bernhard seine Figur Robert Schuster schließlich auch über die Rolle des Schriftstellers sinnieren, wobei das Urteil im Grunde einer Bankrotterklärung der Literatur gleicht, da „noch kein Schriftsteller [...] die Wirklichkeit so beschrieben [hat]/ wie sie wirklich ist" (HP: 115). Umso überraschender muss einem die Reaktion auf *Heldenplatz* vorkommen. BOZZI merkt an, dass die Geschichte des politischen Theaters im 20. Jahrhundert keine der historischen Katastrophen hatte verhindern können und schlussfolgert in Bezug auf Bernhards letztes Stück folgendes: „Vermutlich liegt darin die einzige Möglichkeit einer partiellen künstlerischen Einflußnahme in einer Gesellschaft, die nur noch auf extreme Provokation zu reagieren in der Lage ist."[293] So hat die Forschung immer wieder darauf hingewiesen, dass die Attacken der Österreichverurteilung ja erst durch die Reaktionen auf die Uraufführung legitimiert worden seien.[294] Insofern scheint auch VON SCHILLINGs Bemerkung, Bernhard habe so intensiv auf die Übertreibung gesetzt, weil ansonsten der Kern seiner Aussagen nicht hätte wahrgenommen werden können, zutreffend zu sein.[295]

Zweifellos sind die politischen Thesen, die Bernhard seine Figuren äußern lässt, überaus plakativ und undifferenziert.

> [D]ie Sozialisten heute sind im Grunde nichts anderes/ als katholische Nationalsozialisten [...] diese sogenannten Sozialisten haben ja den heutigen Nationalsozialismus in Österreich heraufbeschworen/ diese sogenannten Sozialisten haben ja diesen neuen Nationalsozialismus möglich gemacht/ [...] Wenn es heute in Öster-

[291] "Das Tragische ist ja nicht/ daß mein Bruder tot ist/ daß wir zurückgeblieben sind ist das Fürchterliche" (HP: 162), sagt Robert Schuster fast am Ende des Stückes. Damit wird deutlich, dass der Tod besser ist als ein Leben in der derzeitigen Situation, von der klar zu sein scheint, dass es nicht mehr schlimmer kommen kann.

[292] BOZZI: Massengeschrei und Leerstelle [wie Anm. 136], S.258.

[293] Ebd., S.261.

[294] Vgl. VON SCHILLING: Die Gegenwart der Vergangenheit [wie Anm. 46], S.161.

[295] Vgl. ebd.

reich wieder fast nur Nationalsozialisten gibt/ so sind daran nur die Sozialisten schuld (HP: 97f.)

Zwar spricht Robert Schuster hier von einem „neuen" Nationalsozialismus, doch wird dieser nicht mit dem der Dreißiger Jahre historisch in Beziehung gesetzt oder davon abgegrenzt. Allein die Behauptung der Existenz dieses Nationalsozialismus scheint hier Relevanz zu haben. Der einzige implizite Verweis auf ein In-Beziehung-Setzen ist die in dieser Feststellung mitgelieferte Aussage, dass die Vergangenheitsbewältigung gründlich gescheitert sei.[296] Die Geschichte nimmt also gleichsam ohne markante Wendepunkte ihren Lauf und macht daher eine Abgrenzung von Vergangenheit und Gegenwart unnötig.

Dies bedeutet jedoch nicht automatisch, dass eine Veränderung kategorisch ausgeschlossen werden kann. Veränderung findet allerdings nur im Hinblick auf eine Zuspitzung der Situation statt, indem beispielsweise behauptet wird, dass es „jetzt mehr Nazis in Wien [gibt]/ als achtunddreißig" (HP: 63). „[J]etzt ist es in Wien ja schlimmer/ als vor fünfzig Jahren [...]" (HP: 43). Die Zustände seien nicht nur so wie sie 1938 waren, sondern würden sogar noch übertroffen. Offenkundig tritt dabei das alte Nazi-Personal erneut auf den Plan: „jetzt kommen sie wieder/ aus allen Löchern heraus/ die über vierzig Jahre zugestopft gewesen sind" (HP: 63). Diese Anspielung bezieht sich eindeutig auf den 1986 gewählten Bundespräsidenten Waldheim. Die Tatsache, dass Schusters Tochter Anna dies sagt, verdeutlicht, dass die zeitgenössische Diagnose des Judenhasses in Österreich nicht ausschließlich von den beiden Professoren Schuster gestellt wird, sondern auch von den übrigen Familienmitgliedern. Robert Schuster hält den Judenhass für „die reinste die absolut unverfälschte Natur/ des Österreichers" (HP: 114). Gerhard ROTH verweist in seiner Kolumne *Der unhörbare Trauermarsch. Österreich und die Vergangenheit* auf eine 1987 von fünf Meinungsforschungsinstituten publizierte „Antisemitismus-Umfrage", die aussagt, dass ein Viertel der Österreicher noch immer für aktive Diskriminierung ist und ein weiteres Viertel dies gleichgültig hinnimmt.[297] Es ist davon auszugehen, dass Bernhard Kenntnis von dieser Umfrage hatte, weswegen er sich veranlasst gesehen haben dürfte, diese Tendenz überspitzt darzustellen, um zu provozieren.[298]

Allerdings relativieren die Figuren in *Heldenplatz* ihre Aussagen zum Judenhass selbst. Nicht die Österreicher, die Wiener seien die eigentlichen Judenhasser. „In Neuhaus brauchst du dich nicht zu fürchten/ noch nicht/ auf dem Land wissen sie ja gar nicht/ was ein Jude ist" (HP: 83). Das „noch nicht" weist darauf

---

[296] Ebd., S.162.

[297] ROTH, Gerhard: Der unhörbare Trauermarsch. Österreich und die Vergangenheit. In: PFOSER-SCHEWIG, Kristina (Hrsg.): Gerhard Roth. Das doppelköpfige Österreich. Essays, Polemiken, Interviews, Frankfurt am Main 1995, S.43-48, [hier S.45f.].

[298] Vollkommen konstruiert schien das Thema des Fremdenhasses in den deutschsprachigen Ländern freilich nicht zu sein, immerhin gab es auch andere Autoren, die sich kurz nach *Heldenplatz* des Themas annahmen. So auch Elfriede Jelinek in ihrem Stück *Totenauberg*. Dazu SCHÖSSLER, Franziska: Augen-Blicke. Erinnerung, Zeit und Geschichte in Dramen der neunziger Jahre, Tübingen 2004, S.28-33.

hin, dass dieser Zustand auch endlich, die Angst vor dem Hass also nicht unbegründet ist. Indem Professor Robert behauptet, die Wiener „werden Judenhasser bleiben/ in alle Ewigkeit“ (HP: 84), urteilt er die Wiener ab und lässt sie inhuman erscheinen. Wurde in *Vor dem Ruhestand* noch in jedem Menschen ein Verbrecher vermutet, so steckt nun „in jedem Wiener [...] ein Massenmörder“ (HP: 118). Warum aber wird diese Kritik nun ausgerechnet an den Wienern geübt? Wien steht hier als Hauptstadt Österreichs stellvertretend für den Staat, für das gesamte österreichische Volk. Die Kulturmetropole, die Jahrhunderte lang im Spannungsfeld des Vielvölkerreiches das Zentrum gebildet hatte, erhält hier ihre Bescheinigung des Versagens hinsichtlich der Integration und Toleranz differenter Volksgruppen. Vor diesem Hintergrund wird jede Konkretisierung des Judenhasses hinfällig, da der Wiener gleichsam für den Österreicher per se steht. Insofern kann die Rücknahme der Verallgemeinerung, die ja mit dem Bild des Wiener Judenhassers erfolgt, als persönliche Ohrfeige und Provokation Bernhards vor dem Burgtheaterpublikum gewertet werden.

Nicht umsonst wird in *Heldenplatz* auch – äußerst passend, vor der Bühnen-Projektion des Burgtheatergebäudes – über das Burgtheater und dessen Publikum geurteilt. „[S]elbst auf dem Burgtheater [wird] nur noch schlechtes Theater gemacht [...]“ (HP: 94). Naturgemäß, würde Bernhard gesagt haben. Es sei nochmals daran erinnert, dass *Heldenplatz* auch aus Anlass des einhundertjährigen Burgtheaterbestehens geschrieben wurde. Ein Jubiläumsstück also, das den Jubilar verunglimpft?[299] Zugegeben: Provokation auf allen gesellschaftlichen Ebenen, das war Bernhards Spezialgebiet. Nur bleibt zu bemerken, dass in der Figurenrede nicht immer explizit Bernhards persönliche Sicht auf die Dinge durchscheint. Seine selbstironische Anklage des Ortes, an dem er selbst Theatergeschichte schreibt, ist daher alles andere als ein ernst gemeinter Vorwurf. Sie ist vielmehr Resultat eines vermeintlich nihilistischen Images, das sich der Autor sorgsam aufgebaut hat. Bezüglich des Burgtheaternachwuchses sagte Bernhard 1981 in einem Interview:

> Man braucht ja nur in Wien ins Theater gehen, treten nur lauter Pensionisten auf. Mit dreißig Jahren haben sie schon Pensionsanspruch, und die jungen Schauspieler sind eigentlich schon wie alte Pensionisten, nicht am Strand von Mallorca, sondern am Ringstraßenstrand agieren die dort auf der Burgtheaterbühne. Schon die ganz jungen Mädeln und Buam. Sehr begabt, aber leider haben sie schon den Gang der Pensionisten und wissen genau, was sie 'zahlt kriegen müssen, weil auch die Bühnengewerkschaft hinter ihnen steht, und machen dadurch das schlechteste Theater der Welt.[300]

---

[299] Die Anspielungen auf das Burgtheater richten sich in erster Linie auf das Publikum, das in seinem „Stumpfsinn“ nicht begreift, was Bernhard sagen will.

[300] Zitiert nach FLEISCHMANN: Thomas Bernhard [wie Anm. 133], S.36f. Auch in Elisabeth II. äußert der Protagonist Herrenstein ähnliches über das Burgtheater. „Das ist ja der große Reiz am Burgtheater/ daß es immer verstaubt gewesen ist/ und immer verstaubt sein wird“ (E: 30).

Diesem Beispiel könnten unzählige vergleichende hinzugefügt werden, die immer wieder beweisen, wie eng Bernhards Werk mit einer von ihm selbst lancierten Rezeptionsrichtung in Verbindung steht. Folglich blieb es nicht aus, Bernhards Interviews als Bestandteil seines literarischen Werkes zu begreifen, da sie inhaltlich und strukturell den Bernhardschen Texten oft ähneln, und, erstaunlicherweise, das Œuvre kaum erklären. Das „Gesamtkunstwerk" Thomas Bernhard ist ein in Werk und Wirkung inhärentes Gefüge diffuser Provokationen, das nur in einem werkgeschichtlich-globalen Kontext thematisch und sinnstiftend erfasst werden kann. Österreich und die Kritik am Staat spielen dabei die Schlüsselrolle. Die Übertreibungskunst ist für Bernhards Figuren Überlebenselixier, die einzige Möglichkeit, die Existenz auszuhalten.[301]

Für den Höhepunkt seiner von der Kritik als „Österreichbesudelung" gebrandmarkten Ressentiments gegen den Staat wählt Bernhard das Theatermotiv. War in *Vor dem Ruhestand* das Rollenspiel noch Scheinoption für die Figuren, in der sie eine Möglichkeit erblicken konnten, die eigene Welt mitzuformen, so fällt *Heldenplatz* bezüglich dieser Option das entgegengesetzte Urteil. Der Endzeitstatus ist erreicht. „Jetzt hat alles den Tiefpunkt erreicht/ nicht nur politisch gesehen alles/ die Menschen die Kultur alles" (HP: 96). Die Menschen sind handlungsunfähig, nicht mehr in der Lage ihre schreckliche Situation zu erkennen und eine Veränderung herbeizuführen. Der Ausweg ist trügerisch.

> Was diesem armen unmündigen Volk geblieben ist/ ist nichts als das Theater/ Österreich selbst ist nichts als eine Bühne/ auf der alles verlottert und vermodert und verkommen ist/ eine in sich selber verhaßte Statisterie/ von sechseinhalb Millionen Alleingelassenen/ sechseinhalb Millionen Debile und Tobsüchtige/ die ununterbrochen aus vollem Hals nach einem Regisseur schreien/ Der Regisseur wird kommen/ und sie endgültig in den Abgrund hinunterstoßen/ sechseinhalb Millionen Statisten/ die von ein paar verbrecherischen Hauptdarstellern/ die in der Hofburg und auf dem Ballhausplatz sitzen/ an jedem Tag vor den Kopf/ und am Ende doch wieder nur in den Abgrund gestoßen werden (HP: 89).

Diese Beurteilung der Situation ist auf Endgültigkeit ausgerichtet. Schuster prophezeit einen Geschichtsfatalismus, der auf dem „Stumpfsinn" des Volkes basiert und in absehbarer Zeit zur „Auslöschung" Österreichs führen wird. Die Bevölkerung hat gar nichts individuelles mehr, sie ist eine große Masse gefährlicher Subjekte, die unkontrollierbar erscheint. Ihre Unmündigkeit wird aber keineswegs begründet, sondern schlichtweg behauptet. Bemerkenswert ist die für das Volk genannte Zahl von sechseinhalb Millionen. Statistiken weisen für das Jahr 1938 etwa 6,7 Millionen Österreicher aus, für das Jahr 1988 jedoch über 8

[301] Vgl. VON SCHILLING: Die Gegenwart der Vergangenheit [wie Anm. 46], S.168.

Millionen.[302] Die hier gewählte Bevölkerungszahl des Jahres 1938 ist mit Sicherheit kein Versehen Bernhards. Sie verweist also in erster Linie auf die historische Katastrophe des sogenannten „Anschlusses" und liefert somit ein, zugegeben provokantes, Geschichtsbild als Beitrag der Aufarbeitung jener Zeit. Das Erschreckende daran ist, dass der Zustand von 1938 nahezu unbemerkt in das Jahr 1988 getragen wird, was Bernhards Diagnose des nicht überwundenen Nationalsozialismus entspricht. Seine Figuren analysieren also in *Heldenplatz* nicht nur die Vergangenheit, sondern setzen diese in Beziehung zur Gegenwart. Die Verschmelzung der Zeiten kann als Bild für die desaströse Vergangenheitsbewältigung gelesen werden. Die Vergangenheit ist nach wie vor gegenwärtig, aber nicht als historisch-relevantes Geschichtsbild, sondern als fortschreitende Katastrophe. Somit wird auch die hasserfüllte Rede Professor Roberts zur Zündschnur des Dynamits. Die politisch-gesellschaftlichen Rahmenbedingungen der Dreißiger Jahre waren wegen ihrer Konfliktgeladenheit schließlich die Basis für den Nationalsozialismus. Das „Aufhetzen" der Menschen von einem Podium oder einer Bühne herunter hat Symbolcharakter. In schweren Zeiten wollen die Menschen hören, dass alles schlecht ist – und sich dennoch zum Guten wenden wird. Nur trifft diese Prognose für *Heldenplatz* nicht ein.

Stattdessen wird das fatalistische Geschichtsbild des unbelehrbaren, unglücklichen Österreichers gezeichnet. Der von Grund auf unzufriedene und unglückliche Österreicher ist schon 1938 in sein Unglück gerannt und wird es wieder tun.

> Die Österreicher sind vom Unglück Besessene/ der Österreicher ist von Natur aus unglücklich/ und ist er einmal glücklich schämt er sich dessen/ und versteckt sein Glück in der Verzweiflung (HP: 89).

Nach Robert Schuster kann der Österreicher nichts anderes tun, als in sein Unglück laufen, weil er davon besessen ist. Doch eben der permanenten Unzufriedenheit verleiht Schuster mit seiner Rede Ausdruck, indem er nichts und niemandem bei seiner Kritik ausspart. Insofern ist er, der vermeintliche Jude, auch „nur" Österreicher, der das Unglück täglich miterlebt und sich darüber echauffiert. Er ist als Jude demzufolge durchaus integriert und unterscheidet sich nicht vom Bild des Österreichers, wie er es selbst zeichnet. Dies ändert aber nichts an seiner negativen Bewertung des österreichischen Volkes.

Das Bild der gefährlichen „Volksmasse" erinnert an die entpersonalisierten NS-Propaganda-Bilder, nur eben im umgekehrten Sinn. Denn im Gegensatz zum „gleichgeschalteten" Volk Hitlerdeutschlands ist jenes, das hier beschrieben wird, außer Kontrolle geraten.[303] Einzig das Bild des angekündigten Regisseurs

---

[302] Vgl. hierzu die Statistiken und Ausführungen zur demographischen Entwicklung in: TAZI-PREVE, Irene M. u.a.: Bevölkerung in Österreich. Demographische Trends, politische Rahmenbedingungen, entwicklungspolitische Aspekte, Wien 1999, S.11.

[303] Zur Komplettierung dieses Bildes sei gesagt: Robert Schuster beschreibt ja die „Volksmasse" von 1938 als „debil" und „tobsüchtig". Das Volk war also bereits 1938 gefährlich ge-

lässt Assoziationen zu Hitler zu. Ein Regisseur muss kommen, der die Massen besänftigen wird. Das außer Kontrolle geratene Volk von 1988 ist nach Schuster vergleichbar mit dem von 1938; beide sind durch politisch instabile Zeiten[304] einer menschenverachtenden Ideologie anheim gefallen, einem auf dem Antisemitismus gegründeten neuen Nationalsozialismus. Dieses Gleichnis ist die Prämisse für die Handlungsfähigkeit des bezeichneten Regisseurs. Indem dieser jedoch die metaphorische Bühne betritt, wechselt die Perspektive des Bildes, das bisher auf die Ähnlichkeit zweier zeitferner Zustände rekurrierte. Der Regisseur wird nur als scheinbare Erfüllung des Rufes aus dem Volk betrachtet, er wird nur vorgeben, Verbesserung zu bringen. Letztlich aber ist er es, der die dem Tode geweihte, gleichförmige Masse in den Abgrund stürzt. Die Unmündigkeit der Bevölkerung wird damit schicksalhaft und todbringend inszeniert. In Schusters harter Rede schwingt kein Ton Mitleid mit, er sieht die Schuld bei den im wahren Wortsinn „geistig verwirrten" Mitmenschen. Überdies entspricht Schuster dem wissenden Typus von Bernhards „Geistesmenschen", welche die Welt erkannt zu haben glauben, aber dennoch nicht fähig sind, ihr das Wissen für eine Verbesserung der Welt mitzuteilen. Professor Robert ist in diese Figuren-Reihe einzuordnen, da er sich zwar zu großen Reden aufschwingt, zuletzt aber sein Alter vorschickt, um zu begründen, dass eine Auflehnung gegen bestehende Verhältnisse nicht mehr sinnvoll ist: „alle Proteste verbieten sich am Lebensende" (HP: 77)[305]. Ihn, dem die katastrophale Lage bewusst ist, wird sie zur Zeit ihres realen Eintretens nicht mehr tangieren, weil er tot sein wird. Eine ähnliche sarkastische Ironie kann auch für Professor Josef Schuster festgestellt werden. Dieser plante, ein Buch mit dem Titel „Die Zeichen der Zeit" zu schreiben, was er jedoch nicht mehr hat beginnen können, da er Suizid beging. Ein Mathematiker, der für sich in Anspruch nimmt, in einer publikationswürdigen philosophischen Abhandlung zeitgenössisch-gesellschaftliche Tendenzen abzubilden und daraus möglicherweise Folgerungen für die Zukunft abzuleiten, begeht Selbstmord, weil er eben jene Zeitgenossenschaft nicht mehr aushält. Hier treibt Bernhard die Ironie des Schicksals wahrlich auf die Spitze.

Fatal ist mit Sicherheit der sehr gewagte Vergleich von Sozialismus und Nationalsozialismus, den Robert Schuster anstellt. Beide Begriffe seien „Schimpfwort[e]" (HP: 98). BACHA weist in diesem Zusammenhang auf Bernhards persönliche Auseinandersetzungen mit führenden SPÖ-Politikern hin und gibt zu bedenken, Bernhard würde sein Stück vor allem dazu missbrauchen, „um

---

worden, indem es dem Nationalsozialismus huldigte. Nun erkennt er eine parallele Entwicklung im Jahr 1988.

304 Hier wird, was 1938 historisch belegt und erforscht ist, auch für 1988 unterstellt. Die Demokratie soll als Scheindemokratie entlarvt werden, indem ihr die Schuld für den aufkeimenden Antisemitismus gegeben und mangelnde Selbstreflexion und Aufarbeitung der NS-Vergangenheit kritisiert werden.

305 An dieser Stelle widerspricht sich Bernhard in gewisser Weise selbst, denn es ist unbestritten, dass sein Werk, nicht zuletzt das Stück *Heldenplatz*, ein Protest par excellence ist. Man wird ihm in diesem Punkt eine gewisse Selbstironie bzw. schwarzen Humor wohl nicht absprechen können.

[seinen] narzisstischen Rachedurst zu stillen"[306]. Dieser Gedanke mag nicht komplett abwegig sein, doch scheint es ungerecht, dem zu dieser Zeit schwerkranken Bernhard solches zu unterstellen, zumal der Text beweist, dass im Grunde der Staat als Ganzes kritisiert wird und keine Partei oder Institution von der Kritik verschont bleibt. „Die Österreicher haben keine Wahl/ was der Österreicher auch wählt/ es ist niederträchtig" (HP: 135).

Robert Schusters Analyse des Volkszustandes ist allerdings nicht nur vor dem Hintergrund eines nationalsozialistischen Vergleiches zu sehen. Dass „am Ende doch wieder nur" die Katastrophe über Österreich hereinbricht (Vgl. HP: 89), klingt nach einer kompletten Aburteilung der politischen Machthaber, ganz gleich welcher Partei sie angehören mögen. Die „paar verbrecherischen Hauptdarsteller[...]" (HP: 89), die Politiker, „die in der Hofburg und auf dem Ballhausplatz sitzen" (HP: 89), sind im Grunde austauschbar. Politik wird hier generell für unfähig erklärt und abgelehnt. Damit relativieren sich jedoch die Anfeindungen gegen den Nationalsozialismus oder Sozialismus, indem eine grundsätzliche Politikunfähigkeit unterstellt wird. „[I]n den letzten fünfzig Jahren haben die Regierenden/ alles zerstört/ und es ist nicht mehr gutzumachen" (HP: 87). Diese generalisierende Aussage verschont auch das Volk nicht. „[D]as Volk hat alles zerstört mit seinem Stumpfsinn" (HP: 88). Aufgrund demokratischer Strukturen ist die Schuld von Parteien und Politik auch auf die Wählerschaft und damit das Volk abzuleiten.

Allerdings bleibt festzuhalten, dass die politische Kritik des Stückes durchaus durch analytische Substanz argumentativ untermauert wird und nicht auf bloße Beleidigung des Gegenübers ausgerichtet ist.

> Die Industrie und die Kirche/ sind an dem österreichischen Unglück schuld/ die Kirche und die Industrie sind schon immer/ am österreichischen Unglück schuld gewesen/ die Regierungen hängen ja vollkommen/ von der Industrie und Kirche ab/ das ist immer so gewesen (HP: 88).

Was hier so übertrieben dargestellt wird, entspricht in seinen Grundlagen der Wahrheit. Eine demokratische Regierung ist abhängig von der Wirtschaft. Auch die Kritik an der Kirchenmacht ist bei Bernhard nichts Neues. Sein großväterlicher Duktus beschwört auch in *Heldenplatz* die gute alte Zeit, von der aber niemals gesagt wird, wie sie war. Allein die Feststellung, dass die Menschen von heute alles zerstört haben, was es vor fünfzig Jahren noch gab, ist entscheidend für das Urteil über die zeitgenössische Welt. Über die Errungenschaften der modernen Technik oder des medizinischen Fortschrittes wird ebenso wenig etwas gesagt wie über die moderne Kunst oder Politik. Bis auf die Ablehnung von Politik, Staat und Kirche findet sich in den Reden der Figuren nichts, das einen Fortschritt nachvollziehbar machen könnte.

---

[306] BACHA: Thomas Bernhards Auseinandersetzung mit dem Nationalsozialismus [wie Anm. 86], S.122.

Zwar werden hier pauschalierte Schuldige für die Misere Österreichs genannt, doch dadurch wird die Schuldzuweisung nicht abgeschwächt. Im Gegenteil, sie wird konkreter. Eine tagespolitische Anspielung, die ein Text bietet, ist rasch überholt, Text und Inszenierung verlören rasch an Aktualität. Die Feststellung, dass die Demokratie in Österreich von Industrie und Kirche abhängig sei, ist provokant und historisch-kontextuell nicht gebunden. Bernhard stellt hier also Grundfragen an die Demokratie und weist damit politische Auffassungsgabe vor, auf deren Basis er das bestehende politische System mit den eigenen Widersprüchen konfrontiert.

Auffällig ist jedoch, dass permanent von einer Zerstörung in den letzten fünfzig Jahren die Rede ist. Man könnte leicht die Ansicht gewinnen, fünfzig Jahre zuvor, also 1938, sei alles noch besser gewesen. Doch zu dieser Zeit wurde Österreich in das Deutsche Reich eingegliedert. Dieser Wendepunkt führte in die historische Katastrophe des Holocaust und Zweiten Weltkrieges. Hier also irrt Robert Schuster in gewisser Weise, wenn er feststellt, die Welt sei erst in den letzten fünfzig Jahren zerstört worden. Die Grundlagen, die faschistische Ideologie, das Sympathisieren mit Hitlerdeutschland, all dies sind nicht Resultate der Zeit nach 1938, sondern sie entstanden bereits davor. Es steht außer Frage, dass der Nationalsozialismus eines der schrecklichsten Ereignisse in der Weltgeschichte darstellt, doch alle Versuche danach, eine politische Stabilität in Europa zu schaffen, sind Resultat dieser Vergangenheit, mit dem Ziel, demokratische Staaten zu konstituieren. Diese Zeit mit der Zerstörung der Welt gleichzusetzen, ist grotesk und entbehrt jeglicher Grundlage. Die einzige Zerstörung, die man für die Zeit nach 1945 konstatieren kann, ist jene der Illusion, dass der Nationalsozialismus in Ideologie und Erscheinung tatsächlich besiegt sei. Bernhard erkannte in dieser Desillusionierung offenbar eine vorsätzliche Täuschung des Volkes durch die demokratischen Staaten nach 1945, die mittels Verdrängung von Schuld und Resozialisierung von NS-Verbrechern versucht hatten, den Menschen einen „absoluten" Neuanfang „vorzugaukeln".

Es mag grotesk erscheinen, wenn bei soviel Ablehnung des Staates durch seinen Bruder Robert, Josef Schuster zum Österreich-Patrioten wird, weil der Text angibt, man habe ihn 1955 – also im Jahre der Konsolidierung der Zweiten Republik Österreich – nicht davon abbringen können, nach Wien zurück kehren zu wollen.[307] Auch der Angriff auf das Burgtheater, welches als das erste Theater im Staat nach wie vor identitätsstiftende Wirkung besitzt, hat eine besondere Bedeutung.[308] Nicht nur die Kunst wird angegriffen, sondern auch die Institution des Staatstheaters und somit gleichsam der Staat selbst.

---

[307] Vgl. JÜRGENS: Das Theater Thomas Bernhards [wie Anm. 19], S.125.

[308] Darauf verweist auch JÜRGENS: Das Theater Thomas Bernhards [wie Anm. 19], S.129. Es sei hinzugefügt, dass diese Bühne noch heute als der Olymp der deutschsprachigen Theaterkunst angesehen wird. Dank hoher Subventionen findet man an diesem Haus nicht nur ein ungewöhnlich großes Ensemble, sondern auch erstklassige Arbeitsbedingungen für Regisseure und Schauspieler.

Das, was auf der Bühne des Staatstheaters gegeben wird, ist die Beschimpfung der Menschen im Parkett und auf den Rängen. Die Frage nach dem Sinn des Ganzen beantwortet VON SCHILLING mit einer Notwendigkeit der Relativierung von Bernhards Thesen.

> Erst wenn die grundsätzliche Berechtigung der Österreich-Beschimpfung – das Misslingen eine [sic!] Bewältigung der nationalsozialistischen Vergangenheit – zugestanden würde, so wohl die Erwartung Bernhards, könnte eine Relativierung stattfinden. [...] Nur wenn das Zugeständnis des Scheiterns der Bewältigung ausgesprochen würde, wäre eine konstruktive Diskussion denkbar und könnte eine positive Identität auch Österreichs formuliert werden.[309]

Hierin wird beschrieben, was Bernhard wirklich wollte. Mit einer oberflächlichen Provokation war nicht viel zu erreichen. Sicherlich war Bernhard an seiner Imagepflege als „Aufrührer der Nation" gelegen, doch war er Schriftsteller und man darf seinen Werken ein gesellschaftskritisches Komponente nicht absprechen. Eine Diskussion oder gar das Eingeständnis der gescheiterten Vergangenheitsbewältigung dürfte Bernhards Ziel gewesen sein. Er wollte eine Behebung des Missstandes bewirken, indem er auf das Scheitern der Aufarbeitung des Nationalsozialismus hinwies. Das Mittel hierzu konnte nur die Provokation durch absurd erscheinende Wahrheiten sein.

Diesbezüglich ist sicherlich eine bemerkenswerte Gemeinsamkeit der Figuren Höller und Schuster relevant: Für sie als Überlebende des Nationalsozialismus hat sich die Welt nach dem Krieg nicht geändert.[310] Höller ist eine erneut integrierte Persönlichkeit, die gesellschaftlich etwas darstellt, Josef Schuster ist dies pro forma ebenfalls, nur sieht er sich demselben Antisemitismus ausgesetzt wie zur Zeit des Nationalsozialismus. Die Idylle eines großbürgerlichen Lebens kann ironischerweise nur der Nationalsozialist Höller für sich retten, indem er den Bau einer Giftgasfabrik neben seiner Villa verhindert. Im Gegensatz dazu begeht Josef Schuster Suizid und sein Bruder Robert kann den Bau einer Straße durch das Sommergrundstück in Neuhaus nicht verhindern. Worin sich beide Figuren wieder ähneln, ist die Tatsache, dass beide die totale Weltverkommenheit konstatieren, einen „Verdummungsprozess [der] nicht mehr aufzuhalten [ist]" wahrnehmen (HP: 132) und feststellen, „daß alles zerstört wird" (HP: 87).

Schuld daran ist nicht nur „der österreichische Stumpfsinn" (HP: 88); „Der Amerikanismus hat hier alles zerstört" (HP: 118). BACHA verweist auf die Parallele zu Höller, der sagt „der Amerikanismus hat uns vergiftet" (VdR: 64). Auf der rein kontextuellen Ebene bedeutet dies wohl, dass der Amerikanismus nach dem Zweiten Weltkrieg die Identitätsfindung der Bundesrepublik Deutschland und Österreichs massiv beeinflusst hat, und dies, so scheint man Bernhard herauszuhören, nicht immer zu deren Vorteil. Es wäre schon ein beachtlicher Zufall, wenn zwei Figuren mit so unterschiedlicher Vita diese Kritik beiläufig äußer-

[309] VON SCHILLING: Die Gegenwart der Vergangenheit [wie Anm. 46], S.170.
[310] Ebd., S.164.

ten. Dass Bernhard hier ein konzeptioneller Fehler unterlaufen ist, dürfte abwegig sein. Vielmehr muss angenommen werden, dass jene Amerika-Kritik dem Autor besonders wichtig war, sodass er sie zwei so unterschiedlichen Figuren in den Mund legte. Es geht in *Heldenplatz* also nicht so sehr um das Faktum, dass hier jüdisches Personal die Bühne betritt und sich artikuliert, sondern vielmehr darum, was die Figuren zu sagen haben. Vor allem jedoch wie sie dies tun.

Die Forschung hat mehrfach auf die terminologische und rhetorische Nähe zur NS-Diktatur hingewiesen.[311] Daraus ist zu schließen, „daß die faschistischen Denkstrukturen deshalb noch immer in den Köpfen der Menschen verankert sind, weil sich die grundlegenden Strukturen der Gesellschaft nicht verändert haben“[312]. Insofern treffen Bernhards Figuren mit ihrer Rede genau den wunden Punkt der Zweiten Republik, die ja, zumindest pro forma, im Zuge der Konstituierung demokratischer Staatsstrukturen den Nationalsozialismus überholt zu haben glaubt. Dass dem auch im Jahre 1988 nicht so war, hat das Kapitel über Österreichs Geschichtswahrnehmung nach 1945 bereits dargelegt.

Es mag im Hinblick auf das Figurenensemble zunächst paradox erscheinen, doch in *Heldenplatz* „wird die Kontinuität faschistischer Denk- und Machtstrukturen in der bürgerlichen Gesellschaft als geschichtlich gewachsen erkannt“[313]. Wie aber passt diese Feststellung mit der jüdischen Familie Schuster zusammen? Bei genauerer Betrachtung fällt eines sofort auf: Diese hier auf der Bühne agierenden Juden haben absolut nichts Jüdisches an sich. Sie entsprechen eher einem intellektuell-großbürgerlichen Klischee. Indem die Schusters mit den angeblich typischen Attributen einer jüdischen Familie (Reichtum und Intelligenz) ausgestattet sind, werden die Vorurteile – egal ob 1938 oder 1988 – sinnfällig gemacht.[314] Die jahrhundertealten religiösen Konflikte sind zu gesellschaftlichen Akzeptanzschwierigkeiten geworden, und insbesondere bei den Schusters besteht das Judentum nur noch als Stigma für einen Reizpunkt, der gesellschaftlich auch in der Zweiten Republik Österreich noch immer nicht integrierbar erscheint. Diese Diagnose bestätigt sich durch die Analyse des Textes insofern, als im gesamten Stück kein Hinweis darauf zu finden ist, dass die Schusters tatsächlich in irgendeiner Weise den jüdischen Glauben aktiv leben. Sie sind per se Juden, auch wenn sie diesem Glaubensbekenntnis gar nicht aktiv nachgehen.

Symptomatisch für die österreichische Identität scheint überdies die Titel-Fixiertheit der Österreicher zu sein. In *Heldenplatz* greift Bernhard dieses Phänomen überdeutlich auf. „Die ständige Titulierung einiger Figuren als ‚Professor‘ ist so übertrieben, daß sie nur noch Komik erzeugen kann [...].“[315] Durch diesen inflationären Gebrauch des Professoren-Titels wird dieser komplett entwertet. Diese Tatsache kann auch im übertragenen Sinne für die mangelnde Identitäts-

---

311 Vgl. u.a. JÜRGENS: Das Theater Thomas Bernhards [wie Anm. 19], S. 157ff., auch BOZZI: Massengeschrei und Leerstelle, [wie Anm. 136], S.257.

312 JÜRGENS: Das Theater Thomas Bernhards [wie Anm. 19], S. 157.

313 Ebd., S.161.

314 Ebd., S.147.

315 Ebd., S.142f.

bildung Österreichs konstatiert werden. Indem Bernhard eine jüdische Familie, deren Status in der dargestellten Gesellschaft höchst problematisch erscheint, diese spezifisch österreichische Titel-Inflation vollziehen lässt, integriert er einerseits die als gesellschaftliches „Problem" markierten Juden und macht sie zu Österreichern, andererseits zeigt er damit auch ironisch-überspitzt, welche Dinge in Österreich widersinnigerweise als besonders wichtig empfunden werden. Mit anderen Worten: Die als „Juden" diskriminierten Schusters unterscheiden sich nicht von anderen Österreichern, ganz egal welches Glaubensbekenntnis sie haben. An dieser Stelle sei ausdrücklich darauf hingewiesen, dass im gesamten Stück nicht ein Hinweis auf die Ausübung jüdischer Religion zu finden ist. Der Name Schuster könnte deutscher nicht sein. Dennoch bleiben die Schusters Diskriminierte in einer intoleranten, als faschistoid gezeichneten österreichischen Nachkriegsgesellschaft.

Doch auch diejenigen, die diskriminiert werden, sind nicht frei von Vorurteilen. Ganz dem großbürgerlichen Ethos verpflichtet, stellt eine Person wie die Niederreiter eine große Gefahr für die Schusters dar. Um ihrem Namen auch gerecht zu werden, belegt Robert Schuster das Fräulein Niederreiter durchweg – wie sonst ja auch alles – mit negativen Eigenschaften. Trotz dem diese Frau bereits zwei mal verheiratet war, wird sie nach wie vor als „Fräulein" tituliert, eine Tatsache, die dafür spricht, dass man dieser Dame Persönlichkeit abspricht und sich nicht mit ihr auf eine Stufe zu stellen gedenkt. Der Topos der destruktiven Künstlerin (Schauspielerin), wie er mehrmals aufgerufen wird, verweist auf eine literarische Tradition, die schon bei Goethe oder Thomas Mann zu finden ist.[316] Sie entspricht dabei einem anachronistischen Verständnis von Kunst und steht dem heutigen Elitärverständnis der Schauspielerei konträr entgegen. Hierin ist ein weiteres Indiz für die vermeintliche Spießbürgerlichkeit der Schusters zu sehen. Die Intelligenz und Toleranz dieser Familie ist wesentlich eingeschränkter, als sie selbst vorgibt zu sein. So wird es auch möglich, tradiertes Faschismusdenken in die Sätze Robert bzw. Josef Schusters zu legen.

Bereits verweist JÜRGENS auf die Namenssymbolik in *Heldenplatz*[317]. Das alte Haus in dem Ort Neuhaus steht jedoch nur namentlich für einen Neuanfang,

---

[316] JÜRGENS nennt beispielhaft Goethes Wilhelm Meisters Lehrjahre bzw. Thomas Manns Erzählungen. JÜRGENS: Das Theater Thomas Bernhards [wie Anm. 19], S.150. Bernhards Figuren rekurrieren zudem selbst darauf: „[D]ie Söhne aus gutem Haus sozusagen/ sind mehr oder weniger immer schon Opfer/ der Schauspielerei geworden/ den Bühnenkünstlerinnen verfallen" (HP, 124).

[317] Der Platz ist einer der größten Plätze in Wiens Innenstadt und geschichtsträchtig wie kein zweiter. Er ist das Symbol für Habsburgs Sieg über die Türken und Napoleon, gleichsam ein Stück österreichischen Bewusstseins. Die Heldenstatuen der Habsburger-Zeit, die Assoziationen von 1938 sind gewissermaßen übermächtig, sie „verweisen darauf, daß in Heldenplatz systematisch Gegenwart und Vergangenheit ebenso ineinander geschoben werden wie Pathologie und ‚Normalität'. GÖTZ VON OLENHUSEN: Thomas Bernhards Dramen und die Geschichtskultur [wie Anm. 246], S.234.

denn es ist gleichzeitig Symbol für die Nichteinlösung der Hoffnungen.[318] Ansonsten ist der Ort eher negativ behaftet. So stürzte sich 1938 der jüngste der Schuster-Brüder neunzehnjährig aus dem Fenster in Neuhaus „und ist gleich tot gewesen" (HP: 41). Fünfzig Jahre später soll eine „Straße durch den Garten gebaut [werden]" (HP: 77), was den kompletten Exodus des Neubeginns und eine Entwertung des Besitzes zur Folge hat. Auch die Tatsache, dass zwei der drei Schuster-Brüder sich mit einem Abstand von fünfzig Jahren das Leben nehmen, noch dazu durch dieselbe Suizidpraxis, kann nur als weiteres Indiz für den Stillstand der Geschichte gelesen werden. Selbst fünfzig Jahre, das Ende einer Diktatur, die Neugründung der Zweiten Republik Österreich haben an den Verhältnissen nichts geändert, sodass der einzige Ausweg auch 1988 nur der Freitod ist.

Hier ist Bernhard also weitaus symbolischer als in *Vor dem Ruhestand.*[319] Die dort dargestellte Spiel-Metapher war sich der Durchbrechung des Spiels an jeder Stelle bewusst. Die Realität sollte mittels eines Rollenspiels verleugnet werden. In *Heldenplatz* ist das nicht mehr möglich. Hier ist den Figuren die Rolle des Lebens aufgezwungen, sie haben keine Chance, daraus zu entfliehen. Der Regisseur der Familie, Josef Schuster, ist tot, doch er herrscht weiterhin in der Familie und gibt den Ton an. Die fatalistischen Momente prägen die Realität, die Symbolkraft von Namen und Ereignissen scheint schicksalhaft und wird nicht durchbrochen. Keiner der Figuren gelingt es, aus dem Endzeit-Zustand, so desaströs er auch beschrieben wird, auszubrechen. „Es gibt keine Trennung von Innen und Außen; alles ist Rad, alles ist Geschichte, und sie sind die Nabe des Rades, verdammt in ihrer Existenz die Geschichte zu perpetuieren."[320] Gegen eine solche Determination der Geschichte können die Figuren nur anreden.[321] Eine Veränderung im Handlungsverlauf des Stückes erzielen die Figuren damit jedoch nicht.

Stattdessen werden immer wieder Bilder der Vergangenheit geprägt, ohne sie mit der Gegenwart von 1988 in Verbindung zu setzen. Die Namenssymbolik beispielsweise findet in Graz ihre Entsprechung für die Hoffnungen vieler Österreicher 1938. In der steirischen Landeshauptstadt befand sich bis zum sogenannten „Anschluss" Österreichs an Hitlerdeutschland eine der Hochburgen der NSDAP in Österreich, nach 1938 wurde Graz von Hitler persönlich zur „Stadt der Volkserhebung" ernannt. Sie stand damit auf gleicher Stufe wie Hamburg, München oder Berlin und wird deshalb zum Symbol des Austrofaschismus. Überhaupt werden nur Begriffe aufgerufen, aber nicht erklärt. Der Text zielt also auf das Wachrufen bestimmter Kenntnisse, die ein spezifisch österreichisches

---

[318] Wie JÜRGENS herausgestellt hat, gehört der Besitz seit 1917 den Schusters. In jenem Jahr endete mit der Oktoberrevolution das Feudalzeitalter in Russland, wobei die Hoffnungen, welche an die Revolution geknüpft wurden, kaum eingelöst werden konnten. Das Scheitern der Hoffnung bzw. die Einlösung derselben ist somit inkludiert. Vgl. JÜRGENS: Das Theater Thomas Bernhards [wie Anm. 19], S.134.

[319] Vgl. BOZZI: Massengeschrei und Leerstelle [wie Anm. 136], S.255.

[320] SORG, Bernhard: Die Zeichen des Zerfalls. Zu Thomas Bernhards „Auslöschung" und „Heldenplatz". In: Text + Kritik 43, ³1991, S.75-87, [hier S.76].

[321] Vgl. SORG: Zeichen des Zerfalls [wie Anm. 320], S.76.

Kontextwissen voraussetzt. Andernfalls erschließen sich die versteckten Angriffe nicht, sondern wirken wie eine oberflächliche Beschimpfung allen und jedens.

Bernhards letztes Stück versucht darüber hinaus gar nicht erst den Anschein vom Abbildungswillen der Wirklichkeit zu erwecken. Schon die ersten Sätze verdeutlichen, dass – typisch für Bernhard – kaum eine Kommunikation im dialogischen Sinne entstehen wird, sondern, dass es nur um ein symbolisches Festhalten an Antiquiertem geht. Einerseits – und hierin liegt ein wesentlicher Unterscheid zu *Vor dem Ruhestand* – versucht die Haushälterin Frau Zittel durch das Zitieren des Professors seine Zeit am Leben zu erhalten. Andererseits verurteilt Robert Schuster die letzten fünfzig Jahre und steht damit dem Konservierungswillen der Zittel entgegen. Aus der Verklärung der Vergangenheit, die einzig an der Figur Professor Schusters als glorreich empfunden wird, entsteht die Absage an die Gegenwart und die Zukunft, die ohne Josef Schuster auskommen muss. Die Gegenwart wird als das Bedrohliche empfunden, während die Bedrohung des Antisemitismus doch offiziell als „tot" gilt. *Heldenplatz* postuliert das Fortbestehen antisemitischer Tendenzen in der österreichischen Gesellschaft nach 1945 und überschreitet damit eine Tabugrenze.

Dies ist mit Sicherheit ein typisches Merkmal Bernhardscher Literatur. „Thomas Bernhard geht es ständig darum, die Grenzen zu sprengen."[322] Mit diesem Willen zur Grenzüberschreitung ging er sicherlich einen Weg, der Geschichtsbilder hinterfragen möchte. Er sah sich als Autor, der es als seine Pflicht betrachtet, vermittels Grenzüberschreitungen politische Gegenwart sichtbar zu machen und zur Diskussion zu stellen. Einen eindeutigen Beweis hierfür bietet *Heldenplatz*. Die Grenzüberschreitung geschieht nicht nur inhaltlich, sondern auch formal. Während zunächst nur die Frau Professor das Jubel-Geschrei während der Verkündung des „Anschlusses" auf dem Heldenplatz 1938 hört, wird es zum Ende des Stückes immer deutlicher auch für das Publikum hörbar, „*bis an die Grenze des Erträglichen*" (HP: 165, Hervorhebung im Original). Es kommt zur Aufhebung der „Grenzen von Normalität und Pathologie"[323].

Zugleich liefert Bernhard bezüglich seines Selbstverständnisses mehrmals Hinweise auf grenzüberschreitende Aspekte, wie beispielsweise dem, sich selbst als „Geschichtenzerstörer"[324] zu bezeichnen. Was jedoch nicht zutrifft, ist, dass Thomas Bernhard ein Einzelkämpfer war. Etliche seiner Kollegen wagten zu seiner Zeit teilweise heftigen Einspruch gegen gesellschaftliche Entwicklungen, womit sie alle in einer historischen Reihe stehen.[325] Hervorzuheben ist jedoch,

---

[322] BENAY, Jeanne: Das Grenzüberschreitende bei Thomas Bernhard. In: BÉHAR, Pierre u. BENAY, Jeanne (Hrsg.): Österreich und andere Katastrophen. [Beiträge des Internationalen Kolloquiums an der Universität des Saarlandes vom 10. bis 12. Juni 1999], St. Ingbert 2001, S.281-303, [hier S.282].

[323] GÖTZ VON OLENHUSEN: Thomas Bernhards Dramen und die Geschichtskultur, [wie Anm. 246], S.238.

[324] Vgl. hierzu die Ausführungen auf Seite 100 dieser Arbeit.

[325] Eine Auflistung der aus dem literarischen Milieu stammenden Kritiker ihrer Zeit findet sich bei BENAY: Das Grenzüberschreitende [wie Anm. 322], S.286f.

dass Bernhard mit seinem Werk wesentlich zum „Diskurs über die österreichische Identität" beitrug[326] und ihm somit auch Anteil am nationalen Bewusstsein der Österreicher zukommt. Insofern ist das (Kunst-)Produkt Thomas Bernhard für Österreich vielleicht bedeutsamer als bislang angenommen. Gemessen an seiner Skandalwirkung scheint dieses Urteil wohl überaus zutreffend zu sein. Doch ist dem auch in Bezug auf das Werk zuzustimmen?

Betrachtet man die Frage des spezifisch österreichischen an Bernhards Literatur, so kommt man zu folgendem Schluss: sein Werk ist globaler, als es zunächst den Anschein hat, und der Mythos Österreich ist ein Konstrukt. Sehr treffend charakterisiert SCHMID das Phänomen des österreichischen Mythos in der Gegenwartsliteratur Österreichs, den Claudio MAGRIS in seinem Buch *Der habsburgische Mythos in der österreichischen Literatur* heraufbeschworen hat. „Der *Mito Absburgico* ist selbst ein Mythos, und österreichische Syndrome gibt es in erster Linie in der Phantasie derer, die eben schon *vorher* aufgrund von Verfassernamen und Klappentexten wissen, dieser oder jener Autor sei Österreicher."[327] Der eigentliche Mythos scheint also weniger in dem Konstrukt einer geschichtsträchtigen Vergangenheit zu liegen, als vielmehr in dem Phänomen der Verdrängung, was sich als Thema durch die sogenannte „österreichische" Literatur zieht.

„[W]enn man bedenkt was dieses Österreich/ einmal gewesen ist/ daran darf nicht gedacht werden/ das forderte ja den Selbstmord geradezu heraus" (HP: 96). Der Untergang Österreichs ist folglich schon geschehen. Nun steht er gewissermaßen zum zweiten Mal an. Thomas Bernhard hat sich zu Österreichs historischer Vergangenheit sehr deutlich geäußert:

> Aus einer weltpolitischen Katastrophe [...] hat sich [...] in der Republik Österreich eine Gesellschaft der in allen Farben schillernden Dummköpfe etabliert, die schließlich und endlich alles, was Anspruch auf den entschieden klaren Begriff von Ruhm haben dürfte, restlos vernichten wird. Die Wahrheit ist eine schmerzhafte Operation [...]. Österreich mit seiner Vorstellung, die wir davon haben, muß der Wahrheit zum Opfer fallen.[328]

Mit dem Ende der Donaumonarchie und später nach der Befreiung vom Nationalsozialismus konnte Österreich nie wieder an seine frühere weltpolitische Bedeutung anknüpfen. Es war von einer Großmacht mit jahrhundertealter europäischer Geschichte zu einem Alpenrandstaat ohne größere Bedeutung geworden. Aus diesem offenkundigen Identitätsproblem entspringt auch das we-

---

[326] Vgl. BENAY: Das Grenzüberschreitende [wie Anm. 322], S.287.

[327] SCHMID, Georg: Reserve/Regreß/Repression. Axiome zur historischen Entwicklung der „literarischen Moderne Österreichs" nach 1945. In: BARTSCH, Kurt u.a. (Hrsg.): Für und wider eine österreichische Literatur, Königstein/Taunus 1982, S.79-99, [hier S.84, Hervorhebung im Original, C.G.].

[328] Zitiert nach DONNENBERG, Josef: Thomas Bernhards Zeitkritik und Österreich. In: PITTERTSCHATSCHER, Alfred u. LACHINGER, Josef (Hrsg.): Thomas Bernhard. Materialien. Literarisches Kolloquium Linz 1984, Weitra ^{2}1994, S.53-72, [hier S.56f.].

sentliche Merkmal der österreichischen Literatur: „Österreichische Literatur wird nicht zuletzt dadurch evasiver – wohl unvermeidbare Folge eines soziokulturellen Klimas, das auf einer kollektiven Mentalität beruht, die, verkürzt angedeutet, immer darauf aus war, Probleme durch Ignorieren allmählich absterben zu lassen, nie jedoch aktiv zu lösen."[329]

Hinzu kommt eine unübersehbare „Selbst-Provinzialisierung" eines Landes, das seit dem Fin de Siècle scheinbar keine Hauptstadt mehr besitzt.[330] Und tatsächlich spielen auch in Thomas Bernhards Werk zunächst alle anderen Orte in Österreich eine Rolle, nur am wenigsten Wien[331]. Insofern bildet *Heldenplatz*, das den Namen des unverwechselbaren Platzes in der Mitte Wiens trägt und sich sehr explizit auf die Wiener Bürger bezieht, eine Ausnahme.

JURGENSEN geht sogar so weit zu sagen, dass „die Städte und Landschaften Österreichs für Thomas Bernhard mehr oder weniger austauschbar sind"[332]. Die Orte seien nur „Ausdruck einer kranken Kultur, eines geistig kranken Österreichs"[333]. Immerhin leiden die Figuren in Bernhards Texten an diesen Orten und damit auch an sich, weil sie – meist unfähig den Ort zu verlassen – keinen anderen Ausweg sehen, als sich unbewusst dem Ort zu stellen und mit ihrem Leiden zu leben. Dieses Leiden ist vor allem in der Problematik des Geistesmenschen begründet. Insbesondere die Verleugnung und Enteignung seiner geistigen Vertreter ist es, die Österreich zu einem unmöglichen Lebensraum werden lässt.[334] In der Übertreibung liegt jedoch die Verschiebung hin zur Künstlichkeit. Die Realitäten werden bewusst verwandelt. Bernhards Österreich-Bild „ist eine geistige Projektion zum Zweck der Provokation, bewusster Ausdruck einer Verrücktheit."[335] Daher sind Bernhards Figuren auch so radikal in ihren Äußerungen. „Die Überwindung geistig vorgezeichneter Grenzen, damit auch des Wahn-Sinns erweist sich als das spezifisch Bernhardsche Bild österreichischen Selbstverständnisses."[336]

Es ist vielfach die Frage gestellt worden, was das für ein Mensch sein muss, der solch harte Worte gegen sein Land vorbringt. Dass er sich als Österreicher gegen das eigene Vaterland stellt, ist Bernhard oft übel genommen worden. Andererseits: War er nicht jener Freigeist, der sich diese Kritik erlauben konnte,

---

[329] SCHMID: Axiome zur historischen Entwicklung [wie Anm. 327], S.89.

[330] Vgl. ebd., S.93f.

[331] Die meisten Anspielungen finden sich auf Salzburg, Innsbruck sowie kleinere Orte im Salzkammergut. Ein prägnantes Beispiel für die geographischen Anspielungen ist der Ort Altaussee in *Elisabeth II.* Und in *Der Theatermacher* pilgern die Bruscons durch die Provinz. Erst im Spätwerk, sowohl in den Stücken als auch der Prosa spielt Wien zunehmend eine größere Rolle, so beispielsweise in *Holzfällen. Eine Erregung* oder auch *Alte Meister.*

[332] JURGENSEN, Manfred: Das Bild Österreichs in den Werken Ingeborg Bachmanns, Thomas Bernhards und Peter Handkes. In: BARTSCH, Kurt u.a. (Hrsg.): Für und wider eine österreichische Literatur, Königstein/Taunus 1982, S.152-174, [hier S.164].

[333] Ebd., S.164

[334] Vgl. JURGENSEN: Das Bild Österreichs [wie Anm. 332], S.165.

[335] Ebd., S.168.

[336] Ebd., S.169.

weil er sein Vaterland liebte? Jemand, dem seine Heimat nichts bedeutet, klagt nicht an, was sich dort ereignet. Man kann sich dem entziehen, wenn man will. Bei Bernhard aber liegt der Fall anders. „Das wiederholte Anlaufen gegen Österreich ist eigentlich der Beweis für Bernhards aufklärerische Hoffnung, doch noch anerhört zu werden."[337] So erklärt sich auch die Konstanz des Themas Vergangenheitsbewältigung in Bernhards Werk. Die Radikalität von *Heldenplatz* muss als Vermächtnis betrachtet werden, als etwas, das ein dem Tode naher Autor seinem Land schon vor seinem Ableben vererbt.

„Denkanstöße geben/ mehr war es ja nicht/ Die Zuhörer haben immer taube Ohren/ es wird geredet aber es wird nichts verstanden" (HP: 117). Diese ersten Worte des Dritten Aktes bezeichnen das, was Bernhard mit seinem Stück wollte: die Menschen zur Reflexion zu bewegen.[338] Reflexion bedeutet in diesem Falle Nachdenken über den Umgang mit Geschichte. Wie GÖTZ VON OLENHUSEN bemerkt hat, geht es bei der „Erinnerungsarbeit" nicht ausschließlich darum, die eigene Ohnmacht gegenüber dem Verbrechen und die Macht des „Beschweigens" zu thematisieren, sondern auch darum, das Phrasenhafte von Politikern und Prominenten im Zuge der Vergangenheitsbewältigung zu hinterfragen.[339] Es geht Bernhard also nicht ausschließlich um die grundlegende Frage, ob man sich erinnert; die Frage, wie und auf welche Art und Weise dies geschieht, ist nicht minder bedeutend. Bernhards Stücke sind nicht nur deshalb aktuell, weil sie unter anderem das „Beschweigen" als problematisches Symptom der Erinnerungskultur nach 1945 thematisieren, sondern weil es dem Autor gelang, „das Publikum und die gesamte deutschsprachige Öffentlichkeit in seine perfekten Inszenierungen von Erinnerungspathologien einzubeziehen"[340]. Seine Diagnose der unbewältigten NS-Vergangenheit sollte Österreichs problematische Identität vor dem Hintergrund einer historischen Verantwortung zur Diskussion stellen. Die mit dem Absurden und der Groteske spielenden Formen in *Heldenplatz* sind als formale Antwort auf kaum zu begreifendes Leid und Unrecht der Zeit des Nationalsozialismus und des Zweiten Weltkrieges zu verstehen.[341] Verunsicherung über die Deutlichkeit, mit der in *Heldenplatz* gesprochen wird, aber auch die Wut über diese Äußerungen mögen zu manch einer heftigen Reaktion von Publikum und Presse beigetragen haben.

Trotz aller Übertreibungskunst finden sich immer wieder Sätze in Bernhards Stücken, die man als auf die Zukunft vorausweisend lesen kann. So heißt es in *Heldenplatz*: „Eine Welt in der nurmehr noch gegafft wird/ die das Denken verlernt hat/ der Verdummungsprozeß ist nicht mehr aufzuhalten" (HP: 132) Denken wir nur an die vielen Fernsehformate, die uns vorgaukeln sollen, es handele sich um sogenannte „Reality"-Shows, bei denen der Zuschauer selbst die kleinste

---

[337] BENAY: Das Grenzüberschreitende bei Thomas Bernhard [wie Anm. 322], S.288.
[338] Vgl. VAN INGEN: Heldenplatz [wie Anm. 134], S.45.
[339] Vgl. GÖTZ VON OLENHUSEN: Thomas Bernhards Dramen und die Geschichtskultur [wie Anm. 246], S. 239.
[340] Ebd., S.242.
[341] Vgl. BOZZI: Massengeschrei und Leerstelle, [wie Anm. 136], S.260.

Emotion der am Bildschirm Agierenden miterleben kann. Wie oft wurde über das Niveau des Talkshowzeitalters in den 1990er Jahren geklagt, wie viel teils vernichtende Kritik wird heutzutage diversen Spielshows zuteil? All dies sind scheinbar Entwicklungen, die Bernhard in seinem Werk vorausnimmt. Seine Kritik daran beschränkt sich auf die Nennung eines Problems, und das oft hinter der „Maske" der Satire und Übertreibungskunst. Es sollte an dieser Stelle jedoch nicht vergessen werden, dass *Heldenplatz* 1988 geschrieben wurde, zu einer Zeit, als das Privatfernsehen gerade erst in den Kinderschuhen steckte.[342] Bernhards Diagnose von einer bilderüberfluteten, niveaulosen Welt muss demzufolge als über seine Zeit hinausweisendes Bild gelesen werden.

Wenngleich der Übertreibungskunst Bernhards ein gewisser Wahrheitsaspekt oft abgesprochen wurde, konstatiert WIELAND eine zunehmende Übereinstimmung der Wirklichkeit mit jenem Bild der Österreicher, das Thomas Bernhard in seinen Texten gezeichnet hat. „Hatte man vordem noch geglaubt und gehofft, Bernhards Österreichbild sei eine groteske polemische Überzeichnung, so muß man heute einsehen, daß ‚die Österreicher' sich im Laufe der Jahre bequemt haben, dem Porträt, das er von ihnen angefertigt hat aufs Haar zu gleichen."[343]

---

[342] Zu bemerken ist überdies, dass in Österreich Privatfernsehen erst im Jahre 2002 zugelassen wurde.

[343] WIELAND, Rayk: Die Welt als Wille der Vorstellung. Österreichs Künstler protestieren. In: GREMLIZA, Hermann L. (Hrsg.): Braunbuch Österreich. Ein Nazi kommt selten allein, Hamburg 2000, S.151-158, [hier S.153].

4. *Thomas Bernhard und die Medien*

4.1 *Österreichs Medienlandschaft*

Längst schon ist das Konsumieren von Massenmedien zu einer Art unbewusst betriebenem Volkssport geworden. Die Medien sind nicht mehr aus dem Alltag in unserer Gesellschaft wegzudenken. Sie haben heutzutage eine enorme Macht, wenn es um die Beeinflussung der Meinung von Menschen geht. Auch die österreichische Medienlandschaft hat sich seit Gründung der Zweiten Republik rasant entwickelt, wie HÜFFEL in seinem historischen Abriss darlegt.[344] Konnte Österreich 1946 noch sechsunddreißig Tageszeitungen verzeichnen, reduzierte sich deren Zahl bis 1988 auf nurmehr siebzehn.[345] Die Verdrängung von Tageszeitungen ging seit den Fünfziger Jahren einher mit dem Trend zur Verbreitung der sogenannten Boulevardpresse, wie sie in Österreich durch Blätter wie *Kurier* und *Neue Kronen Zeitung* repräsentiert wird. Im Zuge dieser Entwicklung ging auch der Anteil der Parteizeitungen an der Gesamtdruckauflage im Laufe der Zeit merklich zurück. Von anfänglich 50% in den Fünfziger Jahren, waren es in den Siebziger Jahren nur noch 20%, heute nur noch knapp 2%.[346]

Österreich nimmt allerdings insofern in der Medienlandschaft eine Sonderstellung ein, als es Monopolbildung von Medien zulässt. Die „nach Reichweite weltgrößte Tageszeitung, die *Kronen Zeitung*, mit einer Reichweite von etwa 44%", sowie die beiden Fernseh-Programme des Österreichischen Rundfunks (ORF) sind in ihrer Dominanz und ihrer Bedeutung für den Medienmarkt gewiss einmalig.[347] „Nahezu 3 Millionen Österreicher und Österreicherinnen lesen täglich die *Kronen Zeitung*".[348] Für ein einziges Medium, wenn auch in einem kleinen Land[349], ist das sicherlich bemerkenswert.

Erwartungsgemäß sind die Verbindungen zum Bundesdeutschen Medienmarkt nicht zuletzt wegen der deutschen Sprache relativ stark. Wie eng der deutsche und österreichische Medienmarkt zusammen hängen, zeigt sich vor allem in Mehrheiten von Firmenanteilen der jeweiligen Zeitungen, die inzwischen zu großen Teilen von deutschen Unternehmen gehalten werden. Diese Entwicklung begann schon Ende der 1980er Jahre und setzte sich nach dem Wegfall des Ei-

---

344 Vgl. HÜFFEL, Clemens: Zur Geschichte der „klassischen" Medien Zeitung, Radio und Fernsehen. In: DERS. u. REITER, Anton (Hrsg.): Medienpioniere erzählen. 50 Jahre österreichische Mediengeschichte – von den alten zu den neuen Medien, Wien 2004, S.7-15.

345 HÜFFEL, Clemens: Die Medienlandschaft in Deutschland und Österreich. Zahlen. Daten. Fakten, Wien ²2003, S.48.

346 Diese heutigen 2% sind: *Salzburger Volkszeitung*, Linzer *Neues Volksblatt* sowie die *Kärntner Tageszeitung*. HÜFFEL: Zur Geschichte der „klassischen" Medien [wie Anm. 344], S.9. PÜRER verweist darauf, dass einige dieser Ausgaben in regionale Tageszeitungen umgewandelt wurden. PÜRER, Heinz: Presse in Österreich. Unter Mitarbeit von Benno Signitzer, Wien 1990, S.3.

347 Vgl. HÜFFEL: Zur Geschichte der „klassischen" Medien [wie Anm. 344], S.7.

348 Ebd., S.8.

349 Im Herbst 2008 schätzte man ca. 8,34 Millionen Österreicher.

sernen Vorhangs weiter fort. Während sich die WAZ-Gruppe (Westdeutsche Allgemeine Zeitung) 1988 zu 45% am *Kurier* und zu 50% an der *Neuen Kronen Zeitung* beteiligte, folgte im selben Jahr auch der Axel-Springer-Verlag mit einer Beteiligung von 50% an der Neugründung des *Standard.* Inzwischen hat Springer seine Anteile am *Standard* abgestoßen, dafür sicherte sich der Süddeutsche Verlag zehn Jahre nach Neugründung des Blattes 49% der Anteile.[350] Diese Entwicklung zeichnete sich jüngst auch auf dem Zeitschriftenmarkt ab. Nicht zuletzt sind diese Strukturveränderungen auch auf den Beitritt Österreichs zur Europäischen Union mit zurück zu führen.[351]

Die Macht der Presse zeigte sich insbesondere im Zuge der Uraufführung von Bernhards *Heldenplatz*: Die *Neue Kronen Zeitung* nützte die ihr zugespielten Textstellen aus dem Stück für ihre Kampagne gegen Bernhard und Peymann ohne darauf hinzuweisen, dass es sich bei diesem Material um Auszüge aus einer Fragment-Fassung handelte. Da bis zum Tag der Premiere kein fertiges Textbuch existierte, berief sich das Blatt auf vorläufige Textstellen ohne zu wissen, ob diese wirklich in der Premiere vorkommen würden.[352] Ein bestürzenderes Beispiel für ein auf Sensationsgier fußendes, unreflektiertes Vorgehen ist kaum denkbar. Naturgemäß wollte die übrige Presselandschaft nicht hinter der Sensationslust der *Krone* zurückstehen. Eine Verselbständigung des Medienrummels war die Folge aus den Behauptungen einzelner Redakteure, deren Artikel die Leserschaft und damit die öffentliche Meinung anstachelten. Zwischen der Veröffentlichung der „verstümmelten Textpassagen“ am 7. Oktober 1988 bis zur Premiere am 4. November erschienen in der österreichischen Tages- bzw. Wochenpresse zweiundvierzig Artikel, welche die sogenannte „Burg-Krise“ kommentierten.[353] Die Diskussionsleitung in der öffentlichen Debatte behielt jedoch die *Neue Kronen Zeitung*, die damit nicht zuletzt ihren Anspruch als führendes Pressemedium behaupten konnte. Zweifellos versteht sich das Blatt als „Stimme des Volkes“. Der Herausgeber der *Krone*, Hans Dichand, äußerte sich zur „Waldheim-Affäre“ und der Rolle seiner Zeitung dabei wie folgt:

> Unser ganzer Staat ist als Nazi-Land gebrandmarkt und verleumdet worden, und dagegen haben wir uns gewehrt. Das werden wir auch weiter tun, und wir werden, selbst wenn wir uns dafür weiter den Vorwurf des Antisemitismus zuziehen sollten, Österreich auch künftig gegen ungerechtfertigte Angriffe verteidigen.[354]

---

[350] Angaben nach HÜFFEL: Die Medienlandschaft in Deutschland und Österreich [wie Anm. 345], S.46.

[351] STEINMAURER, Thomas: Konzentriert und verflochten. Österreichs Mediensystem im Überblick, Innsbruck, Wien u.a. 2002, S.11.

[352] Vgl. BENTZ: Thomas Bernhard – Dichtung als Skandal, Würzburg 2000, S.31.

[353] BENTZ: Dichtung als Skandal [wie Anm. 352], S.32.

[354] DOEPFNER, Andreas: Wiener Medien-Macher im Vorhof der Macht. Welchen Einfluss hat die „Krone“ auf Österreichs Politik? In: Neue Zürcher Zeitung vom 8./9.3.1997, zitiert nach BENTZ: Dichtung als Skandal [wie Anm. 352], S.35.

Am Beispiel des Medienrummels um *Heldenplatz* wird vor allem eines deutlich: das Medienmonopol der *Kronen Zeitung* ist meinungsbestimmend in Österreich. Der Niedergang ehemals mächtiger sozialistischer und liberaler Blätter in der Zweiten Republik trug dazu bei, die Vormachtstellung der *Krone* zu festigen.

Es soll im Folgenden (Teilkapitel 4.4) der Frage nachgegangen werden, ob und inwieweit Thomas Bernhard in seinen späten Dramen diese Entwicklung erkannt und möglicherweise vorgezeichnet hat. Zunächst soll jedoch die Theaterarbeit Claus Peymanns betrachtet und seine Bedeutung für Bernhards Werk, sowie seine Beziehung zum Autor herausgearbeitet werden.

4.2 Der Theatermacher Peymann

Ein Gespür für den Skandal hatte Claus Peymann schon früh. Noch lange bevor er Theaterdirektor in Stuttgart wurde, machte er 1966 am Frankfurter Theater am Turm mit seiner Inszenierung von Peter Handkes erstem Stück *Publikumsbeschimpfung* von sich reden. Wenn man so will, war dies ein solider Grundstein für eine steile Karriere, die Peymann in den Folgejahren absolvierte.

Seit 1970 inszenierte Claus Peymann fast alle Stücke von Thomas Bernhard. Für den Regisseur Peymann waren Bernhards Texte eine „Herausforderung", er mochte „diese berühmte Undeutlichkeit, die ja beim realistischen Theater wahrscheinlich notwendig ist, dass es eben weder eine Tragödie noch eine Komödie ist, sondern immer beides"[355]. Der Wiedererkennungswert hatte für Peymann offenbar große Bedeutung: „Wie Sie schon nach drei Takten Mozart erkennen, so erkennen Sie auch nach drei Sätzen, Gott sei Dank, Thomas Bernhard."[356]

Thomas Bernhard war sicherlich ein Perfektionist. So beschrieb ihn auch Claus Peymann. „Der Thomas Bernhard bringt sich um, wenn zwei Tippfehler sein Stück entstellen."[357] Die Freundschaft der beiden geht sogar soweit, dass Peymann ihn nahezu mythisch überhöht:

> Also den Bernhard halte ich für den wahrscheinlich größten Dichter der Gegenwart, gerade weil er so viel über Liebesbeziehungen aussagt. Das wird ja oft abgestritten. Man sagt, die Frauen in seinen Stücken kämen schlecht weg. Absoluter Quatsch! Botho Strauß, der das gleiche Thema behandelt, produziert meistens Kitsch, während Bernhard die Wahrheit und die Widersprüche solcher Beziehungen darstellt, weil er die Liebe erkennt als das, was sie ist, nämlich als Machtkampf. Einer redet, der ande-

[355] PEYMANN, Claus: Thomas Bernhard auf der Bühne. In: PITTERTSCHATSCHER, Alfred u. LACHINGER, Josef (Hrsg.): Thomas Bernhard. Materialien. Literarisches Kolloquium Linz 1984, Weitra ²1994, S.187-199, [hier S.192].

[356] Ebd., S.193.

[357] Claus Peymann im Gespräch mit André Müller. In: MÜLLER, André: Im Gespräch mit..., Reinbek bei Hamburg 1989, S.164-182, [hier S.166].

> re schweigt. [...] Im Grunde ist er ein zutiefst moralischer Autor. Ich bin ein viel zu fröhlicher Mensch, um mich lebenslang mit einem Zyniker abzugeben.[358]

Analytisch genau beschreibt Peymann die Struktur der Bernhardschen Stücke und bestätigt damit auch eine gängige Forschungsmeinung. In gewisser Weise ergänzten sich Bernhard und Peymann, indem sie sich gekonnt auf dem Parkett der Öffentlichkeit zu bewegen wussten.

> Ich habe mich gern auch ihm in die Hand gegeben. Ich weiß gar nicht, was heute, nach dem Tod von Bernhard, wäre, wenn ich ein Stück von Bernhard machen würde, ob ich noch diese enorme Kraft und Energie, Phantasie aufbringen würde, zu der er mich immer beflügelt hat, weil ich ihm gefallen wollte.[359]

Doch zurück zu Peymanns Stuttgarter Zeit: Zwischen 1975 und 1977 wurde das Stuttgarter Schauspielhaus dreimal hintereinander „als die deutschsprachige Bühne mit der ‚herausragendsten Gesamtleistung' ausgezeichnet"[360]. Seinen Vertrag in Stuttgart verlängerte Peymann angeblich auch deshalb nicht, weil er vorhatte nach Berlin zu gehen, um Peter Stein[361] zu beweisen, dass er mindestens genauso gut sei wie er.[362] Neben den Klassikern der dramatischen Weltliteratur nahm er sich bereits am Beginn seiner Karriere auch zeitgenössische Stücke vor, die er als Uraufführungen auf die Bühne brachte. Die Zusammenarbeit mit Thomas Bernhard als Autor war sicher nicht nur thematisch zu begründen. Bernhard und Peymann hatten vor allem eines gemeinsam, nämlich, „daß sie sich in dieser egozentrischen Postmoderne gut vermarkten konnten"[363].

So hat sich Claus Peymann immer wieder auch politisch engagiert und über seine Theaterarbeit hinaus provoziert. Beispielsweise mit seiner Aktion für die inhaftierte Gudrun Ensslin. Ensslins Mutter hatte einen Bittbrief an Claus Peymann und andere Prominente gerichtet, um Geld für die Zahnbehandlung ihrer Tochter aufzutreiben, da diese die Behandlung durch einen Anstaltsarzt abgelehnt hatte. „Peymann nahm den Brief, hängte ihn am Schwarzen Brett des Theaters aus und fügte handschriftlich hinzu: ‚Wer Geld überweisen möchte, kann es bei der Frau Noack [Peymanns Sekretärin, C.G.] abgeben, C.P.'"[364] Die Aktion hatte Erfolg; doch Peymann polarisierte so stark, dass sogar Drohbriefe im Theater eingingen. Trotz aller Theatererfolge in Stuttgart schien dies nicht die

---

358 Zitiert nach MÜLLER: Im Gespräch mit Claus Peymann [wie Anm. 357], S.178f.

359 Günter Gaus im Gespräch mit Claus Peymann. Zitiert nach GAUS, Günter: Zur Person. Gespräche mit bildenden und darstellenden Künstlern, Berlin 1999, S.65-86, [hier S.82].

360 KETELSEN, Uwe-K.: Ein Theater und seine Stadt. Die Geschichte des Bochumer Schauspielhauses, Köln 1999, S.287f.

361 Stein, wie Peymann Jahrgang 1937, arbeitete in den Siebziger Jahren als Hausregisseur an der Schaubühne am Halleschen Ufer in Berlin, wo er mit seinen Inszenierungen enorme Erfolge feierte.

362 Vgl. ebd., S.285.

363 LE MOAL-PILZING: Auch den Abschied kann man wiederholen [wie Anm. 3], S.323.

364 KOBERG, Roland: Claus Peymann. Aller Tage Abenteuer. Biographie, Berlin 1999, S.191f.

richtige Stadt für den Regisseur zu sein. Spätestens nach dem Eklat um *Vor dem Ruhestand* war klar, dass Peymann nicht in Stuttgart bleiben würde. Neben der Berliner Schaubühne schien Bochum die einzige Möglichkeit einer neuen Wirkungsstätte zu sein. 1979 löste Peymann Peter Zadek als Intendant des Bochumer Schauspielhauses ab und avancierte in seiner siebenjährigen Amtszeit zu einem der erfolgreichsten und bekanntesten Theaterregisseure Deutschlands.

Peymann stellte sein „Bochumer Ensemble" mit Schauspielern aus ganz Deutschland zusammen: Kirsten Dene aus Frankfurt, Eleonore Zetzsche aus Bochum, Branko Samarowski aus Darmstadt, Gert Voss aus München und viele andere. Einige von ihnen sind noch heute als Schauspieler am Burgtheater Wien tätig. Bernhards Eigenart, dass „er strenggenommen keine Stücke, sondern eigentlich ,Texte für Schauspieler'"[365] schrieb, machte eben diese für sein dramatisches Schaffen besonders wichtig. Das wusste Peymann, der seine „Mannschaft" bei jedem Wechsel mitzunehmen pflegte und sich deshalb am Burgtheater zunächst keine Freunde machte.

Mit der Berufung Claus Peymanns an das Wiener Burgtheater im Jahre 1986 kam es zu einer Fortsetzung der intensiven Zusammenarbeit zwischen dem Autor Thomas Bernhard und ,seinem Hausregisseur'. Die Spielzeit 1986/87 begann Peymann an der Burg mit Bernhards *Der Theatermacher*. Es ist nach *Die Jagdgesellschaft* (1974) das zweite Stück Bernhards, dass in diesem Hause zur Aufführung kam. Die Begründung dafür, dass zehn Jahre lang kein weiteres Bernhard-Stück im Burgtheater aufgeführt wurde, sieht HOELL unter anderem in Bernhards ablehnender Haltung.[366]

Mit Blick auf die Aufsehen erregende Zeit Peymanns am Bochumer Schauspielhaus, hegte man in der österreichischen Hauptstadt das „Konzept, die verschnarchte Ostprovinzstadt Wien durch den Import von in der Westkultur bewährten Persönlichkeiten aufzuwecken"[367]. Dass der Intendant des Bochumer Schauspielhauses ausgesprochen medienwirksam war, wusste man auch in Österreich. Da es in Österreich ebenfalls die Tendenz gab, dass Politiker mit Kunst Politik zu machen versuchten, scheint es nicht verwunderlich, dass sich die Stadt Wien um einen möglichst polarisierenden Burg-Chef bemühte. Dies konnte Grundlage sein für künftige Kulturdebatten, mit deren Hilfe sich Politiker ein entsprechendes Image aufbauen bzw. dieses erweitern konnten. Gerade nach der „Waldheim-Affäre"[368] waren solche Stellvertreterkriege, die von der Politik in den Kulturbereich verlagert wurden, ein probates Mittel, um in den Medien prä-

---

[365] HERZOG: Vor dem Ruhestand der DDR [wie Anm. 141], S.27f.

[366] Bernhards Enttäuschung über die geplatzte Berufung zum Burgtheaterdirektor dürfte den Boykott begründen. Man hatte 1974/75 Vertragsgespräche mit Bernhard geführt, sich jedoch letztlich für Achim Benning entschieden. Vgl. HOELL: Thomas Bernhard [wie Anm. 218], S.140.

[367] THURNHER, Armin: Schwarze Zwerge. Österreichs Medienlandschaft und ihre Bewohner, Wien 1992, S.172.

[368] Die Wahl des österreichischen Bundespräsidenten Kurt Waldheim 1986 ging einher mit der Aufdeckung von dessen NS-Vergangenheit, die er bis dahin vor den Medien und in seiner Autobiographie geschönt hatte.

sent zu sein. Tatsächlich, so war später festzustellen, gab es kaum eine Person der politischen Öffentlichkeit Österreichs, die sich zum Thema *Heldenplatz* nicht geäußert hätte.

Es ist ein gegenseitiges Geben und Nehmen im Kulturressort. Intendanten werden eingesetzt, Kürzungen der Finanzen werden als unabwendbar angekündigt, schon drohen die Künstler und Intendanten die Stadt zu verlassen, und letztlich einigt man sich doch darauf, dass fast alles bleibt, wie es bislang war. Das Jonglieren mit den Medien haben nicht nur die Politiker, sondern auch die Künstler gelernt. Kaum ein anderer öffentlicher Bereich eignet sich so gut wie der kulturelle, um aktuelle Befindlichkeiten im Land zu veranschaulichen. Und da die staatlichen Bühnen in der Regel zu einem hohen Anteil von Steuergeldern subventioniert werden, wird immer wieder die Frage gestellt, ob man sich als Zuschauer bestimmte Dinge, die man zu sehen bekommt, gefallen lassen müsse.

Inwieweit dem Burgtheater als Institution für Österreich identitätsstiftende Funktion zukam, wird vor allem in der Kritik an Peymanns Führungsstil deutlich, mit der ein Vorwurf der „Entösterreichisierung" einherging. Veränderungen am Spielplan, im Ensemble und in der Publikumsstruktur wurden von etlichen Wienern in Leserbriefen kritisiert und sogar als bedrohlich empfunden. Letztlich wurde auch der Aspekt eines wirtschaftlich-profitablen Theaters kaum wahrgenommen, und Peymann scheint diesbezüglich für Wien eine Schlüsselfigur zu sein.

Peymann war jedoch in seiner ersten Spielzeit an der Burg etwas „bequem". Kurzerhand wurden etliche gewinnträchtige Produktionen aus Bochum übernommen – genauso war man auch beim Wechsel nach Bochum verfahren – darunter die beiden Inszenierungen für die Salzburger Festspiele.[369] Erst Anfang Februar 1987 präsentierte der neue Burgtheaterdirektor dem Wiener Publikum seine Inszenierung von *Richard III.* Ein Jahr später folgte Shakespeares *Sturm*, „aber nicht als der große Abend, den man erwarten durfte"[370].

1988 ließ Peymann am Burgtheater den *Stellvertreter* von Rolf Hochhuth inszenieren. Damit äußerte er sich zur „Waldheim-Affäre" mit einem künstlerischen Beitrag. Auf die Frage, ob er das Stück gut fände, sagte er:

> Nein, grauenhaft, und ich würde es auch nie inszenieren. Aber es hat herrlich gepasst. Besser konnte man in der gegenwärtigen Situation nicht reagieren. In einem Land mit einer katholischen Personalpolitik, die zum Himmel stinkt, in dieser Wenderepublik Österreich, wo unter dem Deckmantel des Katholizismus wirklich alles legalisiert wird, war dieses Stück, noch dazu im Jahr des Papstbesuchs, die einzig moralisch richtige Antwort.[371]

---

[369] *Der Theatermacher* (1985) und *Ritter, Dene, Voss* (1986), weiterhin auch *Die Hermannsschlacht, Leonce und Lena, Nathan der Weise.*

[370] KAHL, Kurt: Premierenfieber. Das Wiener Sprechtheater nach 1945, Wien 1996, S.149.

[371] Zitiert nach MÜLLER: Im Gespräch mit Claus Peymann [wie Anm. 357], S.170.

An dieser Stelle sei vermerkt, dass sich ab 1988 in der Wiener Theaterszene einiges tat. Die Intendanten des Volkstheaters und des Theaters in der Josefstadt wechselten, was zu einer Belebung der Szene führte. Otto Schenk inszenierte Anfang 1988 in der Josefstadt Schnitzlers *Professor Bernhardi*, „eine Lektion, die an die Wurzeln des Antisemitismus in Österreich führte“[372]. Gut möglich, dass Thomas Bernhard – auch wenn er süffisant grinsend bestritt ins Theater zu gehen[373] – diese Inszenierung kannte, oder wenigstens die Rezensionen dazu. Als eifriger Zeitungsleser konnte ihm somit nicht entgangen sein, dass die Inszenierung das Problem des Antisemitismus verharmloste und mit Witzigkeit zu übertünchen suchte. Ein paar Monate später hatte Thomas Bernhard *Heldenplatz* verfasst. Jenes Stück, dass wie kein zweites den Antisemitismus in Österreich thematisierte.

Nach Bernhards Ableben 1989 konzentrierte sich Claus Peymann auf andere zeitgenössische Autoren, die seinem Ruf von Publicity gerecht werden konnten. Ein kleiner Vers über das Ende der Ära Peymann am Burgtheater war daher 1998 in der *Kronenzeitung* zu lesen:

> Wenn Peymann nächstes Jahr gottlob/ die Burg verläßt, sein Biotop/ das er erfüllt mit Sumpfes Fäule/ dann braucht es wohl noch eine Weile/ bis daß die Bretter wieder blank/ und sich verzogen der Gestank/ des wahrhaft penetranten Drecks/ der Mühls, Turrinis, Jelineks.[374]

Zweifellos polemisiert dieser Vers, doch ist dennoch daran zu erkennen, dass die Österreicher nicht immer glücklich waren mit „ihrem“ Burg-Chef. Polarisieren konnte Claus Peymann offensichtlich bis zum Ende seiner Intendanz an der Burg, wenngleich man wissen muss, dass sein letztes Jahr in Wien eher ohne großes Aufsehen verging.[375] Peymanns Erkenntnis nach dreizehn Jahren Burg:

---

[372] KAHL: Premierenfieber [wie Anm. 370], S.149.

[373] „Das ist der Hauptgrund, warum ich nicht ins Theater geh', weil die meisten Damen, die um einen herumsitzen, besprayte Haare haben, und wenn sich das mit dem Schweiß vermischt, ist das in einem Umkreis von vier bis fünf Quadratmetern nicht auszuhalten. Das halt' man ja zwei Stunden nicht aus. Und Bayreuth, das sechs, sieben Stunden dauert, ist überhaupt nicht auszuhalten, weil die bespritzen sich alle mit dem Zeug, und dann kommt der Dunst der Scheinwerfer und die Trockenheit in dem Theater dazu. Es ist ein unglaublicher Gestank, ist eigentlich nicht auszuhalten. Je aufgeplusterter die Frisuren sind, desto unerträglicher ist der Theaterbesuch.“ Zitiert nach FLEISCHMANN: Thomas Bernhard. Eine Begegnung [wie Anm.], S.47. Ähnliche Feststellungen treffen die Figuren in *Der Ignorant und der Wahnsinnige* (Vgl. IW: 149).

[374] Zitiert nach Hamm: Wiener Theater: Das Böse als Größe. In: Süddeutsche Zeitung vom 23.2.1998.

[375] In seiner letzten Spielzeit schenkte Claus Peymann dem Wiener Publikum keine Neuninszenierungen, sondern – so die Kritiker – lediglich Neuauflagen bekannter Stücke. Zwanzig Jahre nach der Stuttgarter Uraufführung von *Vor dem Ruhestand* kam dieses Stück in seiner Originalbesetzung erstmals auf die Burg-Bühne, allerdings ohne wesentliche Änderungen. Das Abschiedsgeschenk für das Wiener Publikum waren die Peymann-Dramolette, die Peymann 1998 an der Burg von Philipp Tiedemann inszenieren ließ.

„Das Burgtheater ist praktisch unregierbar.“[376] Der Altkardinal von Wien, König, habe auf einer Trauerfeier für einen Burgschauspieler zu ihm gesagt: „Ach, Peymann, wir trösten Sie. Es gibt zwei Häuser in Wien, die kann man net regieren, das eine ist der Stephansdom und das andere das Burgtheater. Trösten Sie sich.“[377]

4.3 Der skandalöse Bernhard

„Seit seinen ersten Auftritten in der literarischen Szene ist Bernhard ein Ärgernis.“[378] DITTMAR dokumentiert das „öffentliche Ärgernis“ Thomas Bernhard, beginnend in den Sechziger Jahren, und stellt dabei heraus, dass sich Bernhard schon Mitte der Fünfziger Jahre äußerst kritisch zum Theater geäußert hat.[379] Ein sich anschließendes Gerichtsverfahren wurde erst 1959 mit einem Vergleich beendet. Dabei ist seine Kritikwut durchaus fundiert: Ab 1955 studierte Bernhard zunächst Musiklehre und klassischen Gesang am Mozarteum Salzburg, dann auch Schauspiel und Regie. Die Bühnenreifeprüfung schloss er 1957 „mit Erfolg“ ab, ebenso die „Eignung zur Regieführung“.[380] Sein Interesse an Musik und Theater sollte in vielen seiner Texte Niederschlag finden, seine Sichtweise auf den Kunstbetrieb wird dabei stets auch durch seine Erfahrungen am Mozarteum geprägt gewesen sein.

Ein weiterer Eklat war die Festrede anlässlich der Verleihung des österreichischen Staatspreises 1968. Empört von Bernhards Dankesrede verließ der damalige Kulturminister Piffl-Percevic den Saal mit den Worten: „Wir sind trotzdem stolze Österreicher!“[381] Bernhard kommentierte diesen Vorfall 1980 in einem Brief an das Organisationskomitee des Ersten Österreichischen Schriftstellerkongresses wie folgt:

> Als man mir mit vierzig, in einem Alter also, in welchem man das gar nicht mehr gestatten sollte, den sogenannten Kleinen Staatspreis für Literatur gegeben hat, nannte mich am Ende von ein paar Sätzen, die ich gesagt habe und die bekannt sind, der damalige Kunst- und Kulturminister Piffl-Percevic still vor sich hin einen ‚Hund‘ und verließ den Audienzsaal, nachdem er mich vorher in seiner Rede als einen Holländer bezeichnet und einen Roman über die Südsee als von mir geschrieben erwähnt hatte.[382]

---

[376] Zitiert nach GAUS, Günter: Zur Person. Claus Peymann [wie Anm. 359], S.86.

[377] Ebd.

[378] DITTMAR, Jens: Der skandalöse Bernhard. Dokumentation eines öffentlichen Ärgernisses. In: Text + Kritik 43 (1982), S.73-84, [hier S.73].

[379] In der Wochenzeitschrift *Die Furche* beschrieb Bernhard seine Eindrücke über das Salzburger Theater. Diese waren durchweg negativ. Vgl. DITTMAR: Der skandalöse Bernhard [wie Anm. 378], S.74.

[380] MITTERMAYER: Thomas Bernhard [wie Anm. 20], S.35.

[381] DITTMAR: Der skandalöse Bernhard [wie Anm. 378], S.76.

[382] Zitiert nach DITTMAR: Der skandalöse Bernhard [wie Anm. 378], S.76f.

Dies lässt Rückschlüsse über die eigentliche „Beliebtheit" Bernhards unter den Kulturmanagern zu, zeigt aber auch sein Selbstbewusstsein, oder – wenn man so will – sein Gespür für die Provokation. Interessanterweise wird der Vorfall bis auf eine Ausnahme in der österreichischen Presse nicht erwähnt, wohingegen die ausländische Presse kritisch darüber berichtet.[383]

Bemerkenswert ist, dass Bernhards erste Arbeit im Rahmen der Salzburger Festspiele 1972 ebenfalls in einem Skandal mündet. Laut Regieanweisung sollte das Stück *Der Ignorant und der Wahnsinnige* die letzten zwei Minuten in totaler Finsternis gespielt werden, worauf der Regisseur Claus Peymann forderte, für die Vorstellung das Notlicht im Saal ausschalten zu lassen. Aufgrund feuerpolizeilicher Vorschriften konnte von Seiten der Veranstalter diesem Wunsch nicht entsprochen werden, die daraus resultierenden Streitigkeiten gipfelten darin, dass alle weiteren Vorstellungen nach der Premiere abgesagt wurden.[384] Bernhard kommentierte diesen Vorfall mit „[e]ine Gesellschaft, die zwei Minuten Finsternis nicht verträgt, kommt ohne mein Schauspiel aus".[385]

Auch mit seinem Prosawerk hat Bernhard provoziert. 1975 erkannte sich der Salzburger Stadtpfarrer Franz Wesenauer in dem Roman *Die Ursache. Eine Andeutung* in der Figur des *Onkel Franz* wieder. Es folgte ein Prozess wegen Verunglimpfung und Beleidigung. Ein nicht weniger bekannter Fall war der Skandal um *Holzfällen. Eine Erregung* von 1984. In diesem Roman beschreibt Bernhards Protagonist ein Abendessen im Kreise von Künstlern und nimmt sich dabei als stiller Beobachter aus. Der Literaturkritiker Hans Haider sah in dem Buch Bernhards früheren Weggefährten der Fünfziger und Sechziger Jahre[386], den Komponisten Gerhard Lampersberg, darin porträtiert, ja verunglimpft, und setzte sich noch vor der Veröffentlichung des Textes mit dem Ehepaar Lampersberg in Verbindung. Die Folge davon war ein langwieriges Gerichtsverfahren, das zur Beschlagnahmung des Romans führte und später zu einem vom Autor selbst

---

[383] Vgl. JANG: Die Ohn-Machtspiele des Altersnarren [wie Anm. 99], S.2.

[384] Am Abend der zweiten Vorstellung hatten sich die Schauspieler geweigert aufzutreten, wenn das Notlicht brenne. Thomas Bernhard signalisierte seine Bereitschaft, das Stück auch ohne die Finsternis am Ende spielen zu lassen. Da jedoch inzwischen ein Großteil des technischen Personals bereits das Theater verlassen hatte, konnte die Aufführung nicht mehr stattfinden. Die weiteren Vorstellungen wurden von der Festspielleitung abgesagt. Der Vorfall kam durch das Einlenken des Festspielpräsidenten Kaut doch nicht vor Gericht zur Verhandlung. Die Inszenierung wurde später in das Repertoire des Hamburger Schauspielhauses aufgenommen. Vgl. DITTMAR: Der skandalöse Bernhard [wie Anm. 378], S.79.

[385] Zitiert nach MITTERMAYER: Thomas Bernhard [wie Anm. 20], S.56

[386] Zwischen 1957 und 1960 lebte Thomas Bernhard für einen längeren Zeitraum auf dem Tonhof in Maria Saal/ Kärnten, einem künstlerischen Zentrum der Avantgarde jener Zeit. Dem privaten Engagement des Ehepaares Lampersberg war es zu verdanken, dass Literaten, Komponisten und andere Künstler im Tonhof eine Begegnungsstätte fanden. Das einstmals sehr enge Verhältnis zu den Eheleuten Lampersberg kühlte sich nach einigen Unstimmigkeiten über eine teure Hotelrechnung, die Lampersberg für Bernhard zahlen sollte, und der Kritik an Bernhards Theatertexten rasch ab.

verhängten Auslieferungs- und Verkaufsverbot des Buches in Österreich. Für den Verlag, und damit für Thomas Bernhard ein Glücksfall, die Verkaufzahlen stiegen noch im Erscheinungsjahr trotz Verkaufsverbot in Österreich in astronomische Höhen.[387] Gerade dieses Beispiel macht deutlich, wie sehr die Rezeption von Bernhards Werk durch öffentliche Diskussionen geprägt war. Infolge der *Holzfällen*-Affäre[388] war ein unvoreingenommenes, unbefangenes Lesen des Romans kaum mehr möglich, die Rezeptionswege und Interpretation vorgezeichnet. Wie in den meisten Fällen endete auch dieses Gerichtsverfahren nach langer Zeit mit einer außergerichtlichen Einigung. Die medienwirksame Werbung für das Buch jedoch hatte ihren Zweck nicht verfehlt.

Trotzdem übte Bernhard vielfach starke Kritik am Kunstbetrieb in Österreich. HÄLLER betrachtet Bernhards Österreich als ein Exempel, „an dem er gleichsam seine gesamte schriftstellerische Aussage, sein gesamtes literarisches ‚Programm' statuieren kann"[389]. Österreichs Hauptstadt Wien wird in *Holzfällen. Eine Erregung* als „Kunstmühle" bezeichnet.

> Dieses Wien ist ja im wahrsten Sinne des Wortes eine *Kunstmühle*, tatsächlich ist es die größte Kunstmühle der Welt, in welcher jahraus, jahrein die Künste und die Künstler zermahlen und zermalmt werden, ganz gleich was für Künste, ganz gleich was für Künstler, die Wiener Kunstmühle zermalmt sie in jedem Fall immer total. *Alles* wird von dieser Wiener Kunstmühle zermalmt, *alles*, sagte der Burgschauspieler, *rettungslos*. (HF: 174, Hervorhebung im Original, C.G.)

Das Bild der Mühle mit seiner destruktiven Kraft kommt nicht von ungefähr. Einerseits bezeichnet es das Zerstörerische allen Künstlertums, andererseits steht es für das immer Wiederkehrende, das einen anderen Ausweg unmöglich erscheinen lässt. Nicht zuletzt kommt bereits im Titel *Holzfällen*, und in dem daran geknüpften Motiv des Waldes bzw. Baumfällens der Mord an der Kunst zum Ausdruck. Das Fällen eines Baumes ist dabei ein doppelter Mord: der an der Natur, und jener an der Kunst, die ja von der Natur nur schwer zu trennen ist, wie Bernhard an anderer Stelle immer wieder geschrieben hat.

So ist es mit Sicherheit kein Zufall, dass ausgerechnet der in *Holzfällen* lang erwartete Burgschauspieler als Vertreter des Theaters diese elementaren Sätze über die Kunst in Wien spricht. Wie festzuhalten ist, wird in Bernhards Spätwerk

---

[387] Noch 1994 bestätigte der Suhrkamp-Verlag, der die Exklusivrechte von Bernhards Werk hat, dass *Holzfällen* Bernhards erfolgreichstes Buch sei. Vgl. BENTZ: Dichtung als Skandal [wie Anm. 352], S.64.

[388] Eine ausführliche Aufarbeitung des Skandals um *Holzfällen* bietet SCHINDLECKER, Eva: „Holzfällen. Eine Erregung". Dokumentation eines österreichischen Literaturskandals. In: SCHMIDT-DENGLER, Wendelin u. HUBER, Martin (Hrsg.): Statt Bernhard. Über Misanthropie im Werk Thomas Bernhards, Wien 1987, S.111-151.

[389] HÄLLER: Österreich. Eine Herausforderung. [wie Anm. 388], S.113.

das Schauspiel immer wichtiger.[390] Nicht ohne Selbstironie kommentiert Bernhard diese Erscheinung in *Drei Tage* selbst:

> Ich bin ein *Geschichtenzerstörer, ich bin der typische Geschichtenzerstörer.* In meiner Arbeit, wenn sich irgendwo Anzeichen einer Geschichte bilden, oder wenn ich nur in der Ferne irgendwo hinter einem Prosahügel die Andeutung einer Geschichte auftauchen sehe, schieße ich sie ab. (DT: 100, Hervorhebung im Original, C.G.)

Was er hier für die Prosa formuliert, gilt gleichsam zunehmend für seine Dramen. Bereits seine Salzburger Stücke zeigen Marionetten, groteske Figuren, die an von unbekannter Macht gezogenen Fäden zu hängen scheinen. So erinnert die Königin der Nacht in *Der Ignorant und der Wahnsinnige* durchaus an den Topos des Automaten wie er schon in E.T.A. Hoffmanns *Der Sandmann* in Gestalt der Olimpia auftritt.

Der Höhepunkt der Skandale um Thomas Bernhard war – wie beschrieben – mit Abstand jener um das Stück *Heldenplatz*. Wenngleich viele Zeitgenossen von einem politischen Skandal sprachen, ist diese Bezeichnung nur bedingt korrekt. Unter einem politischen Skandal soll folgendes verstanden wird:

> Ein *politischer Skandal* soll (uns) heißen, ein komplexes *soziales Ereignis*, bei dem ein *sozial signifikantes, öffentlich-politisches ‚Ärgernis'* in *personalisierter* und *dramatisierter* Form *(re)präsentiert* und *medial verbreitet* wird.[391]

Die Schwierigkeit besteht nun aber gerade darin, dass im Falle von *Heldenplatz* dieses sogenannte Ärgernis zunächst nur auf der Grundlage von Behauptungen basiert. Es scheint daher also sinnvoll, von einer bewusst herbei geführten Provokation zu sprechen, die in einem politischen Skandal enden sollte. Die Sichtweise der Bernhardschen Figuren entsprach mit Sicherheit nicht der öffentlichen Meinung. Demzufolge besteht der Skandal nicht ausschließlich darin, dass antisemitische Tendenzen thematisiert werden, sondern in der Tatsache, dass offensichtlich die Meinung einzelner verallgemeinert und zum Anstoß einer öffentlichen Diskussion gebraucht werden.

Begonnen hatte der Skandal um *Heldenplatz* bereits im August und September 1988 als Sigrid LÖFFLER im Wochenmagazin *profil* Passagen aus Bernhards Stück zitiert hatte, ohne dabei darauf hinzuweisen, dass es sich bei diesen „Schelten" um Äußerungen von Kunstfiguren handelte.[392] Die Reaktionen von Bürgern, die weder das Stück noch Autor oder Theaterdirektor kannten, belegen vor

---

[390] Vgl. die Aufstellung von Autoren bei HÄLLER: Österreich. Eine Herausforderung [wie Anm. 388], S.142.

[391] KÄSLER, Dirk: Der Skandal als „Politisches Theater". Zur schaupolitischen Funktionalität politischer Skandale. In: EBBINGHAUSEN, Rolf u. NECKEL, Sighard (Hrsg.): Anatomie des politischen Skandals, Frankfurt am Main 1989, S.307-333, [hier S.309, Hervorhebung im Original].

[392] MILLNER: Theater um das Burgtheater [wie Anm. 95], S.249.

allem eines: „Es geht um das Ausleben aufgestauter Emotionen, Aggressionen und Ressentiments.“[393] Die Aggressionen richteten sich jedoch nicht ausschließlich gegen Thomas Bernhard, den man als „Nestbeschmutzer“ bezichtigte, sondern auch und mindestens in gleich starker Weise gegen Claus Peymann. Offensichtlich sah man in dessen Person eine negative Identifikationsfigur, die an der „Österreichbeschimpfung“ teilnimmt, obwohl sie selbst doch kein österreichischer Staatsbürger ist. Eben in dieser Tatsache sieht MILLNER einen wichtigen Punkt der Burgtheateraffäre: die „Kritik an der mühsam erworbenen österreichischen Identität“ war schon schlimm genug, doch von „Außenstehenden“ vorgebracht, erschien sie umso mehr untragbar.[394]

Wenig verwunderlich ist wohl der Hinweis manch eines Publizisten, Bernhard würde sich mit seinen Scheltreden in jene Richtungen mit fataler Tendenz bewegen, die er doch eigentlich bekämpfen wolle. So schrieb Eugen SEMRAU vom Institut für Publizistik und Kommunikationswissenschaft der Universität Wien an Claus Peymann:

> Was die Inhalte des „Heldenplatz“ betrifft, würde ich mir darüber eine Diskussion wünschen, in welcher auch der politische Standpunkt Thomas Bernhards zur Sprache kommt. Mir scheint der mit seinem kleinbürgerlichen Geschimpfe sehr in die Nähe des Jörg Haider zu kommen, womit er genau jenen Tendenzen Vorschub leistet, die er doch bekämpfen will.[395]

Die Verbindungen zum tagespolitischen Geschehen wurden also durchaus bereits in dieser frühen Rezeptionsphase des Stückes gesehen. Weiterhin wurde sogar behauptet, der Skandal um *Heldenplatz* sei von Peymann und Bernhard bewusst ins Rollen gebracht worden, nicht zuletzt deswegen, um von der Burgtheaterkrise unter Peymanns Leitung abzulenken.[396] Dabei wurde allerdings übersehen, dass „die ausgebliebene oder verfehlte Aufarbeitung der österreichischen Geschichte und der daraus resultierende Pessimismus durchaus thematische Konstanten im *Bernhard*schen Werk bilden“[397]. Es dürfte überdies schwer zu bestimmen sein, wer letztlich den Skandal wie ins Rollen gebracht hat. Wie BENTZ berichtet, gelangte das Textbuch von *Heldenplatz* durch einen Diebstahl an die Öffentlichkeit. Man hatte „der Schauspielerin Kirsten Dene während der Proben [zu *Heldenplatz*, C.G.] die Handtasche mit dem darin liegenden Textfragment entwendet und der Presse zugespielt [...]“[398]. Das besondere Interesse an dem Text war zuvor durch das Verhängen strengster Geheimhaltung durch

---

[393] Ebd., S.251.
[394] Vgl. ebd., S.253.
[395] Brief vom 11.10.1988. In: Heldenplatz. Eine Dokumentation [wie Anm. 98], S.41.
[396] Vgl. LINGENS, Peter: „Heldenplatz“ oder Die programmierte Empörung. In: Die Welt vom 19.19.1988, abgedruckt in: Heldenplatz. Eine Dokumentation [wie Anm. 98], S.116f.
[397] SONNLEITNER: Heldenplatz und die Folgen [wie Anm. 213], S.117 [Hervorhebung im Original].
[398] BENTZ: Dichtung als Skandal [wie Anm. 352], S.24.

das Burgtheater noch zusätzlich geschürt worden: Die eigentliche Skandal-Maschinerie wurde später durch die Presse, im Besonderen durch die sogenannten Boulevard-Blätter, angekurbelt. Man wird als Verursacher einer ins Maßlose tendierenden öffentlichen Debatte nicht ausschließlich Bernhard und Peymann betrachten können. Auch die wirtschaftlichen Interessen der Presse können als ein wesentlicher Motor in diesem Fall angesehen werden, ebenso wie die Selbstdarstellung von Politikern.

Indem beispielsweise der Bundespräsident Kurt Waldheim das Stück ohne es zu kennen tabuisierte und zum Skandalon stilisierte, trug er vermutlich mehr zur Schädigung des Österreich-Bildes in Europa bei, als zunächst angenommen. Da Waldheims NS-Vergangenheit inzwischen international bekannt geworden war, richtete sich ausgerechnet ein Mann gegen die Bemühungen der Aufarbeitung im Jahre 1988, dessen Vorleben gerade erst für negatives Aufsehen gesorgt hatte. Die Versuche der Aufarbeitung der nationalsozialistischen Vergangenheit wurden somit geschmälert, gewissermaßen auch schon entwertet.[399]

Am 9. Oktober 1988 forderte Vizekanzler Alois Mock die Absetzung von *Heldenplatz*. Am 13. Oktober rief der damalige Kultursprecher und Parteiobmann der Wiener ÖVP, Erhard Busek, das Publikum zum Boykott des Stückes auf und forderte zudem den Rücktritt der Unterrichtsministerin Hilde Hawlicek, die sich für das Stück einsetzte. Autoren wie Peter Turrini und Elfriede Jelinek unterzeichneten eine Solidaritätserklärung für Thomas Bernhard und Claus Peymann.

FELDERER bemerkt, dass die Lancierung des Skandals um *Heldenplatz* Resultat des kultur- und innenpolitischen Kanons war, der seit der „Waldheim-Affäre" präsent, verstärkt Beachtung fand.[400] Fast könnte man sagen, die Öffentlichkeit habe seit Waldheim auf das gesellschaftliche Dynamit gewartet, an dem sie sich entzünden konnte. Wie bereits deutlich wurde, hatte die Presse Waldheims nationalsozialistische Vergangenheit weitgehend verharmlost und dessen ganz persönliche Vergangenheitsbewältigung in das Opfer-Schema der Nation integriert. Dass jedoch die Vergangenheit nur mangelhaft aufgearbeitet worden war, zeigte sich im Herbst 1988 anlässlich des „Bedenkjahres", als Bernhard offensichtlich genau in die österreichische Wunde zielte. Sehr rasch zeigte sich schließlich der übliche Mechanismus in solch einem Fall. Die Kampagne verlor den Auslöser *Heldenplatz* aus dem Blick und brachte immer weitere, zumeist unwesentliche Aspekte in den Vordergrund: „das Argumentationsklavier spielt[e] selbsttätig."[401]

> Der *Heldenplatz*-Skandal als Politikum ist insofern interessant, als hier ein Bernhardsches Phänomen auftritt: Bernhards Übertreibungen und Superlativstil treiben zum Äußersten und führen zur Manifestation tatsächlicher Gesinnungen. Die pauschalen Formulierungen provozieren stark divergierende Reaktionen, da sie in ihrer Paradoxie und Doppelironie alles und nichts bedeuten können. Wer heftig auf

---

[399] Vgl. MILLNERs Hinweise auf die Rathauskorrespondenz der Wiener Stadträtin Ursula Pasterk vom 12.10.1988. In: MILLNER: Theater um das Burgtheater [wie Anm. 98], S.253f.

[400] Vgl. FELDERER: Uns ist nichts zu heiß [wie Anm. 100], S.212.

[401] Ebd., S.223.

> Vorwürfe reagiert, macht sich verdächtig. Die Reaktionen der Österreicher übertreffen zum Teil die ihnen in *Heldenplatz* attestierten Eigenschaften [...].[402]

Insofern scheint sich zu bestätigen, was Professor Robert Schuster konstatiert, nämlich, dass die Wirklichkeit noch viel schlimmer ist, als dass sie von einem Schriftsteller jemals beschrieben werden könnte (Vgl. HP: 115). Vor diesem Hintergrund mag Bernhards Stellungnahme zu seinem Stück ein wenig verwundern. Zumindest bestätigt er in einem Interview, dass seine Figuren seine Ansichten wiedergeben.

> [*Basta*:] *Peymann sagt, Sie selbst würden es gar nicht so bös meinen. Nur Ihre Figuren redeten so böse.*
> Bernhard: Was!? Ich meine alles, was meine Figuren sagen. Jede Made läuft aus meinem Munde. Der Peymann ist ja leider auch schon blöd. Man lässt doch als Autor die Figuren das reden, dessen Ansicht man letzten Endes ist![403]

Dieses letzte Drama Bernhards wurde also nicht nur medienwirksam durch die Presse zum Skandal gemacht, sondern ferner durch die Selbstaussagen des Autors zusätzlich mit Brisanz unterfüttert. Dies passt insofern auch zu SONNLEITNERs Feststellung einer bei Bernhard oft konstatierten Künstlichkeit, „die [...] sich nunmehr auf eine zeitlich und räumlich exakt definierte Realität einließ“[404]. Um einer „Entschärfung seiner Texte durch die Rezeption“ entgegen zu wirken, arbeitete Bernhard in seinem letzten Stück „mit einer prononcierten Konkretheit, die sich auch in zahlreichen Anspielungen und Zitaten aus der Tagespolitik manifestiert[e]“[405]. Nur so, scheint es, konnte das Stück diese enorme Wirkung entfalten. Ironischerweise jedoch blieb der eigentliche Skandal nach der Uraufführung aus.

Bereits MILLNER weist darauf hin, dass die Beurteilung der literarischen Qualität auch nach der Premiere des Stückes zugunsten der Emotionalisierung der Debatte in den Hintergrund tritt.[406] Spätere Skandale waren schwächer und weniger Aufsehen erregend, was auf die Abstumpfung der Öffentlichkeit nach dem *Heldenplatz*-Skandal zurückgeführt werden kann, aber ebenso darauf, das Bernhard mit dem Thema des latenten Antisemitismus seinerzeit ein „nationales Tabu verletzt [hatte]“[407]. Die Enttäuschung der Öffentlichkeit nach dem Ausbleiben eines angekündigten Skandals beweist überdies ein weiteres Mal das Ver-

---

[402] MILLNER: Theater um das Burgtheater [wie Anm. 98], S.255.
[403] Thomas Bernhard im Interview mit Conny Bischofsberger und Heinz Sichrovsky. In: Basta vom 26.10.1988, abgedruckt in: Heldenplatz. Eine Dokumentation [wie Anm. 98], S.158f., [hier S.159, Hervorhebung im Original].
[404] SONNLEITNER: Heldenplatz und die Folgen [wie Anm. 213], S.110.
[405] Ebd., S.110.
[406] MILLNER: Theater um das Burgtheater [wie Anm. 95], S.258.
[407] Ebd., S.262.

langen der Gesellschaft nach öffentlicher Auseinandersetzung, die letztlich eine Art von Ventilfunktion für angestaute Aggressionen darstellt.

Die Debatte um *Heldenplatz* zeigte dennoch sehr rasch, wovor die Bevölkerung eines Landes Angst hatte. Das Stück sprach Dinge aus, die man nicht gern hörte. An dieser Stelle sei darauf verwiesen, was Ingeborg Bachmann bereits 1959 in einer Rede mit dem Titel *Die Wahrheit ist dem Menschen zumutbar* anlässlich der Verleihung des Hörspielpreises der Kriegsblinden gesagt hatte:

> So kann es auch nicht die Aufgabe des Schriftstellers sein, den Schmerz zu leugnen, seine Spuren zu verwischen, über ihn hinwegzutäuschen. Er muß ihn, im Gegenteil, wahrhaben und noch einmal, damit wir sehen können, wahrmachen. Denn wir alle wollen sehend werden. Und jener geheime Schmerz macht uns erst für die Erfahrung empfindlich und insbesondere für die Wahrheit.[408]

Der Autor wird demzufolge zum Verkünder einer unangenehmen, aber notwendigen Wahrheit: „Bernhard hatte sich mit seinem Stück der politisch und medial verordneten Selbstzufriedenheit und Schuldlosigkeit der Österreicher verweigert."[409] Insofern ist HÄLLER zuzustimmen, der in bernhardscher Manier überspitzt konstatiert: „Thomas Bernhard ist der geborene Verweigerungskünstler."[410]

Dass *Heldenplatz* letztlich erfolgreich war, belegt die Zahl der Aufführungen: bis 1999 wurde das Stück insgesamt 120 Mal gegeben. Doch der Theaterautor Bernhard kann noch einen ganz anderen Rekord verbuchen. Sein Stück *Der deutsche Mittagstisch* ist „mit 247 Aufführungen die meistgespielte Inszenierung in der Burgtheatergeschichte"[411].

---

[408] BACHMANN: Die Wahrheit ist dem Menschen zumutbar. [wie Anm. 85], S.275.

[409] SONNLEITNER: Heldenplatz und die Folgen [wie Anm. 213], S.124.

[410] HÄLLER: Österreich. Eine Herausforderung [wie Anm. 388], S.147.

[411] KAUFMANN-FRESSNER, Claudia: Das Burgtheater. Architektur, Geschichte, Geschichten, Wien u. Bozen 2005, S.44.

4.4 Printmedien-Analyse

4.4.1 Medien als Katalysator der Geschichte – Vor dem Ruhestand

Die Meinungsbeeinflussung und Manipulation der Medien sind unbestritten. In *Vor dem Ruhestand* werden die Medien mit einem anrüchigen Dissidenten-Image belegt. Sie beeinflussen vor allem Clara, die bereits durch ihre ablehnende Haltung gegenüber der NS-Verehrung ihrer Geschwister eine Sonderstellung der Figuren im Stück einnimmt. Dementsprechend richtet sich auch die Aggression Veras gegen Clara und somit auch gegen die Medien. Veras Urteil über die Presse entspricht allerdings dem Klischee des ideologisch vorbelasteten, unkritischen Menschen. „Tagtäglich steckst du deinen Kopf/ in diesen gedruckten Schmutz" (VdR: 35). In diesem Punkt ist Vera geprägt von Rudolfs Meinung, denn sie gibt offenbar nur dessen Ansicht wieder und schließt sich dieser unreflektiert an. „Nichts ist niederträchtiger sagt Rudolf/ als mit Zeitungen sein Geschäft zu machen" (VdR: 36). Vera ist angepasst und kann als Mitläuferin gelten. In ihrem Weltbild haben Zeitungen, ganz gleich welcher Art, keinen Platz; sie werden als Bedrohung der vorgespielten Ordnung angesehen.

Zunächst ähnelt das Bild der Presse jenem, das später in *Heldenplatz* zu finden ist. Doch muss einschränkend bemerkt werden, dass die negative Sicht ausschließlich von den „Anti-Helden" Vera und Rudolf artikuliert wird, also zu fragen ist, ob die vermeintliche Kritik an der Presse nicht anders gemeint ist.

Die Zeitungen machen Clara zum Tier, das „ganz gierig/ auf die Widerwärtigkeiten [ist]" (VdR: 36). Insofern wird Clara nicht nur durch ihre Rolle als KZ-Häftling und Opfer zum Objekt des geschwisterlichen (ideologischen) Hasses, sondern auch durch ihre Neigung der Zeitungsrezeption. Sie muss nicht nur den „Untermenschen" spielen, sie ist es allein durch ihre Gier nach Zeitungen. Clara ist das „subversive Element" in der Dreierbeziehung der Geschwister: „du steckst deinen Kopf in den Zeitungsschmutz/ und lebst auf" (VdR: 36). Das Lesen von Zeitungen versteht Vera als Claras Lebenselixier, aber gleichzeitig auch als deren Ausdruck ihrer oppositionellen Haltung. „Es ist die einzige Leidenschaft die du hast" (VdR: 36). Wenn Vera das Zeitung lesen als die Leidenschaft ihrer Schwester erkennt, kann das nur bedeuten, dass im Inhalt der Zeitungen etwas zu finden ist, das Clara mit Lebenskraft erfüllt. Viel Leidenschaft ist ihr nicht geblieben, da sie an den Rollstuhl gefesselt ist und auch sonst ihrer Opferrolle fast immer gerecht wird. Für Vera scheint festzustehen, dass die Zeitungen ihre Schwester verdorben haben.

> Du lebst aus den Zeitungen/ aus sonst nichts/ du denkst aus den Zeitungen/ du hast dein ganzes Urteilsvermögen aus den Zeitungen (VdR: 36)

Zu beachten ist hier der Plural, Clara liest demzufolge mehrere verschiedene Blätter. Sie bezieht also ihre Informationen und damit ihre Ansichten aus unterschiedlichen Quellen und steht damit Vera konträr gegenüber. Während Clara ihr Urteilsvermögen aus den Zeitungen bezieht, nimmt Vera jenes aus ihrer konstruierten Welt der NS-Verehrung und urteilt in Anlehnung an die Meinungen des Bruders Rudolf. Insofern ist also nicht Clara, sondern Vera diejenige, die gefangen ist in ihrer eigenen Welt der Meinungsentstehung. Die Zeitungen sind daher nicht destruktiv, sondern im Umkehrschluss ist es der Verzicht auf sie, der den Menschen in seiner Lebensqualität beschneidet. Ähnliches erkennt auch JURGENSEN, der feststellt, dass das Bild der Zeitungen in *Vor dem Ruhestand* „weitaus positivere Züge" annimmt als es sonst bei Bernhard zu beobachten war.[412] „Erstmals sind sie Gegenpole einer persönlichkeitszerstörenden Gewalt."[413] Dies sogar in doppelter Hinsicht. Zunächst auf der persönlichen Ebene zwischen den Geschwistern. Für Clara ergibt sich die Möglichkeit, „die Zeitung als Ausdruck des Widerstandes nutzbar zu machen"[414]. Ihr Widerstand ist persönlich gegen Vera und Rudolf gerichtet. Auf einer weiteren Ebene richtet sich dieser Widerstand aber auch gegen die Ideologie. Deshalb kann in *Vor dem Ruhestand* die Presse bzw. die Zeitung generell als Zeichen des weltanschaulichen Widerstandes betrachtet werden.

Im Umkehrschluss bedeutet das vor allem eines: Vera beschränkt sich selbst, indem sie sich dem Bruder und dessen Ideologie unterwirft. Clara hingegen hat, auch wenn sie sich den Vorwurf der „Sozialistin" gefallen lassen muss, die Möglichkeit, aus der gespielten Welt im Hause Höller auszubrechen und sich mittels Zeitungen ein Bild von der Realität jenseits der bedrohlichen Hoffnungen ihrer Geschwister auf ein Aufleben des Nationalsozialismus zu schaffen. Damit kommt der Zeitung allgemein Freiheit stiftende Wirkung zu, auch wenn diese nur gedanklich funktioniert und deshalb eher symbolisch zu verstehen ist.

An keiner Stelle wird gesagt, um welche Zeitungen es sich handelt. Das passt zu der Diagnose einer symbolisch zu verstehenden Zeitungsmacht. Es kommt nicht auf eine bestimmte Zeitung an, die man lesen oder vielmehr nicht lesen sollte; es geht allgemein darum, Medien zu konsumieren, um nicht in einer abgeschotteten Welt sein Dasein zu fristen. „Das Zeitungsbild hat sich in diesem Stück gewandelt; erstmals wird die Presse nicht nur als gelenktes Ausdrucksmittel der Volksverdummung begriffen."[415]

Das, was über Zeitungen ausgesagt wird, steht einzig vor dem Hintergrund einer antisemitischen Ideologie. Das Klischee des „Zeitungsschmutzes" entspricht der Terminologie der NS-Propaganda und wird hier mit dem latenten Judenhass der Nachkriegszeit verbunden.

> Nichts ist niederträchtiger sagt Rudolf/ als mit Zeitungen sein Geschäft zu machen/ den Menschendreck an die Leute zu verkaufen/ die ihn gierig an sich reißen/ die Herausgeber der schmutzigsten Zeitungen/ sind die Juden/ Ich weiß daß

---

[412] JURGENSEN, Manfred: Thomas Bernhard: Der Kegel im Wald oder die Geometrie der Verneinung, Bern u.a. 1981, S.44.

[413] Ebd.

[414] Ebd., S.45.

[415] Ebd.

> du das nicht gerne hörst/ aber es ist die Tatsache/ Dein Vater war ein Judenhasser/ wie achtundneunzig Prozent unseres Volkes (VdR: 36)

Mit dieser Aussage zitiert Vera den Bruder und beschwört das antisemitische Feindbild des destruktiven Juden herauf. Bemerkenswert ist vor allem der Ausdruck „Menschendreck". Sofort assoziiert man Schmutz, Abfall und Kloake, etwas Unmenschliches, Unnatürliches. Es schwingt in dieser Formulierung stets das Klischee der Beschmutzung des Zeitungslesers mit, um nicht zu sagen, eine „Besudelung des deutschen Volkes", denn darauf läuft es nach Höllers Ansicht letztlich hinaus. Die Bewertung der Presse geschieht ganz vom Standpunkt der nationalsozialistischen Ideologie her. Jüdische Zeitungsverleger werden per se zu Verbreitern von Lügen und subversiven Gedanken stilisiert. Vera versucht mit der Ausmalung dieses Bildes der Schwester klarzumachen, dass sie als Zeitungsleserin gewissermaßen Verrat am eigenen Vater begeht, da dieser ein Judenhasser war. Der angebliche, hohe Prozentsatz der Antisemiten wird zwar nicht bewiesen, aber er darf als Behauptung kräftig genug sein, um Clara zu verdeutlichen, dass sie mit ihrer Lektüre „wider die Natur handelt". So zumindest dürfte man Veras Stellungnahme zur Lesewut der Schwester verstehen können.

Zunächst scheint das hier gezeichnete Bild der Presse grundsätzlich nur durch die Figurenperspektive geprägt. Bei genauerer Betrachtung fällt jedoch auf, dass es durchaus Anklänge an eine weiter reichende Perspektive gibt. Beispielsweise werden die Leser einer Sensationswut bezichtigt, da sie den „Menschendreck" „gierig an sich reißen" (VdR: 36). Es wird also mangelnde Reflexion unterstellt. Dies setzte allerdings voraus, dass es sich bei den Zeitungsinhalten tatsächlich um „Dreck" handelt, was im Grunde als Postulat im Raum stehen bleibt. Letztlich bleibt festzuhalten, dass es offensichtlich in diesem Zusammenhang Angebot und Nachfrage gibt, und beide in einem sich gegenseitig befriedigenden Verhältnis stehen. Die Niedertracht des Zeitungsgeschäftes ist demnach nur eine subjektiv empfundene, nicht aber empirisch belegbare.

Was aber macht dann die Presse aus dem Menschen, der sie rezipiert? Die Zeitung bietet Clara die Möglichkeit, sich dahinter zu verstecken: „Du versteckst deinen Kopf in der Zeitung/ aber ich weiß wie du aussiehst/ ich kenne dein Gesicht" (VdR: 37). Die Zeitung wird hier nicht nur physisch zum Versteck, sondern auch gedanklich. Vera aber weiß, dass sich Clara hinter dem Zeitungspapier verbirgt und verstellt, ein Desinteresse an ihrer Schwester nur vorgibt. Da Clara weiß, dass sie gegen Vera nichts ausrichten kann, verschanzt sie sich hinter der Zeitung und kann somit zumindest ideologisch frei sein. Der Schutz, den die Zeitung bietet, ist jedoch lediglich ein scheinbarer. Durch das Lesen und sich von Vera Abwenden provoziert sie diese ja sowohl durch ihr Verhalten als auch durch die Inhalte der Zeitung.

Es sei an dieser Stelle allerdings betont, dass sowohl Clara als auch Vera und Rudolf sich in ihrer Schaffung einer künstlichen Welt sehr ähneln. Denn Clara lebt „ganz in ihrer Zeitungswelt" (VdR: 37), während ihre Geschwister sich nach dem Nationalsozialismus zurücksehnen. Beide Parteien geben sich also Illusionen hin und gleichen sich in der Situation der Weltflucht. Nicht allein eine menschenverachtende Ideologie, auch die Flucht vor einer solchen mittels Zeitungen hat etwas Verhängnisvolles an sich. Claras Zeitung lesen wird somit zum Alibi und soll Liberalität und Interesse am Weltgeschehen suggerieren, dabei bleibt sie jedoch in ihrer eigenen Welt gefangen und kann nichts gegen das Unrecht und die Misshandlungen durch ihre Geschwister ausrichten. Die Presse steht in diesem Stück nur symbolisch für gedankliche und physische Freiheit, denn aus ihrer Rezeption folgt keine Tat, keine Besserung der Gesellschaft. Einzig ihr Unterhaltungswert wird, wenn auch als „Gier nach Schmutz" diffamiert, zu einem Menschen verbindenden und damit gesellschaftlich relevanten Modus erklärt. Weitere Folgerungen werden daraus nicht gezogen; das Bild im Bild erstarrt und bestätigt sich damit selbst.

Die beschriebene Angebot-Nachfrage-Situation funktioniert ironischerweise ebenso im Hause Höller. Vera verabreicht der Schwester ihre täglichen Zeitungen wie eine Medizin. Sicher auch, um Clara zu besänftigen, da sie – wie bereits ausführlich besprochen wurde – eine beträchtliche Macht auf ihre Geschwister ausübt. Deshalb begibt sich Vera indirekt in die von ihr selbst zuvor kritisierte Stellung des Mediengeschäftemachers, und fällt damit ihrem Bruder ideologisch in den Rücken. Die Gier nach Zeitungen befriedigt Vera zudem, obwohl sie „die Zeitungen immer gehaßt [hat]" (VdR: 38). Die eigenen Widersprüche erkennt sie auch an dieser Stelle nicht. Wie so oft im Stück scheinen sich die Figuren erneut Gesetzmäßigkeiten auszusetzen, die das selbst inszenierte Spiel in Gang halten und somit überlebenswichtig erscheinen.

Dennoch sei darauf hingewiesen, dass das von Vera gezeichnete Zeitungsbild durchaus Folgen für Clara hat. Diese wird nämlich als „gezeichnet" beschrieben, und der Presse somit ein destruktives Moment übergeholfen. „Du hast schon ein ganz zerstörtes Gesicht/ von den Zeitungen/ Du bist noch viel hässlicher/ als unsere Mutter" (VdR: 38). Zeitung lesen macht hässlich, es verdirbt den Charakter und zerstört das Aussehen gleichermaßen. Clara sei „ja schon ganz zersetzt von der Lektüre" (VdR: 38). „Man sieht daß du deinen Kopf immer in den Zeitungsschmutz steckst" (VdR: 38). Zugespitzt könnte man behaupten, Lesen allgemein verderbe den Menschen, denn es ist im Stück vollkommen irrelevant, welche Zeitungen Clara liest. Das Ruinieren Claras steht letztlich auch für die Zerstörung der Welt. Was in den Zeitungen berichtet wird, ist ja das Elend dieser Welt. Das Konsumieren von Zeitungen bringt dieses Elend dem Menschen näher, und es steht außer Frage, dass diese Last nicht spurlos an einem Menschen vorübergehen kann. Die Vernichtung der Welt fällt damit auf den Menschen zurück, auch wenn er sie nur durch die Zeitungen aufnimmt. Eine Schuldfrage wird hier freilich nicht gestellt, nur konstatiert, dass die Zeitungen den ganzen „Menschenschmutz" darlegen. Es kommt jedoch von Seiten der Figuren zu keinem größeren Erkenntnisgewinn. Die Menschen produzieren das Elend der Welt schließlich selbst, also den Schmutz. Wenn sie ihn dann in den Zeitungen wiederfinden, stürzen sie sich auf ihn und können nicht genug davon bekommen. Diese Pervertiertheit ist es, die Bernhard hier anklagt und verurteilt.

Aus dem Lesen der Zeitungen resultiert nichts. Daher braucht im Stück auch nicht genannt werden, welche Zeitungen Clara liest, denn es geht Bernhard um die allgemeine Aussage, nämlich, dass die Zeitungslektüre folgenlos bleibt. Am Schluss des Stückes hebt sich diese Erkenntnis jedoch auf. Clara, die Dank der Zeitungen kein Verständnis für die nationalsozialistische Haltung ihrer Geschwister hat, provoziert durch ihre Schweigsamkeit einen Herzanfall des Bruders und agiert damit schließlich doch. Dies lässt zumindest den Schluss der Hoffnung zu, dass Zeitungen wohl doch einen Denkprozess in Gang setzen oder zumindest anregen können. Hierin muss ein Beleg für die These gesehen werden, dass Bernhards Weltbild so negativ nicht war.

4.4.2 Medienwahnsinn – Heldenplatz

Was Bernhard Professor Robert Schuster in *Heldenplatz* über die Presse sagen lässt, entspricht im Grunde einer Benennung der Tatsachen, wenn es um die Beschimpfung eines zur Unperson gewordenen Autors geht. BENTZ hat darauf hingewiesen, dass im Nachhinein nicht mehr geklärt werden kann, wann diese Passagen entstanden sind, ob im Vorfeld oder doch erst als Reaktion auf Presse-Ausfälle gegen Bernhard und Peymann im Zuge der „Anti-*Heldenplatz* Kampagne“[416].

Möglicherweise handelt es sich in *Heldenplatz* tatsächlich um eine Abrechnung mit der österreichischen Presse im Hinblick auf deren Aktionismus im Streit um Bernhards letztes Stück. Die dem Text entnommenen Passagen enthielten vornehmlich Aussagen zu Staat und Kirche, nicht jedoch zum Pressewesen. Die Reaktion der Medien lässt vermuten, Bernhard habe – so gibt er selbst zu – sein Stück noch verschärft.[417] Dies ist aber keineswegs als Trotzreaktion zu missverstehen, sondern verdeutlicht vielmehr, wie virulent Bernhard das Problem der verdrängten Vergangenheit wahrgenommen hat. Die gegen ihn als Autor gerichteten Angriffe lenkten von der eigentlichen Frage nach einem österreichischen Schuldeingeständnis ab. Und sie stellten letztlich alles im Stück Prognostizierte in den Schatten, was jedem aufmerksamen Beobachter verdächtig vorkommen musste. Die nicht zu unterschätzende Rolle der Medien während der Probenzeit könnte daher durchaus erst in der Endphase der Stückentstehung näher in Bernhards Betrachtungsfeld gerückt sein.

Denn es ist auffällig, dass nur die österreichischen Blätter zunichte geredet werden, während die deutschen oder schweizerischen Zeitungen zwar genannt,

[416] BENTZ: Dichtung als Skandal [wie Anm. 352], S.32.

[417] Conny Bischofberger im Gespräch mit Thomas Bernhard: „*Sie haben Ihr Stück abgeschwächt?* Bernhard: Aber nein! Ich hab' es noch verschärft! Ich habe es am 1. Jänner abgeliefert und seither nur ganz kleine Änderungen vorgenommen, weil ich mir gedacht hab', ‚Lügner' kann ein jeder sagen. Jetzt heißt es ‚verlogener Banause', das klingt doch gleich besser!“ In: Basta vom 26.10.1988. Zitiert nach: Heldenplatz. Eine Dokumentation [wie Anm. 98], S.158f.

aber eher unspektakulär beschrieben werden. Bezogen auf die *Neue Zürcher Zeitung* heißt es: „Das sogenannte Hohe Niveau ist immer langweilig gewesen" (HP: 121). Und dem „abgeschmackte[n] Feuilleton der Frankfurter Allgemeinen" kann man getrost „ein paar alte Bücher", „gleich nach dem Frühstück Descartes [vorziehen]" (HP: 122). Dies ist wahrlich kein schmeichelhaftes Urteil, doch im Vergleich mit den „Zeitungsredaktionen in Österreich", die „ja nichts als skrupellose parteiorientierte Schweineställe [sind]" (HP: 121) immer noch ein mildes. Aber jede Leserschaft verdient offenbar ihre Zeitungswelt. Denn bei den österreichischen Zeitungsmachern handelt es sich ausnahmslos um „unqualifizierte Leute/ die nicht denken und daher nicht schreiben können", was angesichts der „stumpfsinnigen Leserschaft/ die die anspruchsloseste in Europa ist/ kein Wunder" sei (HP: 121). Hier werden also durchaus kausale Zusammenhänge genannt, um zu erklären, warum die österreichische Presse nichts tauge. Gestärkt wird dies durch die eigene Erkenntnis, dass man diesen „Unrat" letztlich doch aus Interesse konsumiert. „Aber diesen Dreck lesen wir doch tagtäglich/ in uns hinein/ weil er uns interessiert/ und weil wir von ihm fasziniert sind" (HP: 121).

> Was wir in den Zeitungen suchen/ i s t ja der Abschaum/ Zum tagtäglichen Denkgebrauch muß ich keine Zeitung haben/ die absolute Primitivität in diesen österreichischen Dreckblättern ist es/ die ich jeden Morgen haben muß (HP: 122, Hervorhebung im Original, C.G.)

Hier steht also weniger die Sensationslust der Presse zur Diskussion als die der Zeitungsleser. Tatsächlich stellt dies eine Kritik am Zeitungspublikum dar, welches die Presse zur Produktion schnell lesbarer Blätter veranlasst, was dem Niveau keinesfalls zuträglich ist. Die Medienbranche wird nicht als Verursacher von Bedürfnissen betrachtet, sondern nur als ausführender Produzent, der eine vorhandene Nachfrage stillt. Dies entspricht einem umgekehrten Bild von medienwirksamem Journalismus. Zweifellos kann es aber auch andersherum betrachtet werden. Der Zeitungsleser nimmt dankbar das niveaulose Angebot der Pressemacher an.

Das verdeutlicht eine Passage aus *Auslöschung. Ein Zerfall.* Dort sagt der Protagonist Murau folgendes über die Zeitungen:

> Die Zeitungsredakteure sind nichts anderes als Schmutzfinken, sagte ich. Gleich darauf aber: die uns den eigenen Schmutz ins Gesicht werfen. Im Grunde ist die Welt, die uns die Zeitungsfinken vorzeigen in ihren Zeitungen, die eigentliche, sagte ich. Die gedruckte Welt ist die tatsächliche, sagte ich. Die in der Zeitung abgedruckte Schmutzwelt ist die unsrige. Wieder sagte ich: das Gedruckte ist das Tatsächliche und das Tatsächliche nurmehr noch ein vermeintliches Tatsächliches. (A: 478)

Hier beschreibt die Figur die Verschmelzung von Zeitungswelt und realer Welt. Der eigene „Schmutz" wird dem Leser ins Gesicht geworfen, und das, weil diese

„Schmutzwelt“ aus den Zeitungen jene ist, die der Realität am nächsten kommt. Nur scheint das kein Zeitungsleser wirklich zu begreifen. Die Medienmacht gipfelt in der Feststellung, dass das Gedruckte zum Tatsächlichen geworden sei, das wirklich Tatsächliche der Realität aber kaum noch entspreche. Hier wird gewissermaßen ein Konstrukt, nämlich die „Schmutz“ produzierenden Medien, benannt, das allein zum Selbstzweck besteht, obwohl man es doch verabscheut. Es muss also vollkommen widersinnig erscheinen, sich über die Presse zu echauffieren, gleichzeitig aber gieriger Zeitungsleser zu sein. Das aber ist jene Paradoxie, die Bernhard auch in *Heldenplatz* klar aufzeigen will.[418]

Denn Bernhards Figuren in *Heldenplatz* bezichtigen sich selbst der Sensationsgier und brauchen die Erregung wie das tägliche Brot. Eine solche Einsicht wird der normale Bürger wohl kaum haben. Dass Robert Schuster dies bekennt, hat Symbolkraft. Er, der sich im Zweiten Akt ausnahmsweise eine kleine Erregung gestattet, entpuppt sich als süchtig nach der Erregung. Dies entspricht zugleich der allgemeinen Reaktion auf *Heldenplatz*. Die Bevölkerung brauchte erst dieses Ventil, um sich daran abreagieren zu können. Die Lust an der Erregung ist bereits vorhanden. Man schimpft unter anderem auf die Meinungsmacher der Medien und deren Berichterstattung, und merkt selbst nicht, dass man schon in diesem Schimpfen Bestandteil ihres Konzeptes der Öffentlichkeitswirksamkeit und der eigenen Erregung ist. Insofern entlarvt das Stück das Publikum gleich zweifach. Einerseits im Hinblick auf politische Gesinnungen, indem es ein vernichtendes Bild vom Österreicher zeichnet. Andererseits durch die Erkenntnis der Gier nach öffentlicher Erregung und Skandal. Selbst der erkenntnisreiche Professor Robert bekennt: „Nein auf diese Dreckblätter/ kann ich nicht verzichten/ der Abschaum ist das Sensationelle/ und dieses gemeine Sensationelle ist lebensnotwendig/ gerade im Alter“ (HP: 122). Hier kommt eine elitäre Haltung Schusters zum Vorschein, die einzig mit dessen subjektiver Bewertung der von der Presse gelieferten Geschichten zusammenhängt und nur in zweiter Linie etwas über die Zeitungen aussagt. Es sei jedoch darauf verwiesen, dass eben dies der Bewertung der österreichischen Presse nicht schadet. Die Zeitungen sind zwar schlecht, weil sie den Abschaum präsentieren, doch andererseits auch gut, weil sie damit genau die Bedürfnisse ihrer Leser befriedigen. Schon in *Holzfällen. Eine Erregung* lässt Thomas Bernhard seine Figur des Burgschauspielers sagen: „Die österreichischen Zeitungen [...] sind die schlechtesten der Welt, aber gerade deshalb sind sie vielleicht die besten“ (HF: 177). In *Heldenplatz* kommt er nun darauf zurück und bekräftigt seine Diagnose von 1984. Es mag widersinnig erscheinen, in einem scheinbaren Manko die Qualität von etwas zu erkennen. Was aber ist daraus zu schlussfolgern? Sind die Österreicher ein dummes Volk, oder wissen sie es besser und lassen sich nur gern zum Schein von den Medien für dumm verkaufen? Offensichtlich kombiniert Bernhard beide Thesen, wenn er

---

[418] Es geht Bernhard darum, Widersprüche sichtbar zu machen. Das Aufbrechen der Rezeptionsrelationen auf dem Theater, wie VON SCHILLING es feststellt, kann auch auf die Medienrezeption bezogen werden. Vgl. VON SCHILLING: Die Gegenwart der Vergangenheit [wie Anm. 46], S.191.

über die Medien in Österreich schreibt. Die Österreicher mögen in gewisser Weise „stumpfsinnig" sein, weil sie diesen Stumpfsinn durch adäquate Medienrezeption einerseits entwickeln und andererseits anfüttern.

„[D]as ist m e i n Stumpfsinn/ neinnein ich würde ersticken/ ohne die österreichischen Dreckblätter" (HP: 123, Hervorhebung und [möglicherweise fehlerhafte] Schreibweise im Original, C.G.). Warum sollte man es ihm auch nicht zugestehen, er ist ja selbst Österreicher, und diese werden ja als das „stumpfsinnigste" Volk überhaupt dargestellt. Besonders interessant ist die Hervorhebung von „mein". Hier bezieht sich Bernhard ganz explizit darauf, dass dieser Stumpfsinn ein anderer, und damit vertretbarer, ist als jener der übrigen Österreicher. Zumindest wollen seine Figuren das suggerieren. Letztendlich aber entpuppt sich dies als Widerspruch: Gerade Professor Robert als typisch Bernhardscher „Geistesmensch" müsste doch gegen die billige Sensationsgier immun sein und sich eben darüber aufregen. Doch genau das Gegenteil ist der Fall. Einzig die Tatsache, dass er darüber reflektiert und sich zu seinem Laster bekennt, kann ihm zugute gehalten werden. Er unterscheidet sich also in keiner Weise vom typischen Österreicher, wie er ihn in seinen pauschalen Urteilen immer wieder heraufbeschwört. Bernhards Figuren wollen demzufolge nur von den eigenen Unzulänglichkeiten ablenken und versuchen sich als pseudoliberal darzustellen. In Wirklichkeit sind sie aber aufgrund ihrer Sensationslust und den vorurteilsbehafteten Argumentationen alles andere als ernstzunehmende Intellektuelle. Sicherlich kann man nicht abstreiten, dass diese Erkenntnis – gekoppelt mit dem schon beschriebenen Titel-Wahn – nicht nur als Kritik am Österreicher allgemein, sondern insbesondere als solche an der österreichischen Intelligenz zu werten ist.

Hierin wird deutlich, inwieweit Bernhards Bild der Medien über seine Zeit hinaus weist. Das Individuum versteckt sich hinter der Presse, verleugnet sich und ist nicht imstande offensive Gegenwehr zu betreiben. In vielerlei Hinsicht zeigt sich darin jene behauptete Offenheit und Liberalität, die sich auch in *Heldenplatz* abbildet. Die vielen Zeitungen, die dort angesprochen werden, sollen ein liberales, politisch aufgeklärtes Bild des Lesers suggerieren, doch ihr Beschimpfen bewirkt eher das Aufscheinen einer kleinbürgerlichen Perspektive dieses Lesers. Allerdings scheint sich Bernhard selbst davon nicht auszunehmen, denn er betont: „Ich fresse seit meinem 14. Lebensjahr Zeitungen in mich hinein. Jetzt les' ich halt viel über mich."[419]

Auch die Parteinähe der Presse wird kritisiert. Wie zu Beginn des Medienabschnittes bereits deutlich wurde, war der Prozentsatz von Parteizeitungen bereits Ende der Achtziger Jahre stark zurückgegangen, sodass hier nur die Parteilichkeit von vermeintlich unabhängigen Zeitungen gemeint sein kann. Eine solche Feststellung widerspricht natürlich dem Verständnis eines seriösen Journalismus. Eine solche Feststellung widerspricht natürlich dem eigentlichen Verständnis eines seriösen Journalismus. Die Presse gerät immer dort in ein zwielichtiges Bild,

---

[419] Conny Bischofberger im Gespräch mit Thomas Bernhard. In: Basta vom 26.10.1988. Zitiert nach: Heldenplatz. Eine Dokumentation [wie Anm. 98], S.158.

wenn sie droht, zum Organ einer Partei oder Lobby zu werden. Doch darin machen Bernhards Figuren in ihren Betrachtungen keinen Unterschied.

Abschließend sei auf ein Interview Bernhards von 1979 hingewiesen, in welchem er sich zu Zeitungen äußert.[420] Darin gibt er an, was Zeitungen für ihn als Autor ausmachen und erklärt damit gewissermaßen die eigene „Übertreibungskunst", die vor diesem Hintergrund als Notwendigkeit erscheint, um die Wirklichkeit überhaupt begreifen zu können.

> Also die Realität ist in den Zeitungen noch übersteigert [...]. Die Leerstellen der Wirklichkeit sind in der Zeitung noch ausgestopft, im Übermaß. [...] Die eigentliche Natur und Welt ist in den Zeitungen. Und je boulevardesker Zeitungen sind, also je primitiver, desto mehr ist eigentlich drinnen. (Anhang: 149)

Demzufolge steht in den Zeitungen nicht einmal mehr die Wirklichkeit, sondern deren Übersteigerung. Sie können die Wirklichkeit gar nicht abbilden, das Elend der Welt nicht beschreiben, weil die Journalisten stets darauf aus sein müssen, den Leser zu befriedigen. Andererseits erscheint die Welt in den Zeitungen so konkret fassbar, dass jeder Rezipient etwas daraus ziehen bzw. lernen kann. Je primitiver einer Zeitung ist, desto mehr „kann man sie [als Material für Literatur, C.G.] verwenden und desto mehr lernt man davon" (Anhang: 149). Es geht also nicht um die intellektuelle Herausforderung beim Lesen, sondern das stupide Ansprechen simpler Gefühlsregungen, womit man im Grunde wieder beim Affekt-Theater des 18. Jahrhunderts angekommen wäre. Eine solche Diagnose bedeutet nicht nur den Stillstand von Geschichte und die Negation des Fortschritts, sondern stellt auch eine deutliche Kritik an der „Spaßgesellschaft" unserer Tage dar. Insofern nimmt Thomas Bernhard auch ohne eine Thematisierung von Fernsehen oder Internet den Widerspruch der modernen Mediengesellschaft des 21. Jahrhunderts vorweg, wenn er gleichermaßen Presse wie Leser kritisiert. In den Zeitungen steht alles, sogar „[n]och mehr als eigentlich existiert", aber der Leser nimmt nur selektiv Notiz davon und benötigt die Lektüre vor allem als Ablenkung von den eigenen Problemen und der Welt. Dies kann insbesondere für *Heldenplatz* gelten.

> Die Massenmedien der neunziger Jahre bedienen sich der apokalyptischen Erzählung gerade nicht wegen ihres revolutionären, möglicherweise rettenden Potentials, sondern wegen ihrer dramaturgisch wirkungsvollen äußeren Form, der apokalyptischen Figur, der regressiven Radikalität, der Polarisierung in Gut und Böse, der Zeichenhaftigkeit. Das mag unterhaltend sein und ablenken von den zivilisatorischen Gefährdungslagen. Lieber gruselt man sich im Kino vor einem unwahr-

[420] Leider existiert dieses Interview bislang nicht in gedruckter Form, sondern kann nur als Videodatei im Internet angeschaut werden. Eine Abschrift findet sich daher im Anhang.

> scheinlichen Kometeneinschlag, als sich Gedanken über den Zustand der Welt und die eigene Verantwortung zu machen.[421]

Das Berauschen am „Weltuntergang als Erlebnis" sowie der Schlechtigkeit der Welt ist den Figuren in Bernhards Stücken inhärent; die „Erregungskurven" sowohl des Autors als auch seiner Gestalten weisen daher über ihre eigene Zeit hinaus.

[421] BUSSE, Tanja: Weltuntergang als Erlebnis. Apokalyptische Erzählungen in den Massenmedien, Wiesbaden 2000, S.225.

5. Zusammenfassung

Thomas Bernhards Theaterstücke der Periode zwischen 1978 und 1988 thematisieren Geschichte und Politik auf verschiedenen Ebenen:

Der deutsche Mittagstisch behandelt das Problem der zeitgenössischen Aufarbeitung der nationalsozialistischen Vergangenheit als groteskes Familiendrama. Das Dramolett zeigt eine deutsche Familie, die vom Nationalsozialismus und seinen ideologischen Folgen durchdrungen ist. Alles in dieser deutschen Familie ist vom Nationalsozialismus vergiftet, sogar die von der Mutter zubereitete Nudelsuppe. Das Bild der „Nazisuppe" steht für die leichte Konsumierbarkeit des Essens und somit für die Ideologie, die Anfälligkeit der Deutschen für den Nationalsozialismus, sowie für mangelnde Reflexion über die Folgen der NS-Zeit. Die „Nazis" vergiften die „gute deutsche Nudelsuppe" und damit sinnbildlich ein ganzes Volk.

Der Figur der Mutter (Frau Bernhard) kommt eine Sonderstellung zu. Sie steht für die Ambivalenz des Geschichtsprozesses. Einerseits produziert sie die „Nazisuppe", andererseits klagt sie die übrigen Familienmitglieder an, dem Nationalsozialismus verfallen zu sein. Ihre vermeintliche Scham über die deutsche Schuld am Nationalsozialismus wird von der Urenkelin konterkariert und damit zum Indiz, dass die Vergangenheit auch von den nachfolgenden Generationen noch nicht vollständig aufgearbeitet worden ist und somit ein über Generationen „vererbtes" und zu verarbeitendes Gesellschaftsgut bleibt. Eine ernsthafte Auseinandersetzung und „Bewältigung" der Vergangenheitsproblematik wird allerdings auch nicht von den Enkeln geleistet, da deren Zwischenrufe eher einem unreflektierten, fast infantilen Aufschrei gleichkommen und bestenfalls als Anstoß einer Aufarbeitung durch Provokation zu verstehen sind.

Der Text ist als groteskes Bild angelegt, das sich einer eindeutigen Interpretation entzieht. Hinter der spöttischen Provokation verbirgt sich eine tiefere Bedeutungsebene. Bernhard verweist mit diesem Dramolett auf die Schwierigkeit einer Annäherung an die deutsche und österreichische Vergangenheit, indem seine absurden Figuren sich gegenseitig denunzieren und die zeitgenössische Welt als eine vom Nationalsozialismus noch immer bedrängte dargestellt wird.

In *A Doda* scheint die Zeit und damit die Geschichte stehen geblieben zu sein. Ein vermeintlicher Toter entpuppt sich als ein Bündel Hakenkreuzplakate. Die Figuren erstaunt dies nur wenig, die Existenz der Plakate wird als selbstverständlich hingenommen. Das nationalsozialistische Gedankengut hat sich in diesem oberbayerischen Ort erhalten, der gleichsam symbolhaft für ein ganzes Land steht. Das Dramolett stellt somit einen zunächst als Idyll inszenierten Ist-Zustand der Gesellschaft dar, der von den Figuren nicht als bedrohlich empfunden, wohl aber durch die Regieanweisungen kritisch kommentiert wird. Politik und Geschichte werden als Kategorien nicht explizit thematisiert, die Figuren agieren aber trotzdem politisch, indem sie die gefundenen Hakenkreuzplakate aufhängen wollen. In diesem Fall wird politisches Handeln in Bernhards Stücken konkret. Zwar wird nicht davon gesprochen, dafür aber eine Handlung geplant. Der Nationalsozialismus erscheint als zeitlich nicht begrenztes Phänomen. Durch ein anekdotenhaftes Anlegen der Szene erreicht Bernhard die nötige Distanz zu den symbolischen Hakenkreuzplakaten und entlarvt die friedvolle Ländlichkeit als trügerischen Irrtum und Hort faschistischen Gedankengutes.

Geschichtsbilder und Politikverständnis sind in *Vor dem Ruhestand* wesentlich komplexer angelegt als in den Dramoletten. Das Stück liefert ein Abbild fiktiver Figuren, die ihren Ursprung durchaus in real existierenden Figuren jener Zeit hatten. Das Verhältnis der Höllers zur Geschichte ist äußert ambivalent. Einerseits haben sie das Ende Hitler-Deutschlands miterlebt, andererseits spielen sie sich jedes Jahr anlässlich des von ihnen begangenen Geburtstages Heinrich Himmlers einen für sie bestehenden Nationalsozialismus vor. Dieses Rollenspiel fußt auf der Verehrung des Protagonisten Höller für die nationalsozialistische Ideologie und dient ihm als familieninterne Machtdemonstration vor den Schwestern. Die Höllers sind sowohl in ihrer gesellschaftlichen Beziehung zueinander gebunden als auch in der Entwicklung der geschichtlichen Zeitläufe. Geschichte und Gesellschaft determinieren die Subjekte in *Vor dem Ruhestand* gleich stark. Die Verdrängung der realen politischen Situation Ende der Siebziger Jahre und der eigenen Schuld an den Verbrechen des Nationalsozialismus werden im Stück beispielhaft und psychologisch überaus realistisch dokumentiert. Die Figuren im Stück sind unfähig, Geschichte als einen sich wandelnden, fortschreitenden Prozess zu begreifen. Geschichte ist für sie die glorifizierte Zeit des Nationalsozialismus, von der sie hoffen, dass sie sehr rasch wieder kommen werde. Die Flucht ins Rollenspiel soll helfen, die Zeit bis dahin zu überbrücken. Dabei wird das Rollenspiel so detailgetreu wie möglich inszeniert. Die eigene Schuld an den Verbrechen des Nationalsozialismus wird dabei nicht thematisiert. Stattdessen werden die alten Feindbilder geschärft, das Judentum verdammt und der Holocaust als „notwendige Maßnahme" gerechtfertigt. Die Anwendung von Strategien der Entlastung führen intuitiv zur Umgehung einer Schulddebatte oder gar einer Selbstanklage.

Trotz des akribischen Rollenspiel-Fanatismus' des Protagonisten Rudolf dringt das Bewusstsein für die gegenwärtige Realität immer wieder bei den Figuren durch. So steht bereits im Beginn des Stückes fest, dass etwas Bedenkliches im Hause Höller stattfinden wird, das geheim gehalten werden soll. Auch wird in der Erkenntnis, die Amerikaner hätten in Deutschland alles zerstört, das Feindbild Hitler-Deutschlands im Zweiten Weltkrieg heraufbeschworen und damit die NS-Propaganda reproduziert. Gleichzeitig verdeutlicht dies aber, dass die Figuren sehr wohl Kenntnis über den Fortgang der Geschichte besitzen. Um diesen Umstand nicht hinterfragen zu müssen, argumentiert Höller damit, dass die Geschichte (folglich auch die NS-Zeit) nach 1945 bewusst verfälscht worden sei. Sein Geschichtsbild ist daher kein aktiv fortschreitendes, vielmehr sieht er Geschichte als komplexen Begriff einer feststehenden Wahrheit und meint damit den Nationalsozialismus, den er verklärt und zu rechtfertigen sucht. Sein Geschichtsbild sieht nicht die Notwendigkeit der Erklärung und Nachvollziehung der Geschichte, da es ausschließlich aus dem positiv erinnerten Nationalsozialismus besteht. Die wenigen Zweifel an der Richtigkeit seines Handelns im Nationalsozialismus löscht Höller aus, indem er sich selbst zum passiven Opfer schicksalhafter Ereignisse stilisiert. Die Nachkriegsgesellschaft, deren Politik und damit die Bundesrepublik werden abgelehnt und als Chaos empfunden. Die politische Situation ist nach Höllers Ansicht offenbar nur dadurch zu retten, indem man einen neuen Nationalsozialismus installiert, den er bereits in der Gesellschaft zu erkennen glaubt. Das politische Denken der Figuren ist ganz auf den Faschismus ausgerichtet, der am Schluss mit einer positiven Wende der Geschichte gleichgesetzt und prophezeit wird.

Ein solcher Hoffnungsschimmer ist in *Heldenplatz* nicht mehr zu finden. Alles im Stück ist auf ein Endzeitmoment hin angelegt. Die politische Situation wird von den Figuren (besonders jedoch von Robert Schuster) als desaströs beschrieben und erscheint wie eine einzige ausweglose Hoffnungslosigkeit: es kann nur noch schlimmer kommen. Dennoch erscheint das Geschichtsbild in diesem Stück überaus ambivalent. Einerseits wird gesagt, dass in den vergangenen fünfzig Jahren viele Veränderungen Land und Menschen (hin zum Negativen) geprägt hätten, andererseits wird mit dem Bild des „neuen" Antisemitismus unterstellt, es habe sich in der Zweiten Republik ideologisch nichts verändert, der Fortgang der Geschichte wird gleichsam negiert. Diese Diagnose des nicht überwundenen Antisemitismus gipfelt in der Erkenntnis, dass nicht der Tod das eigentlich Schreckliche sei, sondern das Zurückbleiben in dieser Welt des „neuen Nationalsozialismus" in Österreich.

Die Vergangenheit ist im Stück dauerhaft gegenwärtig, aber nicht als Geschichtsbild, das historisch erklärt wird, sondern als tatsächlich existierende Realität. Das österreichische Volk von 1988 wird mit jenem zur Zeit des „Anschlusses" 1938 gleichgesetzt, und auch sonst erinnern Radikalität und Pauschalität der Aussagen, sowie die Wortwahl an Termini des Faschismus. Dies belegt bereits, dass die Vergangenheitsbewältigung gescheitert sein muss und folglich überhaupt erst anzustoßen ist.

Gleichzeitig werden die Österreicher als vom Unglück Besessene dargestellt und damit das Opferbewusstsein der Österreicher verurteilt. Die Feststellungen, die Professor Robert über sein Vaterland trifft, gereichen weder dem Staat noch dem Volk zu Ehren. Die Unmündigkeit des Volkes, das als große, unkontrollierbare Masse agiert, wird sogar als todbringend angesehen, da der Untergang Österreichs vom Volk ausgehe. Die Demokratie wird mit ihren Widersprüchen konfrontiert. Sie wird nicht mehr als die Stabilität bringende Herrschaftsform nach 1945 betrachtet, sondern umgekehrt als staatliches Gebilde, das den Menschen nach dem Krieg einen wirklichen Neuanfang hatte suggerieren wollen, was sich später jedoch als utopisch herausstellte. Auch in *Heldenplatz* taucht die Kritik am Amerikanismus auf. Politiker erscheinen als austauschbare, unfähige Figuren, die einzig ihrer Machtbesessenheit frönen, anstatt dem Volke zu dienen. Die Politik verschließt den Blick vor der Vergangenheit und blendet diese aus. Ähnlich wie die Figuren im Stück an ihrem verstorbenen Patriarchen und dessen Gedanken festhalten und damit seine psychische Anwesenheit imaginieren, hält auch der Staat an seiner Opfertheorie bezüglich des Nationalsozialismus fest. Darauf hinzuweisen und eine konkrete Aufarbeitung der Vergangenheit als unumstößliche Notwendigkeit einzufordern, war Bernhards Ziel. Nur so ist die Radikalität seiner Provokationen zu erklären.

In Bernhards Stücken erscheinen die Printmedien als das präsente Medium. Sie werden als meinungsmachendes Bindungsglied zwischen Welt und Leser beschrieben. Es erfolgt meist eine negative Bewertung der Presse.

Zwar bieten Zeitungen (sowie Bücher) in *Vor dem Ruhestand* die Möglichkeit, sich hinter ihnen zu verstecken und Schutz zu finden, dennoch werden sie nicht explizit als positiv betrachtet. Während sich Clara zu ihrem Lesen nicht äußert, belegen Vera und Rudolf die Lesetätigkeit der Schwester mit den Termini der NS-Propaganda und werten die Presse damit ab. Ganz in der nationalsozialistischen Ideologie verhaftet, werden Zeitungen als „Machwerk" jüdischer Verleger betrachtet, die nur darauf aus seien, „Volksverhetzung" zu betreiben. Lesen entspricht nach der Vorstellung der Figuren nicht einem natürlichen Verhalten, sondern ist stets politisch und in diesem Sinne als Ausdruck einer Antihaltung zu verstehen.

Dieser Aspekt kann auch von der Leser- bzw. Rezipientenperspektive betrachtet werden: Trotz aller Negativdarstellung steht das Zeitung lesen in diesem Stück für die Verbildlichung des Widerstandes gegenüber einem System. Dies ist kein Widerspruch per se. Einerseits belegt Bernhard die Presse zwar mit abwertenden Eigenschaften, doch dies geschieht aus der Figurenperspektive heraus und somit vor dem Hintergrund der NS-Propaganda, welche die Bewertung Veras und Rudolfs auch nach 1945 mitbestimmt. Andererseits werden Zeitungen als Motor und Beschleuniger der Geschichte dargestellt, in diesem Sinne also nicht komplett negativ.

Aus diesem Gesichtspunkt entsteht erst im Hinblick auf die Analyse der Medienproblematik in *Heldenplatz* ein Widerspruch. Dann nämlich, wenn zwei formal äußert gegenläufig angelegte Figuren dasselbe äußern, entsteht der Verdacht, es könne sich um die tatsächliche Meinung des Autors handeln, die er dort seinen Figuren in den Mund legt. Die schon in *Vor dem Ruhestand* kritisierte „Sensationswut" des Lesepublikums findet ihre Entsprechung in *Heldenplatz*. Letztlich stehe in den Zeitungen die gesamte Welt sogar noch übertrieben, sodass man wiederum nicht von einer adäquaten Wiedergabe der Realität sprechen kann. Ironischerweise ist aber nicht die Übertreibung in den Zeitungen der Auslöser einer landesweiten Debatte um die Kunst, sondern vielmehr Bernhards Übertreibungskunst in seinen Texten. Dies beweist nicht nur die treffsichere Analyse der Zustände durch den Autor Thomas Bernhard, sondern auch dessen visionäre Darstellung der Mediengesellschaft unserer Tage.

6. *Fazit*

Abschließend sind zu Geschichte und Politik in den einzelnen hier besprochenen Stücken folgende Erkenntnisse festzuhalten:

Das negative Bild der NS-Vergangenheitsproblematik zieht sich als grundsätzliche Tendenz des Geschichtsbildes durch alle in dieser Arbeit untersuchten Werke Thomas Bernhards. Die in seinen Stücken artikulierte ablehnende Haltung gegenüber der NS-Zeit, aber auch deren ideologische Folgen, können als konstantes Moment des dramatischen Spätwerkes angesehen werden.

Grundsätzlich ist das Geschichtsbild in Bernhards Stücken durch das Hinweisen auf die Verdrängung von unbequemen Wahrheiten und der eigenen Schuld am Nationalsozialismus geprägt. Der Autor hat im Zuge seiner dramatischen Verarbeitung dieser Problematik unterschiedliche Form-Konzepte gewählt: einerseits das Dramolett, andererseits das abendfüllende Theaterstück. In beiden Formen kommt es zu Widersprüchen.

Der Umgang mit Vergangenheit zeigt sich in *Der deutsche Mittagstisch* grotesk verfremdet im Ton eines Beschimpfungskanons, ohne dabei eine eindeutige Wertung des Geschichtsbildes aus Sicht der Figuren oder des Autors erkennen zu lassen. Hierin mag einerseits die Chance unterschiedlicher Lesarten zu sehen sein, andererseits stiftet die Uneindeutigkeit bei der Interpretation Verwirrung.

In *A Doda* beschreibt Bernhard – nicht ohne ironische Anmerkungen – die Auswirkungen des Faschismus als zeitunabhängiges Phänomen. Damit konterkariert er die nach 1945 verbreitete Hoffnung von BRD und Republik Österreich, der Antisemitismus sei mit der propagierten „Stunde Null" nicht mehr existent.

Vor dem Ruhestand stellt erschreckend die Reintegration eines NS-Verbrechers und dessen Uneinsichtigkeit bezüglich seiner Schuld an den Massenhinrichtungen dar, wobei sich gerade in diesem Stück die Wirkung auf der psychologischen Ebene entfaltet; die Tätersicht wird detailliert wiedergespiegelt, sodass es den Rezipienten zum Nachdenken anregen muss. Hierin liegt die besondere Qualität dieses Stückes.

In *Heldenplatz* drückt Bernhard anlässlich des „Bedenkjahres" 1988 in radikaler Weise sein Unverständnis darüber aus, wie es möglich war, dass ein Staat seine nationale Identität fünfzig Jahre lang auf einer Lüge bezüglicher der Vergangenheit aufbauen konnte. Die Figuren dieses Stückes zeichnen ein Geschichtsbild, das die Verhältnisse des Nationalsozialismus bereits überholt zu haben scheint und somit als bedrohliche Überholung der Geschichte gewertet werden muss.

Der Interpretation der in den Stücken dargestellten Geschichtsbilder liegt die jeweilige Perspektive der Figuren zugrunde. Konträre Ansichten sind daher zunächst kein Widerspruch einer vermeintlichen Autorenperspektive. Während Höller in naher Zukunft einen neuen Nationalsozialismus heraufkommen sieht, erkennt Robert Schuster darin das Ende Österreichs.

Bernhards negatives Bild von Staat und Katholizismus wird vor allem vom Umgang Österreichs mit der eigenen Vergangenheit geprägt und ist keine generelle Absage an Politik und Demokratie. Das Politikverständnis in den Stücken ist grundlegend durch die Figurenperspektive geprägt. Während Höller die Demokratie der Bundesrepublik ablehnt und als Scheindemokratie betrachtet, die seine als ideal empfundene Staatsform, die Diktatur des National-sozialismus, verdrängt hat und ihn damit bedroht, versucht Schuster die Politik der Zweiten Republik vor dem Hintergrund unbewältigter Mitschuld am Nationalsozialismus als verlogen und in die Katastrophe des Unterganges führend darzustellen. Beide Ansichten diagnostizieren ein Versagen der gegenwärtigen Politik, sie sind also im jeweiligen Stückkontext zu verstehen.

Thomas Bernhards Stücke sind keine Darstellungen generellen Scheiterns, sondern müssen als Warnung vor einem Scheitern aufgrund von Versäumnissen der Gesellschaft betrachtet werden. In nahezu allen Werken Bernhards wird die NS-Vergangenheit als unbewältigtes, verdrängtes Problem der österreichischen Geschichte dargestellt. Dabei ist es zunächst nicht relevant, ob Täter- oder Opferfiguren auf der Bühne zu Wort kommen, da die Frage nach der Vergangenheitsbewältigung im Vordergrund des Interesses steht. Der Zusammenhang von Politik und Geschichte zeigt sich daher besonders im Bemängeln der gescheiterten Geschichtsaufarbeitung vonseiten der Politik.

Ein weiterer Zusammenhang von Politik und Geschichte ergibt sich aus den Figurenperspektiven. Sowohl Höller als auch Schuster lehnen den Amerikanismus ab, worin man durchaus einen Widerspruch erkennen kann. Höller rekurriert zweifelsohne auf das propagandistisch vermittelte Feindbild des Amerikaners. Schuster argumentiert identisch, allerdings ohne ideologischen Hintergrund. Daraus ist zu schließen, dass die Kritik am Amerikanismus am ehesten Bernhards eigener Meinung entsprochen haben dürfte. Offensichtlich ist diese Beurteilung der Rolle Amerikas nach 1945 weniger ideologisch als vielmehr national zu bewerten.

Die in dieser Arbeit analysierten Stücke zeigen keinen durchgängigen Geschichtspessimismus. Nicht die Geschichte selbst, sondern der Umgang mit ihr wird als problematisch angesehen. Der Umgang mit Geschichte vonseiten der Figuren ist ambivalent und zeigt eine Entwicklung. Einmal gelingt es, die geschichtskritische Stimme zu beseitigen (*Der deutsche Mittagstisch*), ein anderes Mal stirbt der „Geschichtenmacher“ und eröffnet damit eine zumindest zeitweise hoffnungsvolle Perspektive (*Vor dem Ruhestand*).

Das Verhältnis von Rollenspiel bzw. Bühne und Politik ist vor allem in *Vor dem Ruhestand* und *Heldenplatz* als konträr zu bezeichnen. Während das Spiel der Höllers wie eine lebensnotwendige Maßnahme von den Figuren geheiligt wird, empfinden die Schusters die Schauspielerei und die Burgtheaterbühne als Bedrohung ihrer Familie und der Welt überhaupt. Eine Steigerung dieses Bühnen-Politik-Komplexes ist schließlich in *Claus Peymann kauft sich eine Hose und geht mit mir essen* zu erkennen.

Das Politische an Bernhards Dramen ist der konsequente Versuch, eine Diskussion über die Vergangenheit gleichsam zu erzwingen, indem seine Figuren radikale Positionen vertreten, die eine Auseinandersetzung geradezu herausfordern.

Die Konstante an den hier diskutierten Stücken ist der Tod, der am Ende der Beschäftigung mit der Vergangenheit steht. Abgesehen von *A Doda* gibt es in jedem der Stücke am Schluss einen Toten zu beklagen. Selbst wenn häufig nur von einem Zusammenbruch die Rede ist (*Vor dem Ruhestand* und *Heldenplatz*), kann man diesen als Äquivalent zum Ableben der Figuren oder als dessen Vorstufe betrachten. Die Folgen des unbewältigten Nationalsozialismus werden als todbringend inszeniert. Ein solches Endzeit-Szenario mag zunächst maßlos erscheinen, dennoch zeigt sich in Bernhards Österreichbild eine Übereinstimmung mit den nunmehr gegebenen Realitäten. Insofern stellt sich Bernhards Provokation nicht nur als brüskierende Überspitzung dar, sondern – wie man heute festzustellen glaubt, und was die Frage nach der Aktualität der Stücke beantwortet – als erschreckende Vorausdeutung eines inzwischen scheinbar eingetretenen gesellschaftlichen Zustandes. Bernhard nimmt damit den „Tod Österreichs" vorweg.

Die Analyse zum Komplex Printmedien in Thomas Bernhards spätem Dramenwerk hat folgendes ergeben:

Printmedien und Politik stehen in Bernhards Stücken in unmittelbarem Zusammenhang. Die Presse wird als gesellschaftlich relevantes und einflussreiches Medium dargestellt. Sie hat gerade in *Heldenplatz* die Macht der Massenbeeinflussung. Eine „verdummte Volksmasse" liest die „beschränkten" österreichischen Blätter und reflektiert nicht darüber, welche Folgen dieser „Stumpfsinn" haben könnte. In *Vor dem Ruhestand* wird der Vorwurf gegen die Presse erhoben, sie verbreite ideologischen Schmutz und sei „zersetzend". Dies geschieht mit den Termini der NS-Propaganda.

Die Presse steht stellvertretend für alle Medien. Wie das Beispiel von Claras Zeitungslektüre in *Vor dem Ruhestand* zeigt, wird die Presse auch als Zeichen von ideologischem Widerstand betrachtet werden. Hierin ist ein Widerspruch zu erkennen: Einerseits wird die Zeitung als massenbeeinflussendes, ja verdummendes Medium dargestellt, andererseits dient es zur Demonstration von Opposition. Auch wenn nicht genannt wird, welche Zeitung sich dafür am besten eignet, erschließt sich aus dem Stückkontext, dass insbesondere die „linken" Blätter gemeint sein müssen. Bernhard ging es um eine Verallgemeinerung der Aussage, nämlich, dass Zeitungen in totalitären Systemen eine Möglichkeit des Sympathisierens mit nicht systemkonformen, regimekritischen Gedanken sind.

Der Inhalt der Zeitungen wird durchweg negativ bewertet. Zwar können Zeitungen oppositionelle Haltungen verbreiten, und der Leser kann durch die Wahl einer bestimmten Zeitung seine Kritik am Staat sinnfällig machen, doch erweist sich das Konsumieren dieses „Zeitungsschmutzes" als äußerst destruktiv für den Leser. Da der Leser in gewisser Weise selbst Verursacher dessen ist, was in der Welt geschieht und als Nachrichten in den Zeitungen abgedruckt wird, um den Zustand der Welt folglich bescheid weiß, aber nicht handelt, erweist sich die Lektüre von Zeitungen als reiner Zeitvertreib ohne tieferen Sinn. Damit spielt Bernhard auf die „Unbekümmertheit" des Medienzeitalters an, das infolge des eigenen „Entertainmentselbstverständnisses" die Grenzen des Vertretbaren überschreitet.

Der symbolische Gehalt der Presse zeigt sich vor allem in *Vor dem Ruhestand.* Durch das Lesen der Zeitungen erreicht die sonst passive Clara die Erregung ihres Bruders, was dessen Zusammenbruch zur Folge hat. An dieser Stelle in Bernhards Stück bewirkt die Presse fast schon allein durch ihre bloße Existenz einen Wandel im Geschehen der Handlung. Das Medium hat über seinen informativen Zweck hinaus eine bedeutsame Wirkung.

Die Mechanismen der Medienwirksamkeit werden von Bernhards Figuren durchschaut. Vor allem in *Heldenplatz* zeigt sich das Verhältnis von Presse und Rezipient deutlich. Allerdings wird nicht die Sensationslust der Presse, sondern die der Leser kritisiert und zur Diskussion gestellt. Auch die Tatsache, dass Robert Schuster gegen alle seriösen Zeitungen einen Einwand vorzubringen hat, verdeutlicht weniger dessen liberale und politisch interessierte Einstellung als vielmehr dessen überspielte Kleinbürgerlichkeit.

Die Sprache der Medien (in den Zeitungen und auf der Bühne) stellt einen lebenssichernden Motor dar, wenn es um die eigene Selbstdarstellung der Figuren geht. Sie überleben durch ihre Rede oder durch das Lesen. Aus diesem Grunde ist Bernhards Medienverständnis nicht komplett ablehnend zu verstehen. Insbesondere im Hinblick auf den Geschichtskomplex kommt diesem Aspekt große Bedeutung zu. Sprechen (nicht nur als Gegenpol zum Schweigen) wird im Sinne von über etwas sprechen als Waffe gegen das Vergessen verstanden. Sprache ist Leben und bedeutet auch Überleben. Das Reden über Zeitungen ist daher ein indirektes Sprechen über Geschichte, da diese in den Medien dokumentiert wird. Eine konkrete Reflexion über Geschichtsbilder wird in den Zeitungen nicht thematisiert, vielmehr reden die Figuren in Bernhards darüber hinweg.

Die spärliche Medienpräsenz und das Fehlen von Fernsehen oder Radio unterstreicht die Gegenwart der Vergangenheit in Bernhards Gesamtwerk. In seinen Texten kommen ausschließlich Zeitungen, Bücher, Fotos und die Theaterbühne vor, jene Medien, die es spätestens seit dem Neunzehnten Jahrhundert gibt. Es findet sich in den hier betrachteten Stücken kein einziger Hinweis auf Medien, die als Zeichen des technischen Fortschrittes das Zwanzigste Jahrhundert geprägt haben. Die Figuren Bernhards leben demzufolge eher in einer Welt der Vergangenheit und der Geschichte als der Gegenwart. Thomas Bernhard benötigt die modernen Medien als Kontrast seiner anachronistisch dargestellten Welt nicht. Daraus ist zu schließen, dass diese Welt der Vergangenheit bereits aus den Fugen geraten ist und jene Welt der Moderne nur noch schlimmer sein bzw. werden kann. Darin ist letztlich auch ein zukunftsweisender Aspekt von Bernhards Literatur zu sehen, denn indem er die Gegenwart bereits als unlebbar zeichnet, wird die Zukunft als Existenzmöglichkeit negiert und komplett zerstört.

Bernhards zumeist negative Darstellung von Medien ist in manchem Punkt sicher auch gemachte, imageprägende und daher kritisch zu hinterfragende Meinung des Autors. Inwieweit gerade in manchen Passagen aus *Heldenplatz* eine Reaktion auf die mediengemachte Affäre um Bernhards letztes Stück zu sehen ist, wird nicht mehr eindeutig zu klären sein.

Am Bild der von Bernhard gezeichneten Presse in Österreich zeichnet sich die Mediengesellschaft des Einundzwanzigsten Jahrhunderts in ihrer ganzen Widersprüchlichkeit ab. Während die Welt unaufhaltsam von den Menschen zerstört wird, propagieren die Medien Ablenkung durch Skandale und produzieren inhaltsleere Debatten oder Panik durch Zuspitzung von Meldungen, um von ihrer nur scheinbar objektiven Berichterstattung abzulenken und dem Einzelnen das Denken zu ersparen.

7. Ausblick

In der vorliegenden Analyse der Geschichts- und Medienbilder in Thomas Bernhards dramatischem Spätwerk konnten zweifellos nicht alle Fragestellungen gleichermaßen stark beleuchtet werden. Folgende Aspekte könnten für weitere Untersuchungen von Interesse sein:

Eine vergleichende Analyse der Geschichtsbilder in Prosa- und Dramenwerk könnte im globalen Kontext des Gesamtwerkes möglicherweise neue Erkenntnisse hervorbringen. So wäre unter anderem zu klären, ob und in welchem Umfang Geschichtsbetrachtungen entweder in Prosa oder Dramatik eher vorherrschen. Auch müsste in diesem Zusammenhang gefragt werden, inwieweit sich die vorliegenden Geschichtsbilder in Bernhards Gesamtwerk im Laufe der Jahre entwickeln.

Im Hinblick auf die Medien-Problematik ist folgendes zu bedenken: Medien fungieren bekanntlich als Träger bzw. Transporteur des öffentlichen Diskurses. Gerade jener der Vergangenheitsbewältigung wurde insbesondere durch die Presse gelenkt, wie Ende der Achtziger Jahre am Beispiel der „Waldheim-Affäre“ und der *Heldenplatz*-Uraufführung in Österreich zu erleben war. Zweifellos war aber die Presse nicht das einzige Medium, das sich an dieser Auseinandersetzung aktiv beteiligte. Insofern bleibt die Frage, ob Bernhard in seiner „anachronistischen“ Ästhetik nicht sogar inkonsequent ist, wenn er ausschließlich auf die Zeitungen als Vermittler von zeitgenössischen Diskursen rekurriert. Dies mag seiner ganz persönlichen Vorliebe für das Zeitung lesen geschuldet sein, doch erklärt letztlich nicht, wieso er beispielsweise der Macht der bewegten Bilder, dem Fernsehen oder auch dem Rundfunk keine Beachtung schenkt, obschon er gewusst hat, dass eben diese Medien schon zur Zeit des Nationalsozialismus äußerst funktionale Werkzeuge der NS-Propaganda gewesen sind.

Es wäre also zu untersuchen, inwieweit Thomas Bernhards Werk Bilder der Wirklichkeit zeichnet, beispielsweise, ob seine Texte filmisch angelegt sind. Ein weiterer Aspekt ist die Betrachtung des Mediums Bild, was möglicherweise an *Alte Meister* genauer untersucht werden könnte. Ebenfalls wäre eine Gesamtbetrachtung des Buches in Bernhards Werk sicherlich lohnenswert. Überdies erscheint eine Analyse des Gesamtwerkes hinsichtlich der Medien vonnöten zu sein, die unter Berücksichtigung der (filmischen) Interviews der Achtziger Jahre sicherlich aufschlussreich wäre. Dass gerade in diesem Bereich das Interesse der Forschung groß ist, belegt unter anderem der in Kürze erscheinende Band 22 der Thomas Bernhard-Werkausgabe, *Der öffentliche Bernhard* sowie der 2008 erschienene Photoband *Thomas Bernhard – Leben und Werk in Bildern und Texten.*

8. Anhang

8.1 Siglen und Primärliteratur

A = Auslöschung. Ein Zerfall
AD = A Doda
DdM = Der deutsche Mittagstisch
DT = Drei Tage
E = Elisabeth II. Keine Komödie
HF = Holzfällen. Eine Erregung
HP = Heldenplatz
IW = Der Ignorant und der Wahnsinnige
Pey = Claus Peymann kauft sich eine Hose und geht mit mir essen
VdR = Vor dem Ruhestand
WV = Der Weltverbesserer

BERNHARD, Thomas: Holzfällen. Eine Erregung. Hgg. von Martin Huber und Wendelin Schmidt-Dengler, Frankfurt am Main 2007.

BERNHARD, Thomas: Erzählungen. Mit einem Kommentar von Hans Höller, Frankfurt am Main 2001.

BERNHARD, Thomas: Auslöschung. Ein Zerfall, Frankfurt am Main 1996.

BERNHARD, Thomas: Heldenplatz, Frankfurt am Main 1995.

BERNHARD, Thomas: Claus Peymann kauft sich eine Hose und geht mit mir essen, Frankfurt am Main 1993.

BERNHARD, Thomas: Stücke 1. [Ein Fest für Boris. Der Ignorant und der Wahnsinnige. Die Jagdgesellschaft. Die Macht der Gewohnheit], Frankfurt am Main 1988.

BERNHARD, Thomas: Stücke 3. [Vor dem Ruhestand. Der Weltverbesserer. Über allen Gipfeln ist Ruh. Am Ziel. Der Schein trügt], Frankfurt am Main 1988.

BERNHARD, Thomas: Der deutsche Mittagstisch. Dramolette, Frankfurt am Main 1988.

BERNHARD, Thomas: Elisabeth II. Keine Komödie, Frankfurt am Main 1987.

BERNHARD, Thomas: Der Italiener [darin Drei Tage], München 1978.

8.2 Sekundärliteratur

Literatur zum dramatischen Werk Thomas Bernhards

Monographien

AMRY, Ditas: Wahrheit – Realität und Fiktion im Werk von Thomas Bernhard, Diplomarbeit Universität Wien 1993.

APELDAUER, Karla Maria: Künstler und Politik. Diplomarbeit Universität Wien 1996.

BACHA, Jamil George: Thomas Bernhards Auseinandersetzung mit dem Nationalsozialismus in den Dramen „Vor dem Ruhestand" und „Heldenplatz". Diplomarbeit Universität Wien 1996.

BENTZ, Oliver: Thomas Bernhard. Dichtung als Skandal, Würzburg 2000.

BETTEN, Anne: Sprachrealismus im deutschen Drama der siebziger Jahre, Heidelberg 1985.

BURGTHEATER Wien (Hrsg.): Heldenplatz. Eine Dokumentation, Wien 1989.

DAMERAU, Burghard: Selbstbehauptungen und Grenzen. Zu Thomas Bernhard, Würzburg 1996.

DITTMAR, Jens (Hrsg.): Thomas Bernhard Werkgeschichte, Frankfurt am Main 1990.

DONNENBERG, Josef: Thomas Bernhard (und Österreich). Studien zu Werk und Wirkung 1970-1989, Stuttgart 1997.

DREISSINGER, Sepp (Hrsg.): Von einer Katastrophe in die andere. 13 Gespräche mit Thomas Bernhard, Weitra 1992.

FLEISCHMANN, Krista: Thomas Bernhard. Eine Begegnung. Gespräche mit Krista Fleischmann, Frankfurt am Main 2006.

FUEST, Leonhard: Kunstwahnsinn, irreparabler. Eine Studie zum Werk Thomas Bernhards, Frankfurt am Main 2000.

GAMPER, Herbert: Thomas Bernhard, München 1977.

HELMS-DERFERT, Hermann: Die Last der Geschichte. Interpretationen zur Prosa von Thomas Bernhard, Köln u.a. 1997.

HOELL, Joachim: Thomas Bernhard, München 2000.

HUNTEMANN, Willi: Artistik und Rollenspiel. Das System Thomas Bernhard, Würzburg 1990.

JAHRAUS, Oliver: Das „monomanische" Werk. Eine strukturale Werkanalyse des Oeuvres von Thomas Bernhard, Frankfurt am Main u.a. 1992.

JANG, Eun-Soo: Die Ohn-Machtspiele des Altersnarren. Untersuchungen zum dramatischen Schaffen Thomas Bernhards, Frankfurt am Main u.a. 1993.

JOOSS, Erich: Aspekte der Beziehungslosigkeit. Zum Werk von Thomas Bernhard, Selb 1976.

JURGENSEN, Manfred: Thomas Bernhard: Der Kegel im Wald oder die Geometrie der Verneinung, Bern u.a. 1981.

JÜRGENS, Dirk: Das Theater Thomas Bernhards, Frankfurt am Main 1999.

KRAMMER, Stefan: „redet nicht von Schweigen..." Zu einer Semiotik des Schweigens im dramatischen Werk Thomas Bernhards, Würzburg 2003.

KLUG, Christian: Thomas Bernhards Theaterstücke, Stuttgart 1991.

LINK, Kay: Die Welt als Theater. Künstlichkeit und Künstlertum bei Thomas Bernhard, Stuttgart 2000.

MITTERMAYER, Manfred: Thomas Bernhard. Leben – Werk – Wirkung, Frankfurt am Main 2006.

DERS.: Thomas Bernhard, Stuttgart 1995.

MORNEWEG, Annelie: Elemente des Komischen in der Autobiographie Thomas Bernhards, Frankfurt am Main u.a. 2005.

MULTER, Raingard: Künstler- und Kunstproblematik im Werk von Thomas Bernhard: Gegen Aura-Verlust und Warencharakter der Kunst, Los Angeles 1991.

OCHS, Martina: Eine Arbeit über meinen Stil, sehr interessant. Zum Sprechverhalten in Thomas Bernhards Theaterstücken, Frankfurt am Main 2006.

VON SCHILLING, Klaus: Die Gegenwart der Vergangenheit auf dem Theater. Die Kultur der Bewältigung und ihr Scheitern im politischen Drama von Max Frisch bis Thomas Bernhard, Tübingen 2001.

SCHMIDT-DENGLER, Wendelin: Der Übertreibungskünstler. Zu Thomas Bernhard, Wien 1986.

SÜSELBECK, Jan: Das Gelächter der Atheisten. Zeitkritik bei Arno Schmidt und Thomas Bernhard, Frankfurt am Main u. Basel 2006.

VOGT, Steffen: Ortsbegehungen. Topographische Erinnerungsverfahren und politisches Gedächtnis in Thomas Bernhards „Der Italiener" und „Auslöschung", Berlin 2002.

Aufsätze

BAUMGÄRTEL, Patrick: Vorliebe für „Seiltänzerei". Zu einigen Funktionen und Verwendungsweisen des Komischen in Thomas Bernhards ‚Komödientragödien,. In: HUBER, Martin u.a. (Hrsg.): Thomas Bernhard Jahrbuch 2003, Wien u.a. 2003, S.217-233.

BAYER, Wolfram: Das Gedruckte und das Tatsächliche. Realität und Fiktion in Bernhards Leserbriefen. In: DERS. (Hrsg.): Kontinent Bernhard. Zur Thomas-Bernhard-Rezeption in Europa, Wien u.a. 1995, S.58-80.

BETTEN, Anne: Thomas Bernhard unter dem linguistischen Seziermesser. Was kann die Diagnose zum Werkverständnis beitragen? In: HUBER, Martin u. SCHMIDT-DENGLER, Wendelin (Hrsg.): Wissenschaft als Finsternis? Jahrbuch der Thomas-Bernhard-Privatstiftung 2002, Wien u.a. 2002, S.181-194.

BOZZI, Paola: Massengeschrei und Leerstelle. Zur Figur des Josef Schuster in Thomas Bernhards Heldenplatz. In: O'DOCHARTAIGH, Pól (Hrsg.): German Monitor: Jews in German Literature since 1945- German-Jewish Literature? Amsterdam u. Atlanta 2000, S.251-264.

DITTMAR, Jens.: Der skandalöse Bernhard. Dokumentation eines öffentlichen Ärgernisses. In: Text + Kritik 43 (1982), S.73-84.

DONNENBERG, Josef: Thomas Bernhards Zeitkritik und Österreich. In: PITTERTSCHATSCHER, Alfred u. LACHINGER, Josef (Hrsg.): Thomas Bernhard. Materialien. Literarisches Kolloquium Linz 1984, Weitra ^{2}1994, S.53-72.

DRONSKE, Ulrich: Sprach-Dramen. Zu den Theaterstücken Thomas Bernhards. In: HONOLD, Alexander u. JOCH, Markus (Hrsg.): Thomas Bernhard. Die Zurichtung des Menschen, Würzburg 1999, S.115-122.

FELDERER, Brigitte: Uns ist nichts zu heiß. Ein Theaterbrand in der „Neuen Kronen Zeitung". In: BAYER, Wolfram (Hrsg.): Kontinent Bernhard. Zur Thomas-Bernhard-Rezeption in Europa, Wien u.a. 1995, S.211-228.

FETZ, Gerald A.: Thomas Bernhard und die österreichische Tradition. In: PAULSEN, Wolfgang (Hrsg.): Österreichische Gegenwart. Die moderne Literatur und ihr Verhältnis zur Tradition, Bern u. München 1980, S.189-205.

GÖRNER, Rüdiger: Gespiegelte Wiederholungen. Zu einem Kunstgriff von Thomas Bernhard. In: SCHMIDT-DENGLER, Wendelin u.a. (Hrsg.): Thomas Bernhard. Beiträge zur Fiktion der Post-moderne. Londoner Symposium, Frankfurt am Main u.a. 1997, S.111-125.

GÖTZ VON OLENHUSEN, Irmtraud: „Nazisuppe" oder: Pathologie der Erinnerung. Thomas Bernhards Dramen und die Geschichtskultur. In: SCHÖSSLER, Franziska u. VILLINGER, Ingeborg (Hrsg.): Politik und Medien bei Thomas Bernhard, Würzburg 2002, S. 230-245.

HAIDER-PREGLER, Hilde: „Ist es eine Komödie? Ist es eine Tragödie?" Überlegungen zu Thomas Bernhards philosophisch-komödiantischem Lachtheater. In: CASTEIN, Hanne u.a. (Hrsg.): Erbe und Umbruch in der neueren deutschen Komödie. Londoner Symposium 1987, Stuttgart 1990, S.153-183.

DIES.: „Das Theater ist eine von vielen Möglichkeiten es auszuhalten." Der dramatische Schriftsteller Thomas Bernhard. In: Theater in Österreich 1988/89. Das österreichische Theaterjahrbuch, Wien 1990, S.55-61.

HÄLLER, Heinz: Österreich. Eine Herausforderung. In: SCHMIDT-DENGLER, Wendelin u. HUBER, Martin (Hrsg.): Über Misanthropie im Werk Thomas Bernhards, Wien 1987, S.111-151.

HERZOG, Andreas: Zeit, Gesellschaft und Geschichte. Bernhard in der DDR. In: BAYER, Wolfram (Hrsg.): Kontinent Bernhard. Zur Thomas-Bernhard-Rezeption in Europa, Wien u.a. 1995, S.338-369.

DERS.: *Vor dem Ruhestand* der DDR. Missverständnisse um das komplizierteste Stück Thomas Bernhards. In: AHRENDS, Günter u.a. (Hrsg.): Forum Modernes Theater. Band 7 (1992), Heft 1, S.18-35.

HÖLLER, Hans: *Der Theatermacher.* Zur Poetik Thomas Bernhards. In: FUES, Wolfram Malte u.a. (Hrsg.): „Verbergendes Enthüllen.“ Zu Theorie und Kunst dichterischen Verkleidens. Festschrift für Martin Stern, Würzburg 1995, S.399-408.

DERS.: Thomas Bernhard: Vor dem Ruhestand. Eine Komödie von deutscher Seele. In: Interpretationen: Dramen des 20. Jahrhunderts Bd.2, Stuttgart 1996, S.239-259.

DERS.: „Es darf nichts Ganzes geben“, und „In meinen Büchern ist alles künstlich“. Eine Rekonstruktion des Gesellschaftsbilds von Thomas Bernhard aus der Form seiner Sprache. In: JURGENSEN, Manfred (Hrsg.): Bernhard. Annäherungen. Bern u. München 1981, S.45-63.

HÖRLEZEDER, Renate/MÜHLBECK, Fritz/NOWAK, Andreas: Die Erregungskurven. Eine empirische Untersuchung zur Resonanz Bernhards in deutschsprachigen Printmedien 1963-1992. In: BAYER, Wolfram (Hrsg.): Kontinent Bernhard. Zur Thomas-Bernhard-Rezeption in Europa, Wien u.a. 1995, S.229-238.

HUBER, Martin: Rettich und Klavier. Zur Komik im Werk Thomas Bernhards. In: SCHMIDT-DENGLER, Wendelin /SONNLEITNER, Johann /ZEYRINGER, Klaus (Hrsg.): Komik in der österreichischen Literatur, Berlin 1996, S.275-284.

JAHNKE, Uwe: Zur familiären Verfälschung von Geschichte in Thomas Bernhards Stück „Vor dem Ruhestand“. In: BELOBRATOW, Alexandr (Hrsg.): Österreichische Literatur und Kultur. Tradition und Rezeption. [Jahrbuch der Österreich-Bibliothek in St. Petersburg, Bd.5], St. Petersburg 2003, S.202-215.

JANKE, Pia: Schriftsteller als Ikonen. Aus Anlaß der Geburtstage von Thomas Bernhard (75) und Elfriede Jelinek (60). In: RITTER, Michael (Hrsg.): Praesent 2007. Das literarische Geschehen in Österreich von Juli 2005 bis Juni 2006, Wien 2006, S.77-85.

JURGENSEN, Manfred: Das Bild Österreichs in den Werken Ingeborg Bachmanns, Thomas Bernhards und Peter Handkes. In: BARTSCH, Kurt u.a. (Hrsg.): Für und wider eine österreichische Literatur, Königstein/Taunus 1982, S.152-174.

KORTE, Hermann: Dramaturgie der „Übertreibungskunst“. Thomas Bernhards Roman „Auslöschung. Ein Zerfall“. In: Text + Kritik 43 ([3]1991), S.88-103.

KRAMMER, Stefan: Ritualisierte Kommunikations-Macht-Spiele. Zu einer Semiotik des Schweigens im dramatischen Werk Thomas Bernhards. In: HONOLD, Alexander u. JOCH, Markus (Hrsg.): Thomas Bernhard. Die Zurichtung des Menschen, Würzburg 1999, S.95-102.

KRISTAN, Markus: Kunst und Skandal in Österreich. In: LITSCHEL, Helga (Hrsg.): Vom Ruf zum Nachruf – Künstlerschicksale in Österreich. Katalog zur österreichischen Landesausstellung 1996, Linz 1996, S.108-129.

LE MOAL-PILTZING, Pia: Auch den Abschied kann man wiederholen. Wiener Thomas-Bernhard-Inszenierungen zum 10. Todestag. In: BÉHAR, Pierre u. BENAY, Jeanne (Hrsg.): Österreich und andere Katastrophen, St. Ingbert 2001, 307-333.

MERSCHMEIER, Michael: Politik, Polemik oder Phrasen? Thomas Bernhards „Heldenplatz" am Wiener Burgtheater. Anmerkungen zu einem „Theaterskandal". In: Theater heute 12 (1988), S.1-4.

MICHAELIS, Rolf: Kunstkrüppel vom Übertreibungsspezialisten. Zu Bernhards Theaterstücken 1974-1982. In: Text und Kritik 43 (1982), S.25-45.

MILLNER, Alexandra: Theater um das Burgtheater. Eine kleine Skandalogie. In: SCHMIDT-DENGLER, Wendelin/SONNLEITNER, Johann/ZEYRINGER, Klaus (Hrsg.): Konflikte – Skandale – Dichterfehden in der österreichischen Literatur, Berlin 1995, S.248-266.

MÜLLER, Karl: Die Theaterkonzepte Thomas Bernhards und Elfriede Jelineks im Vergleich. In: HUBER, Martin u.a. (Hrsg.): Thomas Bernhard Jahrbuch 2004, S.91-116.

PEYMANN, Claus: Thomas Bernhard auf der Bühne. In: PITTERTSCHATSCHER, Alfred u. LACHINGER, Josef (Hrsg.): Thomas Bernhard. Materialien. Literarisches Kolloquium Linz 1984, Weitra [2]1994, S.187-199.

PFOSER-SCHEWIG, Kristina (Hrsg.): Gerhard Roth. Das doppelköpfige Österreich. Essays, Polemiken, Interviews, Frankfurt am Main 1995.

PIKULIK, Lothar: Heinar Kipphardt: Bruder Eichmann und Thomas Bernhard: Vor dem Ruhestand. In: DERS./ KURZENBERGER, Hajo/ GUNTERMANN, Georg (Hrsg.): Deutsche Gegenwartsdramatik, Band 1, Göttingen 1987, S.141-181.

SCHMIDT-DENGLER, Wendelin: „Komödientragödien". Zum dramatischen Spätwerk Bernhards. In: GEBESMAIR, Franz u.a. (Hrsg.): Bernhard-Tage Ohlsdorf 1994, Weitra 1994, S.74-98.

DERS.: Ohnmacht durch Gewohntheit. Zum dramatischen Werk von Thomas Bernhard. In: SCHMIDT-DENGLER, Wendelin: Der Übertreibungskünstler. Studien zu Thomas Bernhard, Wien 1989, S.113-126.

SCHÖSSLER, Franziska u. VILLINGER, Ingeborg (Hrsg.): Politik und Medien bei Thomas Bernhard, Würzburg 2002.

SONNLEITNER, Johann: Seiltänzerei und Zwischentöne. Zur Rolle und Funktion des Komischen bei Bernhard. In: BENAY, Jeanne u. BÉHAR, Pierre (Hrsg.): Österreich und andere Katastrophen. Thomas Bernhard in memoriam. Beiträge des Internationalen Kolloquiums der Universität des Saarlandes vom 10. bis 12. Juni 1999, S.381-393.

SORG, Bernhard: Kunst ja, Politik nein. Thomas Bernhard in Österreich. In: GRIMM, Gunter E. (Hrsg.): Metamorphosen des Dichters. Das Rollenverständnis deutscher Schriftsteller vom Barock bis zur Gegenwart, Frankfurt am Main 1992, S.302-311.

DERS.: Die Zeichen des Zerfalls. Zu Thomas Bernhards „Auslöschung" und „Heldenplatz". In: Text + Kritik 43, München ^{3}1991, S.75-87.

THUSWALDNER, Gregor: Die politische Dimension von Thomas Bernhards Œuvre. In: Informationen zur Deutschdidaktik. Heft 4 (2005), S.20-27.

WINKLER, Jean-Marie: Rezeption und/oder Interpretation. Zum problematischen Verständnis von Bernhards Bühnenwerk. In: HUBER, Martin u. SCHMIDT-DENGLER, Wendelin (Hrsg.): Wissenschaft als Finsternis? Jahrbuch der Thomas Bernhard Privatstiftung, Wien u.a. 2002, S.163-180.

VOGT, Steffen: Zur Sprache bringen. Thomas Bernhard als politischer Autor. In: HOELL, Joachim/ HONOLD, Alexander/ LUEHRS-KAISER, Kai (Hrsg.): Thomas Bernhard – eine Einschärfung, Berlin ^{2}1999, S.10-16.

Presse und Medien

BUSSE, Tanja: Weltuntergang als Erlebnis. Apokalyptische Erzählungen in den Massenmedien, Wiesbaden 2000.

EHTREIBER, Ewald: „Alles für unser Österreich!" Das Bild Österreichs in den Regierungserklärungen der Zweiten Republik, Frankfurt am Main 2003.

HÜFFEL, Clemens u. REITER, Anton (Hrsg.): Medienpioniere erzählen... 50 Jahre österreichische Mediengeschichte – von den alten zu den neuen Medien, Wien 2004.

HÜFFEL, Clemens: Zur Geschichte der „klassischen" Medien Zeitung, Radio und Fernsehen. In: DERS. u. REITER, Anton (Hrsg.): Medienpioniere erzählen. 50 Jahre österreichische Mediengeschichte – von den alten zu den neuen Medien, Wien 2004, S.7-15.

HÜFFEL, Clemens: Die Medienlandschaft in Deutschland und Österreich. Zahlen. Daten. Fakten, Wien [2]2003.

PÜRER, Heinz: Presse in Österreich. Unter Mitarbeit von Benno Signitzer, Wien 1990.

UHL, Heidemarie: Zwischen Versöhnung und Verstörung. Eine Kontroverse um Österreichs historische Identität fünfzig Jahre nach dem Anschluß, Wien, Köln u. Weimar 1992.

THURNHER, Armin: Schwarze Zwerge. Österreichs Medienlandschaft und ihre Bewohner, Wien 1992.

STEINMAURER, Thomas: Konzentriert und verflochten. Österreichs Mediensystem im Überblick, Innsbruck, Wien u.a. 2002, S.11.

WASSERMANN, Heinz P.: „Zuviel Vergangenheit tut nicht gut!" Nationalsozialismus im Spiegel der Tagespresse der Zweiten Republik, Innsbruck u.a. 2000.

INTERVIEW: http://www.youtube.com/watch?v=xFgi1uKLVJk&feature=related

Claus Peymann und sein Theater

KAHL, Kurt: Premierenfieber. Das Wiener Sprechtheater nach 1945, Wien 1996.

KAUFMANN-FRESSNER, Claudia: Das Burgtheater. Architektur, Geschichte, Geschichten, Wien 2005.

KETELSEN, Uwe-K.: Ein Theater und seine Stadt. Die Geschichte des Bochumer Schauspielhauses, Köln 1999.

KOBERG, Roland: Claus Peymann. Aller Tage Abenteuer. Biographie, Berlin 1999.

MÜLLER, André: Im Gespräch mit..., Reinbek bei Hamburg 1989.

Vergangenheitsbewältigung in Österreich nach 1945

FELLNER, Günter: Die österreichische Geschichtswissenschaft vom „Anschluß" zum Wiederaufbau. In: STADLER, Friedrich (Hrsg.): Kontinuität und Bruch. 1938-1945-1955. Beiträge zur österreichischen Kultur- und Wissenschaftsgeschichte, Wien u. München 1988, S.135-155.

MEISSL, Sebastian u.a. (Hrsg.): Verdrängte Schuld, verfehlte Sühne. Entnazifizierung in Österreich 1945-1955, München 1986.

MENASSE, Robert: Weil wir Österreicher sind! Kurze Geschichte der Nationalwerdung Österreichs. In: LICHTMANN, Tamás (Hrsg.): Nicht (aus, in über von) Österreich. Zur österreichischen Literatur, zu Celan, Bachmann, Bernhard und anderen, Frankfurt am Main ^{2}1996, S.11-16.

PAPE, Matthias: Ungleiche Brüder. Österreich und Deutschland 1945-1965, Köln u.a. 2000

RATHKOLB, Oliver: Die paradoxe Republik. Österreich 1945 bis 2005, Wien 2005.

SCHNEEBERGER, Paul: Der schwierige Umgang mit dem „Anschluss". Die Rezeption in Geschichtsdarstellungen 1946-1995, Innsbruck u.a. 2000.

WASSERMANN, Heinz P.: „Zuviel Vergangenheit tut nicht gut!" Nationalsozialismus im Spiegel der Tagespresse der Zweiten Republik, Innsbruck u.a. 2000.

Vergangenheitsbewältigung nach 1945 in Deutschland

BENZ, Wolfgang: Geschichte als prägendes Element. In: Bayerische Landeszentrale für politische Bildung (Hrsg.): Normen, Stile, Institutionen. Zur Geschichte der Bundesrepublik, München 2000, S.23-34.

DERS.: Nachkriegsgesellschaft und Nationalsozialismus. Erinnerung, Amnesie, Abwehr. In: Dachauer Hefte 6. Erinnern und Verweigern. Das schwierige Thema Nationalsozialismus, München 1994, S.12-24.

DERS.: Etappen bundesdeutscher Geschichte am Leitfaden unerledigter deutscher Vergangenheit. In: RAUSCHENBACH, Brigitte (Hrsg.): Erinnern, Wiederholen, Durcharbeiten. Zur Psycho-Analyse deutscher Wenden, Berlin 1992, S.119-131.

DERS.: Die Abwehr der Vergangenheit. Ein Problem nur für Historiker und Moralisten? In: DINER, Dan (Hrsg.): Ist der Nationalsozialismus Geschichte? Zu Historisierung und Historikerstreit, Frankfurt am Main 1987, S.17-33.

DUBIEL, Helmut: Niemand ist frei von der Geschichte. Die nationalsozialistische Herrschaft in den Debatten des Deutschen Bundestages, München u. Wien 1999.

HANNOVER, Heinrich: Verschwiegene Geschichte. In: SPOO, Eckart (Hrsg.): Tabus der bundesdeutschen Geschichte, Hannover 2006, S.9-23.

HERBERT, Ulrich: NS-Eliten in der Bundesrepublik. In: LOTH, Wilfried u. RUSINEK, Bernd-A. (Hrsg.): Verwandlungspolitik. NS-Eliten in der westdeutschen Nachkriegsgesellschaft, Frankfurt am Main 1998, S.93-115.

JARAUSCH, Konrad H. u. GEYER, Michael: Zerbrochener Spiegel. Deutsche Geschichten im 20. Jahrhundert, München 2005.

KLESSMANN, Christoph: Die doppelte Staatsgründung. Deutsche Geschichte 1945-1955, Göttingen [5]1991.

LEONHARD, Nina: Politik- und Geschichtsbewusstsein im Wandel. Die politische Bedeutung der nationalsozialistischen Vergangenheit im Verlauf von drei Generationen in Ost- und Westdeutschland, Münster 2002.

MÖLLER, Horst: Geschichtsbilder oder Geschichtsbild? Ein Vergleich zwischen der Bundesrepublik und der DDR. In: HILDEBRAND, Klaus (Hrsg.): Wem gehört die deutsche Geschichte? Deutschlands Weg vom alten Europa in die europäische Moderne, Köln 1987, S.36-55.

MOMMSEN, Hans: Haupttendenzen nach 1945 und in der Ära des Kalten Krieges. In: FAULENBACH, Bernd (Hrsg.): Geschichtswissenschaft in Deutschland, München 1974, S.112-120.

REICHEL, Peter: Vergangenheitsbewältigung in Deutschland. Die politisch-juristische Auseinandersetzung mit der NS-Diktatur nach 1945, Bonn 2003.

SCHILDT, Axel: Überlegungen zur Historisierung der Bundesrepublik. In: JARAUSCH, Konrad H. u. SABROW, Martin (Hrsg.): Verletztes Gedächtnis. Erinnerungskultur und Zeitgeschichte im Konflikt, Frankfurt am Main 2002, S.253-272.

STEINBACH, Peter: Nationalsozialistische Gewaltverbrechen. Die Diskussion in der deutschen Öffentlichkeit nach 1945, Berlin 1981.

WOLFRUM, Edgar: Die geglückte Demokratie. Geschichte der Bundesrepublik Deutschland von ihren Anfängen bis zur Gegenwart, Stuttgart 2006.

DERS.: Geschichte als Waffe. Vom Kaiserreich bis zur Wiedervereinigung, Göttingen 2001.

DERS.: Geschichtspolitik in der Bundesrepublik Deutschland. Der Weg zur bundesrepublikanischen Erinnerung 1948-1990, Darmstadt 1999.

DERS.: Geschichtspolitik in der Bundesrepublik Deutschland 1949-1989. Phasen und Kontroversen. In: BOCK, Petra u. WOLFRUM, Edgar (Hrsg.): Umkämpfte Vergangenheit. Geschichtsbilder, Erinnerung und Vergangenheitspolitik im internationalen Vergleich, Göttingen 1999, S.55-81.

Geschichte und Politik im Drama

BARTON, Brian: Das Dokumentartheater, Stuttgart 1987.

BIEDERMANN, Marianne: Das politische Theater von Max Frisch, Rheinfelden 1974.

BRAUNECK, Manfred: Theater im 20. Jahrhundert. Programmschriften, Stilperioden, Reformmodelle, Reinbek 1982.

BREUER, Ingo: Theatralität und Gedächtnis. Deutschsprachiges Geschichtsdrama seit Brecht, Köln u.a. 2004.

DURZAK, Manfred: Dürrenmatt. Frisch. Weiss. Deutsches Drama der Gegenwart zwischen Kritik und Utopie, Stuttgart 1972.

DÜSING, Wolfgang: Zur Gattung Geschichtsdrama. In: DERS.: Aspekte des Geschichtsdramas. Von Aischylos bis Volker Braun, Tübingen 1998, S.1-12

HINCK, Walter: Zur Poetik des Geschichtsdramas. In: DERS. (Hrsg.): Geschichte als Schauspiel, Frankfurt am Main 2006, S.7-21.

MELCHINGER, Siegfried: Geschichte des politischen Theaters, Hannover 1971.

MENNEMEIER, Franz Norbert: Modernes Deutsches Drama. Kritik und Interpretationen. Bd.2: 1933 bis 1970er Jahre, Berlin [3]2006.

NEHRING, Wolfgang: Die Bühne als Tribunal. Das Dritte Reich und der Zweite Weltkrieg im Spiegel des dokumentarischen Theaters. In: WAGENER, Hans (Hrsg.): Gegenwartsliteratur und Drittes Reich. Deutsche Autoren in der Auseinandersetzung mit der Vergangenheit, Stuttgart 1977, S.69-94.

ONDERDELINDEN, Sjaak: Geschichte auf der Bühne. Aufsätze zum politisch-historischen Drama des zwanzigsten Jahrhunderts, Berlin 2004.

RÜHLE, Günther: Das zerrissene Theater. 1990: Rückblick auf die Szene des Jahrhunderts. In: FISCHER-LICHTE, Erika u. XANDER, Harald (Hrsg.): Welttheater – Nationaltheater – Lokaltheater? Europäisches Theater am Ende des 20. Jahrhunderts, Tübingen u. Basel 1993, S.1-20.

SCHALK, Axel: Das moderne Drama, Stuttgart 2004.

DERS.: Geschichtsmaschinen. Über den Umgang mit der Historie in der Dramatik des technischen Zeitalters, Heidelberg 1989.

TAROT, Rolf: Dokumentarisches Theater – ein Missverständnis des Theaters. In: IRMSCHER, Hans Dietrich u. KELLER, Werner (Hrsg.): Drama und Theater im 20. Jahrhundert, Göttingen 1983, S.308-316.

VON SCHILLING, Klaus: Die Gegenwart der Vergangenheit auf dem Theater. Die Kultur der Bewältigung und ihr Scheitern im politischen Drama von Max Frisch bis Thomas Bernhard, Tübingen 2001.

8.3 Interview

Thomas Bernhard 1979. Über Zeitungen

FLEISCHMANN: Finden Sie manchmal in den Zeitungen Informationen, die Sie dann in Ihren Büchern verwerten?
BERNHARD: Ja sicher. Es is ja im Grund' in den Zeitungen überhaupt alles zu finden was es gibt, nicht? Und das heißt. Noch mehr als eigentlich existiert, is' in den Zeitungen. Mehr kann man nicht finden, nicht? Also die Realität ist in den Zeitungen noch übersteigert und noch aus– Die Leerstellen der Wirklichkeit sind in der Zeitung noch ausgestopft, im Übermaß.
FLEISCHMANN: Wie sortiert man das?
BERNHARD: Die eigentliche Natur und Welt ist in den Zeitungen. Und je boulevardesker Zeitungen sind, also je primitiver, desto mehr ist eigentlich drinnen.
FLEISCHMANN: Desto mehr kann man sie verwenden als Material...
BERNHARD: ... kann man sie verwenden und desto mehr lernt man davon. Und je scheußlicher eine Zeitung ist, desto mehr Gewinn zieh' ich daraus. Also je primitiver, nicht? Ich hab' nix über an seitenlangen Vortrag vom Herrn Popper[422], der von A bis Z a Geschwätz ist, nicht, aber ich hab' sehr viel davon, wenn steht: Die Bäuerin Hintermayer in der Steiermark is' also amoklaufend aus'm Haus, hat ihre vier Kinder umgebracht und das fünfte ertränkt, nicht, also das ist doch viel gewaltiger.
[1 Min. und 12 Sek.]

Quelle: http://www.youtube.com/watch?v=xFgi1uKLVJk&feature=related [26.04.2008]

[422] Karl Raimund Popper (1902-1994) war ein österreichischer Philosoph, der u.a. bedeutende Arbeiten zur Gesellschaftstheorie verfasste.

8.4 Abbildungen

Thomas Bernhard 1988 im „Bräunerhof", seinem langjährigen Wiener Stammcafé in der Stallburggasse.

Aus: HOELL, Joachim: Thomas Bernhard, München 2000, S.123.

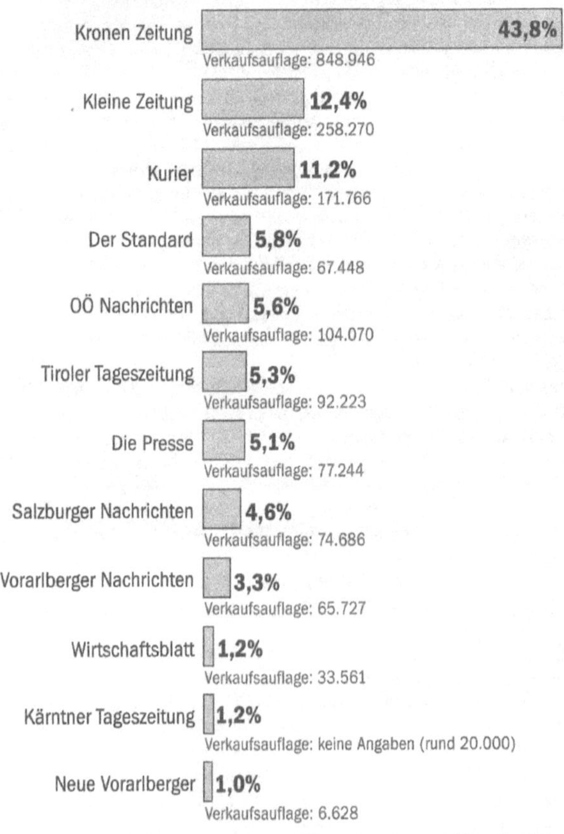

Aus: FIDLER, Harald: Im Vorhof der Schlacht. Österreichs alte Medienmonopole und neue Zeitungskriege, Wien 2004, S.14.

Tabelle 1: Auswahl wichtiger Beteiligungen ausländischer Medienkonzerne auf dem österreichischen Medienmarkt

WAZ-Verlag	50 %	Neue Kronen-Zeitung
	49,4 %	Kurier
Springer-Verlag	65 %	Tiroler Tageszeitung
	51 %	Sportmagazin-Verlag
Bertelsmann	25 %	Tele
Süddeutsche Zeitung-Verlag	49 %	Standard
	74 %	Wirtschaftsverlag
	100 %	Ueberreuter Verlag
Bonnier	50 %	Wirtschaftsblatt
Gruner & Jahr	52,5 %	Verlagsgruppe News
Passauer Neue Presse	100 %	OÖ. Landesverlag
Heinrich Bauer-Verlag	100 %	Bazar
Bohmann	80 %	Verlag Radda + Dressler
Deutscher Fachverlag	100 %	Manstein Verlag
Gong-Verlag	49 %	Metro-Verlag

Quelle: Pürer 1990, eigene Recherchen, Stand: Februar 2002

Aus: STEINMAURER, Thomas: Konzentriert und verflochten. Österreichs Mediensystem im Überblick, Innsbruck u.a. 2002, S.20.

21 Die ehemalige Scherzhauserfeldstraße trägt seit 1996 einen neuen Namen und ist damit weltweit die einzige Thomas-Bernhard-Straße.

Aus: HOELL, Joachim: Thomas Bernhard, München 2000, S.35.

Druckauflage der österreichischen Tagespresse 1989/90

Die hier genannten Zahlen der Druckauflagen (nicht die verkaufte oder verbreitete Auflage) der österreichischen Tagespresse wurden durch die rechnerische Gewichtung der Wochentags-, Wochenend- und Sonn- bzw. Feiertagsauflagen ermittelt.
(Prüfungszeitraum 2. Jahreshälfte 1989)

Unabhängige Tageszeitungen	absolut	in %
Neue Kronen Zeitung	1.074.743	39,1
Kurier	442.651	16,1
Kleine Zeitung	268.283	9,8
AZ (inkl. Tagblatt) (1)	138.119	5,0
Oberösterreichische Nachrichten	114.830	4,2
Tiroler Tageszeitung	99.931	3,6
Salzburger Nachrichten	94.566	3,4
Die Presse	78.418	2,9
Der Standard (seit 19.10.1988)	74.000	2,7
Neue Zeit (Graz) (2)	72.786	2,6
Vorarlberger Nachrichten	71.010	2,6
Neue Vorarlberger Tageszeitung	37.320	1,4
Wiener Zeitung	26.860	1,0
(13)	2.593.517	94,4
Parteizeitungen	**absolut**	**in %**
Kärntner Tageszeitung (SPÖ)	65.680	2,4
Volksstimme (KPÖ)	46.747	1,7
Neues Volksblatt (ÖVP)	29.988	1,1
Salzburger Volkszeitung (ÖVP)	12.095	0,4
(4)	154.510	5,6
Summe (17)	2.748.027	100,0

Quellen:
Pressehandbuch 1989. Medien und Werbung in Österreich. Wien: Verband Österr. Zeitungsherausgeber und Zeitungsverleger 1989 sowie eigene Berechnungen.
APA-Medien. März 1990.

1) bis September 1989 SPÖ; seither unabhängig - linksliberal
2) bis Juni 1987 SPÖ; seither unabhängig - sozialdemokratisch

Die Ende Januar bzw. Anfang Februar eingestellten Tageszeitungen "Neue Volkszeitung" (Kärnten) und deren Lokalausgabe für Tirol, die "Neue Tiroler Zeitung" (Innsbruck), sind in dieser Tabelle nicht (mehr) enthalten.

Aus: PÜRER, Heinz: Presse in Österreich. Unter Mitarbeit von Benno Signitzer, Wien 1990, S.24.

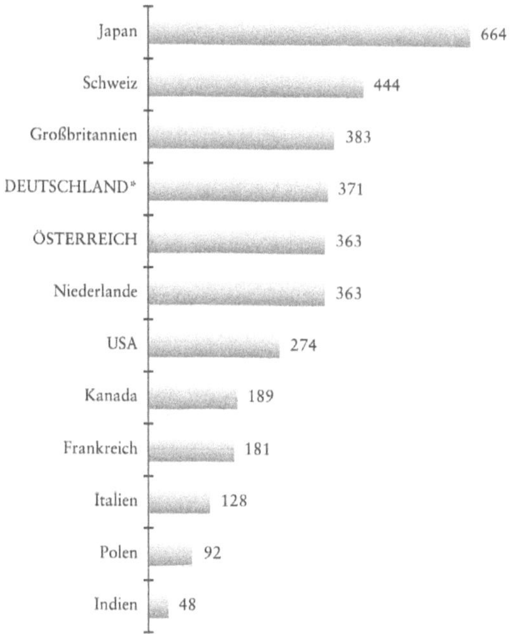

* Deutschland zeichnet sich durch ein vielfältiges und auflagenstarkes Angebot an täglich verkauften Zeitungen aus. 1989 beispielsweise kamen auf 1.000 Bundesbürger 400 Tageszeitungsexemplare, während es in Frankreich nur rund 200, in Italien gar nur knapp 115 Exemplare pro 1.000 Einwohner waren.

Aus: HÜFFEL, Clemens: Die Medienlandschaft in Deutschland und Österreich. Zahlen. Daten. Fakten, Wien [2]2003, S.33.

Auflagenentwicklung der österreichischen Tagespresse 1953-1990

Unabhängige Tageszeitungen und Parteizeitungen im Vergleich

Jahr	Tageszeitungen	Parteizeitungen
1953	50,53 %	49,65 %
1961	66,11 %	33,89 %
1966	72,76 %	27,24 %
1971	80,63%	19,37 %
1976	81,45 %	18,55 %
1981	83,11 %	16,89 %
1988	88,40 %	11,60 %
1990	94,70 %	5,30 %

Quelle:
Österreichs Presse, Werbung, Graphik; Pressehandbuch; Massenmedien in Österreich - Medienbericht II; eigene Berechnungen.

Aus: PÜRER, Heinz: Presse in Österreich. Unter Mitarbeit von Benno Signitzer, Wien 1990, S.5.

Beteiligungen bundesdeutscher Verlage an österreichischen Zeitungen (Stand: August 1990)

WAZ	"Neue Kronen Zeitung"45% "Kurier" 45%
Springer	"Der Standard" 50% "Tiroler Tageszeitung" 45%
Bertelsmann	"tele"-Zeitschriftenverlagsgesellschaft 24,9% (= gemeinsame Verlagsgesellschaft der unabhängigen Bundesländerzeitungen "Kleine Zeitung", "Oberösterreichische Nachrichten", "Salzburger Nachrichten", "Tiroler Tageszeitung", "Vorarlberger Nachrichten", "Neue Vorarlberger Tageszeitung" sowie der Wochenzeitung "Niederösterreichische Nachrichten" zur Herausgabe der gemeinsamen Wochenbeilage "tele")
Münchener Zeitungsverlag (Dirk Ippen)	"Blickpunkt" 50% (= Wochenzeitung in Tirol mit vier Ausgaben und einer Auflage von 50.000 Exemplaren)

Des weiteren gibt es Beteiligungen, Verflechtungen und Kooperationen bundesdeutscher und anderer ausländischer Verlage an bzw. mit österreichischen Zeitschriften, Fachzeitschriften und Buchverlagen. Umgekehrt kam es in den vergangenen Jahren vereinzelt zu Beteiligungen österreichischer Verlage an ausländischen Medienunternehmen. So hält der Miteigentümer der "Neuen Kronen Zeitung", H. Dichand, Anteile an der "Hamburger Morgenpost". Die "Kurier"-AG ist an "SAT.1" beteiligt. J. S. Moser hält Anteile an der "Radio-TV-AG Vaduz", Liechtenstein. Im September 1990 gab es einen Vorstoß österreichischer Zeitungsverleger in Richtung Ungarn: E. A. Ruß, "Vorarlberger Nachrichten", hat Anteile an vier (ost-)ungarischen Lokalzeitungen erworben. Die "Krone-AG" und die "Krone"-Miteigentümerin WAZ haben sich an je zwei Zeitungen in (West-) Ungarn beteiligt. Die "Oscar Bronner Ges.m.b.H & Co. KG" ("Der Standard") hat sich ebenfalls bei zwei ungarischen Tageszeitungen eingekauft. Außerdem gibt es noch andere Beiteiligungen österreichischer Zeitschriftenverlage an Verlagen in Osteuropa, vorwiegend in Ungarn, der CSFR sowie in der Sowjetunion.

Aus: PÜRER, Heinz: Presse in Österreich. Unter Mitarbeit von Benno Signitzer, Wien 1990, S.10.

Abbildung 4: Druckauflage österreichischer Tageszeitungen: 2000 (Durchschnitt pro Tag in 1.000 Stück)

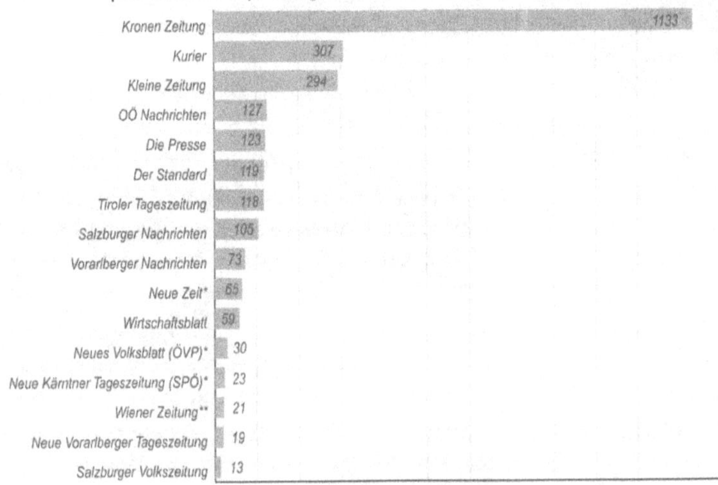

Quelle: ÖAK/Pressehandbuch 2001 – Schnitt 3. und 4. Quartal 2000; eigene Berechnungen (Summe Druckauflage der Erscheinungstage pro Woche dividiert durch die Anzahl der Erscheinungstage pro Woche).
**Quelle: MEDIACOM:PASS 2000, da keine ÖAK-Zahlen verfügbar. Die »Neue Zeit« wurde am 29.4.2001 eingestellt.*
***ÖAK-Halbjahresschnitt 2000, laut CD-Rom »Presse in Österreich« (Update Oktober 2000). Durchschnittliche Gesamtdruckauflage 2000 = 2.626.480 (in der Abbildung gerundete Werte). Die Printversion von »Täglich Alles« wurde mit 12.8.2000 eingestellt und ist deshalb nicht mehr berücksichtigt.*

Aus: STEINMAURER, Thomas: Konzentriert und verflochten. Österreichs Mediensystem im Überblick, Innsbruck u.a. 2002, S.22.

Abbildung 5: Reichweiten österreichischer Tageszeitungen: 2001 (in %)

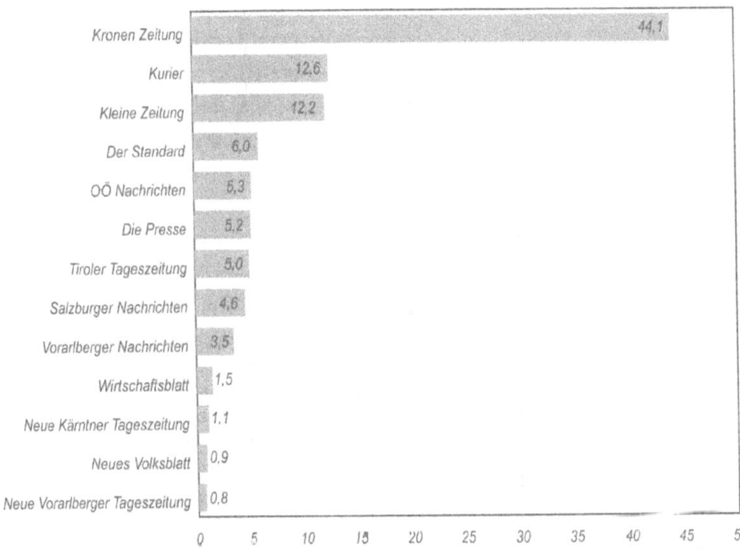

Quelle: Media-Analyse 2001; Basis: Bevölkerung ab 14 Jahre; keine Reichweitenerhebung der »Wiener Zeitung« und der »Salzburger Volkszeitung«.

Aus: STEINMAURER, Thomas: Konzentriert und verflochten. Österreichs Mediensystem im Überblick, Innsbruck u.a. 2002, S.23.

8.5 Theaterinszenierungen

Theater in Deutschland (2007-2008)

Deutsches Theater Berlin (Kammerspiele)
Ritter, Dene, Voss
Inszenierung: Oliver Reese
Premiere: 31.10.2008

Theater Osnabrück
Der Ignorant und der Wahnsinnige
Inszenierung: Martin Pfaff
Premiere: 02.10.2008

Residenz Theater München
Am Ziel
Inszenierung: Thomas Langhoff
Premiere: 29.06. 2008

Theater Dortmund
Die Jagdgesellschaft
Inszenierung: Philipp Preuss
Premiere: 17.05.2008

Schauspielhaus Bochum
Der Ignorant und der Wahnsinnige
Inszenierung: Burghart Klaußner
Premiere: 01.03.2008

Theater Regensburg
Die Macht der Gewohnheit
Inszenierung: Martin Pfaff
Premiere: 08.02.2008

Theater Vorpommern, Greifswald
Vor dem Ruhestand
Inszenierung: Alfred Nicolaus
Premiere: 31.01.2008

Städtische Bühnen Münster
Minetti
Inszenierung: Wolf-Dieter Kabler
Premiere: 23.05.2007

Wallgraben Theater Freiburg
Einfach kompliziert
Inszenierung: Regina Effinger
Premiere: 03.04.2007

Theater und Philharmonie Essen
Der Theatermacher
Inszenierung: Gil Mehmert
Premiere: 10.02.2007

Theater Ulm
Vor dem Ruhestand
Inszenierung: Fanny Brunner
Premiere: 08.02.2007

Theater in Österreich (2007-2009)

Burgtheater Wien
Der Schein trügt
Inszenierung: Nicolas Brieger
Premiere: 03.01.2009

Landestheater Salzburg (Kunsthalle)
Alte Meister
Inszenierung: Frank Hellmund
Premiere: 20.09.2008

Theater Reichenau/Rax
Vor dem Ruhestand
Inszenierung: Helga David
Premiere: 07.08.2008

Schauspielhaus Graz
Am Ziel
Inszenierung: Patrick Schlösser
Premiere: 14.02.2008

Gasthof Holzapfel, Münzkirchen, Oberösterreich
Blutwursttage in Utzbach. Szenen aus Der Theatermacher
Premiere: 24.11.2007

Stadt-Theater Walfischgasse Wien
Am Ziel
Inszenierung: Wolfgang Hübsch
Premiere: 12.11.2007

Schauspielhaus Salzburg
Die Macht der Gewohnheit
Inszenierung: Robert Pienz
Premiere: 13.10.2007

Zeitfracht Medien GmbH
Ferdinand-Jühlke-Straße 7
99095 Erfurt, Deutschland
produktsicherheit@kolibri360.de